Theory and Practice
in Extracurricular
Sports Activities

友添秀則
*Hidenori Tomozoe*ーー編著

運動部活動の理論と実践

大修館書店

著者一覧（執筆順）

第1章-1	友添秀則	元早稲田大学教授
第1章-2	西島　央	青山学院大学教授
第1章-3	作野誠一	早稲田大学教授
第2章-1	岡部祐介	関東学院大学准教授
第2章-2	中澤篤史	早稲田大学准教授
第2章-3	神谷　拓	関西大学教授
第3章-1	南部さおり	日本体育大学教授
第3章-2	望月浩一郎	虎ノ門協同法律事務所(弁護士)
第4章-1	國土将平	神戸大学教授
第4章-2	小澤治夫	静岡産業大学特別教授
第4章-3	土屋裕睦	大阪体育大学教授
第4章-4	伊藤雅充	日本体育大学教授
第4章-5	渋倉崇行	桐蔭横浜大学教授
第5章-1	清水紀宏	筑波大学教授
第5章-2	吉田浩之	群馬大学教授
第5章-3	嶋崎雅規	国際武道大学教授
第5章-4	梅野正信	学習院大学教授
第6章-1	中塚義実	筑波大学附属高等学校教諭
第6章-2	小山吉明	長野県須坂市立常盤中学校教諭
第6章-3	松瀬　学	ノンフィクションライター
第6章-4	阿部隆行	東京国際大学准教授
第6章-5	大河原昭広	東京都杉並区立高南中学校主幹教諭
第6章-6	谷口輝世子	スポーツライター
第6章-7	本多壮太郎	福岡教育大学教授

まえがき

　真夏の炎天下、甲子園球場で繰り広げられる高校野球の熱戦は、白球を懸命に追う球児の姿とともに、多くの人々に熱い感動をもたらす。また、正月明けの1月に開催される春の高校バレーでのチーム一丸のプレイは、ときに観戦している私たちをあたかもチームの一員と錯覚させるほど手に汗握らせる。

　そこで展開されるパフォーマンスやプレイは、たとえプロ野球のファインプレイやVリーグのバレーボーラーのスキルほど洗練されていなくとも、むしろだからこそ、そこに観戦している自らを投影させ感動を覚えることがある。どうして、このような感動や錯覚が起こるのだろうか。

＊

　周知のように、運動部活動は教科外ではあっても、学校教育活動の一環として、多くの中学生や高校生が毎日、さまざまなスポーツ活動に参加して行われている。古くは、戦前（明治時代）の旧制中学校や旧制高校の課外活動（校友会運動部）の伝統をもち、第二次世界大戦後の学制改革を経て現在にいたっている。

　今、中学校で6割以上、高等学校（全日制および定時制・通信制）で4割以上もの多くの生徒が運動部活動に参加している。本文でも述べているように、一説には、300万人の中・高校生がおよそ年間700時間を運動部活動に費やすともいわれる。たとえば、中学校の国語や数学、英語の年間授業時数が140時間であることを考えれば、運動部活動に費やされる時間がどれほど多いかがよくわかるだろう。

　そして、このように大規模で、しかも学校で教員の指導下で多くの生徒の参加をもって行われる運動部活動は、世界に例をみないわが国独自の日本型スポーツ教育システムでもある。ここで多くの人々はスポーツをする楽しさや勝

つことの難しさ、仲間との連帯などのスポーツのさまざまな体験を通して、スポーツとは何かを実感し、それぞれのスポーツ観を形作ってきたともいえる。だからこそ、多くの人々の心象風景には自身の運動部活動の記憶が存在し、また各自の青春の記憶や原点としてしっかりと心の深奥に息づいているのかもしれない。テレビから流れる甲子園野球は、また高校バレーは、自らの運動部活動の記憶を無意識に呼び覚まし、そこに自身の青春を重ね合わせ感動を呼び起こすのだろう。

*

ところで、運動部の指導に携わる教員や指導者であれば、生徒が運動部活動を行う意義がいったいどこにあり、また自らの指導で運動部活動に参加する生徒にどのような力を育むべきかを自問した方も多いであろう。なぜ、かくも大きな存在として運動部活動が日々行われているのだろうか。

それは、①生徒の生涯にわたるスポーツライフの基礎を培う、②生徒の自主的・自発的な活動として、自治的な能力を養う、③異学年の生徒やスキルレベルがさまざまに異なる仲間との濃密な交流を通して、人間関係能力を向上させ、コミュニケーションスキルを身につける、④運動部という集団の中で、協力して努力する大切さを学びながら、集団達成感や有能観、自己肯定感を感じるなど、他にも多く挙げられるだろう。

このように、運動部活動の意義をアトランダムに挙げてみても、これらを達成するためには、運動部活動がよい指導者とよい環境の中で、正しく行われることがなによりも必要である。これらの条件がそろってはじめて、運動部活動は教育的に大きな成果を上げることができるのである。

しかし、現実の運動部には悪しき勝利至上主義が闊歩し、ときに指導者や上級生から暴力や体罰が行われ、ハラスメント等の問題行動が生じることも決して少なくはない。また、連日にわたる長時間の練習やスポーツ医科学を無視した指導、しごきやいじめによって運動部活動中に発生した重篤な事故の報告も

ある。先述した運動部による教育的成果を「光」とすれば、ここに挙げたものは、運動部活動の「影」の部分でもある。

また、日本体育協会の「学校運動部活動指導者の実態に関する調査報告書」(2014年)によれば、担当教科が保健体育ではなくて、現在、担当している部活動の競技経験がないと回答した教員は、中学校で45.9％、高校で40.9％も存在する。さらにこれらの教員のうち中学校で39.5％、高校で38.3％が、部活指導で自らの専門的指導力の不足を課題として挙げている。このように現在の運動部は多くの問題や課題を抱えている。

＊

本書は、一方では近い将来運動部の指導に携わりたいと思っている教職をめざす大学生や院生から、他方では日々の運動部活動の指導にさまざまな困難を感じておられる先生方や指導者の方々が、「一人ひとりの生徒が輝く運動部活動の指導」へと誘われる一助となることを願って編まれている。

本書は、全6章と巻末の「運動部活動での指導のガイドライン」で構成されている。第1章ではこれからの時代に求められる運動部活動のあり方、第2章はこれまでの運動部活動の歴史が多様な側面から述べられる。第3章では運動部活動で起こる事故への対応や事故の際に必要となる法律知識が書かれている。第4章では運動部活動の正しい指導に必要となるスポーツ医学やスポーツ科学の最新の知識が展開される。第5章では運動部活動を豊かにするために有効なマネジメント知識が述べられる。第6章はわが国のみならず英米の運動部活動の実情や多様に展開される運動部活動の貴重な実践事例が書かれている。

これらの事例は日々の指導に悩む読者に多くのヒントを与えてくれるだろう。巻末の「運動部活動での指導のガイドライン」は、学校運動部での体罰や暴力が社会問題となった2013年5月に、文部科学省の「運動部活動の在り方に関する調査研究協力者会議」から出されたものである。この「ガイドライン」には、運動部活動での指導の充実のために必要と考えられる内容が具体的に書か

れている。各章と合わせて、是非お読みいただければ幸いである。

*

　ネットでは「ブラック部活問題」として、教師、生徒、保護者のそれぞれの立場から、運動部活動の負の側面が語られ、運動部活動のネガティブな部分がときにデフォルメされ、メディアでも取り上げられることが多くなった。このようななか、文部科学省の中央教育審議会は、教員の負担軽減を目的に専門スタッフや地域の人たちと協力する、いわゆる「チーム学校」について答申した。その中では、運動部活動を支援する「運動部活動指導員（仮称）」の制度化が盛り込まれた。「部活動指導員（仮称）」の配置は、多くの問題を抱える運動部活動を改善し、運動部活動の意義の実現に今後、大きな力を果たしていくであろう。運動部活動のあり方が問われている今、どうか、本書を通して、運動部活動そのものの意味を熟考していただければと思う。

　折しも、2020年には東京で、オリンピック・パラリンピック競技大会が開催される。この国家的イベントはさらに、これからのわが国のスポーツのありようや運動部活動を大きく変えていく契機になるだろう。そのような時期だからこそ、本書でいっそう運動部活動のあり方に対する学びを深めていただければ、筆者らの望外の喜びでもある。

　最後になったが、本書の企画から出版まで、編集部の川口修平氏にはたいへんお世話になった。同氏の学校運動部改革に対する情熱がなければ、本書は決して出版されることがなかった。ここに記してお礼を申し上げる。

2016年7月

編者　友添秀則

運動部活動の理論と実践

CONTENTS

まえがき……iii

第1章 めざすべき運動部活動像

1-1 これから求められる運動部活動とは………2
1 ● 運動部活動とはなにか………2
2 ● 運動部をめぐる競技と教育の論理………3
3 ● 運動部活動の外部化をめぐって………5
4 ● 学習指導要領における運動部の位置づけ………8
5 ● 運動部活動における体罰や暴力………10
6 ● よいスポーツ指導の特徴とよい指導者に求められる能力………12
7 ● これからの運動部活動を求めて………13

1-2 子供を育む運動部活動の意義と社会的役割
　　　──教育社会学の観点から………16
1 ● 学校生活と日本社会に密接に関わる部活動………16
2 ● 学業と部活動の関係の検討………17
3 ● 部活動の意義・社会的役割の検討………22
4 ● 部活動の課題とこれからのあり方………27

1-3 地域を育む運動部活動のあり方………34
1 ● 地域づくりと運動部活動………34
2 ● 少子社会における運動部活動と社会力………35
3 ● 地域に開かれた運動部活動と外部指導者………39
4 ● 地域のなかの運動部活動………42

第2章 運動部活動の歴史

2-1 運動部活動とスポーツ根性論………48
1 ●「競技」か「教育」か、あるいは「根性」か………48
2 ● 1960年代の人々の精神状況と「根性」の変容………49
3 ● スポーツ根性論の成立………50
4 ● 学校教育、社会教育への浸透………52

- 5●歪んだ実践………53
- 6●「大松イズム」のインパクト………54
- 7●スポーツ根性論批判………55
- 8●運動部活動とスポーツ根性論のこれから………56

2-2 運動部活動の「社会的意義」の変遷………58
- 1●運動部活動の「社会的意義」………58
- 2●拡大してきた運動部活動………59
- 3●終戦直後～1950年代──戦後教育改革と民主主義………60
- 4●1960年代──東京オリンピックと競技力向上………61
- 5●1970年代──スポーツ機会と平等主義………62
- 6●1980年代──非行問題と生徒指導………63
- 7●1990年代～2000年代──教育問題としての運動部活動………64
- 8●まとめ………66

2-3 運動部活動の教育制度史………69
- 1●運動部活動と教育制度………69
- 2●学習指導要領の変遷………69
- 3●指導要録における評価………72
- 4●対外試合基準の変遷………74
- 5●教員の職務としての位置づけ………78
- 6●今後の論点………80

第3章 運動部活動と安全、事故対応

3-1 運動部活動の安全対策と事故への対応………84
- 1●スポーツ外傷・障害にどう向き合うか………84
- 2●代表的なスポーツ障害とその予防策………85
- 3●頭部外傷………90
- 4●運動部活動の安全対策………92
- 5●名古屋市立向陽高校の柔道死亡事故とその後の対応・取り組み………95
- 6●事故への対応………101

3-2 運動部活動の事故をめぐる法律知識………107
- 1●運動部活動中の事故の態様………107

- 2●学校管理下での事故の発生状況………107
- 3●運動部活動中の事故に対する2つの誤った意見………109
- 4●事故の原因は「無知と無理」………111
- 5●運動部活動での事故を予防するための想像力………114
- 6●紛争になるような事故を防ぐ方法………115

第4章 運動部活動の指導に活かすスポーツ医科学

4-1 児童・生徒の発育発達と練習内容………118
- 1●発育発達と指導………118
- 2●一般的な発育パターン………118
- 3●スキャモンの発育曲線にみる部位別の特徴………121
- 4●神経系の成熟にともなう動きづくりの重要性………122
- 5●骨や骨格筋の成熟………123
- 6●発育ステージを考慮した運動機能の発達………124
- 7●一人ひとりの体の発育発達に合わせた部活動………128
- 8●学校種別にみた運動部活動………129
- 9●発育状況を確認してからのトレーニング………133

4-2 スポーツ医科学の知見を指導に活かす………135
- 1●体をつくるための運動と食事、睡眠の働き………135
- 2●スポーツライフマネジメントとその実際………136
- 3●コントロールテストの活用………138
- 4●セルフメディカルチェック………139
- 5●ウォームアップの生理学的な意義とその実際………141
- 6●クーリングダウンの生理学的意義とその実際………143
- 7●水分補給と競技力、熱中症予防………145
- 8●運動部活動における指導の成功例と失敗例………146

4-3 生徒の悩みに向き合うスポーツカウンセリング………149
- 1●運動部活動と生徒の悩み………149
- 2●スポーツカウンセリングの技法………152
- 3●スポーツカウンセリングの理論………154
- 4●カウンセリング・マインドをもった運動部顧問………156

4-4 運動部活動に活かすグッドコーチング……159
1●運動部活動の指導とコーチング……159
2●効果的なコーチング……160
3●コーチに必要とされる知識……162
4●ジュニアスポーツのコーチング……164
5●コーチの職務……167
6●コーチとしての学び……168

4-5 生徒の動機づけを高めるコーチング……171
1●なぜ動機づけを理解しなければならないのか……171
2●生徒の「やる気」をいかにして高め、引き出すか……171
3●集団の意欲を高めるリーダーシップ……178
4●言葉がけでやる気が変わる……181

第5章 運動部活動を豊かにするマネジメント

5-1 運動部活動に求められるマネジメントとは……184
1●マネジメントとは……184
2●運動部活動のトータル・マネジメント①──計画化……186
3●運動部活動のトータル・マネジメント②──組織化……194

5-2 運動部活動の指導を振り返る複眼的な視点……200
1●部活動の指導に組織的に取り組む必要性……200
2●部活動を振り返る視点を全教職員で共有する……200
3●部活動の教育目標を設定する……202
4●生徒個人の目標設定(4観点の利用)……204

5-3 教員に求められる運動部活動の知識とスキル……208
1●教員をめざす人たちへ……208
2●運動部活動の位置づけ……208
3●生徒主体の運動部活動へ……209
4●クラブの運営も自分たちの手で……210
5●クラブ文化が人を育てる……213
6●同僚教員との協働体制の構築……214
7●中体連・高体連での仕事……215

8 ● 保護者との関係………216
9 ● 広報活動について………218
10 ● 運動部活動のこれから………219

5-4 威嚇的な言葉の指導から生徒の尊厳を高める言葉の指導へ………221

1 ● 運動部活動と「言葉」………221
2 ● 人権感覚を育むコミュニケーションスキル………222
3 ●「名前」の呼び方は人格を尊重する姿勢の基本………224
4 ● 人の尊厳を損なう「言葉」、人の尊厳を高める「言葉」………225
5 ● 対立を激化させる「言葉」を知る………225
6 ● 人格と尊厳を大切にしあう「言葉」を意識する………227
7 ● 人権感覚に支えられた言葉がコミュニケーションの質を高める………228

第6章 運動部活動の実際

6-1 補欠ゼロ、引退なし、自主運営のサッカーリーグ………232

1 ● 原体験としての運動部活動体験………232
2 ● ユースサッカーにリーグ戦を──DUOリーグ創設（1996年）………234
3 ● DUOリーグ創設の理念──学校運動部は"スポーツ"を育んでいるか………235
4 ● 公認リーグ創設をめぐって──学校教育とスポーツの狭間（2004年）………238
5 ● 遊び心を取り戻せ──スキンプロジェクト（2007年）………240
6 ● そして今………241

6-2 心身の発達状況を考慮した中学生期の陸上競技部の実践………244

1 ● 趣味の世界としての運動部活動………244
2 ● 陸上部に入部する中学1年生と種目選択………245
3 ● 練習計画に一工夫………246
4 ● 大会、記録会への参加………248
5 ● 保護者会は必要か？………249

6-3 運動部活動の新しいカタチ──学校と行政、民間企業による連携………250

1 ● 運動部活動の新しいカタチ………250

2●企業派遣のプロコーチ導入は必然………252
3●顧問もプロコーチの指導に関心………254
4●将来の運動部活動の姿は………255

6-4 生徒の多様なニーズに応える"総合スポーツ同好会"………257

1●生徒の多様なニーズと現状の部活動のズレ………257
2●総合スポーツ同好会の設立に向けて………258
3●活動の概要………259
4●同好会の現在………261
5●総合スポーツ同好会が「架け橋」に………262
6●生徒の多様なニーズに応えるために………264

6-5 専門外の種目をどう指導するか………265

1●筆者とソフトテニス………265
2●質の高い集団を作る………266
3●プレッシャーに打ち勝つ勇気をもつ………268
4●人に負けない自分の武器をもつ………268
5●絶対的な量と反復練習で自信をもつ………269
6●信頼関係を築く………270

6-6 アメリカの運動部活動………271

1●シーズン制、トライアウト制………271
2●各州の高校体育協会と各校のアスレチックディレクターの存在………273
3●活動の財源………274
4●指導者報酬………276
5●活動する権利を求めて………276

6-7 イギリスの運動部活動………278

1●イギリス中等学校での剣道部………278
2●考察および我が国の運動部活動との比較………282

付録──運動部活動での指導のガイドライン………285

運動部活動の理論と実践

第1章

めざすべき運動部活動像

1. これから求められる運動部活動とは
2. 子供を育む運動部活動の意義と社会的役割
3. 地域を育む運動部活動のあり方

1 これから求められる運動部活動とは

1 ● 運動部活動とはなにか

　周知のように、運動部活動とは中学校や高校の教科外活動で行われるスポーツ活動をさしている。ただし、教科外とはいっても、学校教育の一環として位置づき、学校の管理下、顧問教員の指導によってなされる活動である。また、いうまでもなく、スポーツに興味と関心をもつ同好の生徒の自主的・自発的な参加によって行われる。

　心身の盛んな発達期にある生徒にとって、同じ目的を共有しながら、濃密で長い時間を運動やスポーツを通して、集団で生活をともにすることは彼らの身体的発達のみならず、人格形成のうえでも多大の影響を及ぼす。したがって運動部活動が有効に行われれば、多くの生徒の心身にわたる成長と豊かな学校生活の実現に大きな役割を果たし、さまざまな成果をもたらす。また、人々の勝敗観やスポーツ観を形作るうえで大きな影響を与え、加えてわが国のスポーツのあり方のモデルを提供してきたともいえる。現在（2014年度）、図1に示すように中学校で約63％、高校で約43％の生徒が運動部活動に参加している。別言すれば、わが国ではおよそ300万人の中・高校生が年間700時間を運動部活動に費やしているといわれる。

　ところで、アメリカやイギリス等に代表されるように、欧米のいくつかの国でも学校にスポーツクラブが存在する。しかしそれらは、わが国に比べれば、圧倒的に参加者数や指導体制の規模は小さく、位置づけの点でも教育活動の一環というわが国とは大きく異なる。青少年の日常的なスポーツ活動を保証する場は、ドイツに典型的にみられるように、地域のスポーツクラブが一般的である。つまり、学校の教員を指導者とした圧倒的多数の参加者が教育活動の一環として、学校内で日常的・恒常的にスポーツ活動を行うという制度やシステムは、わが国独自のものである。そして歴史的には、戦前の旧制中学校や旧制高

図1　中学校・高校における運動部活動の参加率

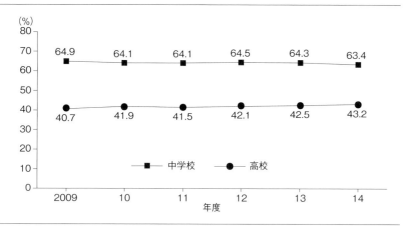

注）中学校は全国中学校体育大会種目のみの合計、高校はインターハイ種目および硬式・軟式野球を合計。
（出典：日本中学校体育連盟、全国高等学校体育連盟および日本高等学校野球連盟調べ）

校の校友会運動部の伝統を受け継ぎながら、戦後の学制改革を経て独自の発展をとげながら現在にいたる運動部活動は、世界に類をみないすぐれた日本型スポーツ教育システムであるともいえる。

　しかし、このような運動部活動にも、いくつかの大きな問題や課題が横たわっている。それらをアトランダムに挙げてみると、①運動部のあり方をめぐっての競技の論理と教育の論理の葛藤、②教員の長時間労働や実技の指導力不足の問題、③生徒が希望する種目がないといったニーズに対応しきれない問題、④運動部の法的位置づけの曖昧さ、⑤運動部を学校から地域に移譲すべきという運動部の外部化の扱いをめぐる問題、⑥社会問題となった運動部における体罰や暴力的指導の克服という課題、等がある。本節ではこれらの課題や問題について述べながら、これからの運動部活動のあり方について考察を深めることにする。

2●運動部をめぐる競技と教育の論理

　現代の甲子園大会につながる戦前の旧制中学校における野球では、勝利をめぐる過熱から一部の学校では授業よりも競技が優先され、勝利至上主義が蔓延し、新聞社等の商業主義の影響が学校へ介入する事態が起こったという。また

他の競技でも、学校間の対抗意識が剥き出しになり、往々にして学業よりも練習が優先されるケースがあったという。

このような反省から、戦後の運動部は1948（昭和23）年の文部省（現・文部科学省、以下同様）通達「学徒の対外試合について」以降、東京オリンピックが開催された1960年代までは、運動部活動を徹底して教育活動として位置づけるために、対外試合の基準を厳格に定め、勝利至上主義や商業主義を抑制する方針がとられた。具体的には、中学校では、当初は校内大会のみ、50年代には都道府県大会を原則としながら、宿泊を必要としない隣接する都道府県のブロック大会までを容認するという立場であった。しかし、60年代には水泳競技で特別な競技力をもつ中学生は全日本選手権や国際大会への参加を例外的に認められるようになり、70年代後半には全国大会が容認されるようになる。高校でも戦後のきわめて早い段階から、対外試合の規制は緩和され、中澤によれば1964年の東京オリンピックでは日本選手団355人中、高校生が14人含まれていたという（中澤、2014）。

このような対外試合基準の一連の規制緩和の過程は、運動部を選手養成の場ととらえる各競技団体と、あくまで教科の活動では得られない生徒の自治能力や主体性を涵養する場と考える文部省・教育委員会・学校との、「競技」と「教育」という対立する論理の葛藤の歴史でもある。そして、競技の論理が教育の論理を押し切ってきた過程でもある。

近年では、進展する少子化のなかで、とくに私立学校は受験生集めに頭を悩ますようになっている。安定的な私学経営には、受験生を1人でも多く集める知名度と魅力が必要である。とくに高校で全国的な知名度を獲得するには、甲子園大会やインターハイの常連出場校に名を連ね、その後に全国制覇を重ねることが有効であるといわれる。そのためには、有望選手を優遇したり、多額の投資をしてでも有名監督やコーチ陣を雇用して、さらに学校のスポーツ施設のハイグレード化を図ったりする。

平成に入って以降、中央教育審議会（中教審、以下同様）の提言を受けて受験競争の過熱化や偏差値偏重の弊害から多様な入学者選抜を実施するように文部科学省（以下、文科省という）の文教施策が改められた（文科省、「我が国の文教施策　平成2年度」）。また、高校入試における選抜方法の多様化も同時に行われるようになった。さらに、大学でもAO入試等の活用による大学入試での選抜方法の多様化が図られるようになった。競技成績で大学に入学できる機会が増加し、それ以降、高校生にとっては、インターハイ、甲子園大会、各

競技種目の選抜大会が大学入試センター試験や大学入試に取って代わるようになった。スポーツで有名大学への進学実績をあげるという方法は、私学経営者にとっては一挙両得の魅力的なものとなっている。そして、このような変化は当然、運動部や生徒そのものの変容をいっそう促すようになった。皮肉なことに、競技成績を利用して大学に入学した学生のなかには、高校までの激しい練習に辟易したり、競争そのものに嫌気がさし、大学では運動部に所属せず当該の競技活動をやめてしまう者が少なからずいるという。

このような教育の論理を逸脱した過剰な競技志向の運動部が生まれる背景には多様な問題があるが、まずは運動部活動を教育の論理の範疇を超えて利用しようとする学校側と運動部を選手養成の場や機関とみなす競技団体の双方の思惑、そしてまたその利害の一致を挙げなければならない。このような競技の論理の優越が、勝利がすべてに優先されるという悪しき勝利至上主義を生み出し、運動部における暴力を引き起こす温床となることを肝に銘じておく必要があるだろう。

3●運動部活動の外部化をめぐって

さて、運動部が競争と教育の論理の狭間で揺れる間に、運動部そのものを地域に移譲すべきとの外部化の議論が1990年代から起こってくる。背景には、一方で、余暇時間の増大とスポーツの大衆化が浸透した結果、生涯スポーツ社会が到来したという社会的な変化があり、他方で、運動部活動が教科外活動であるという運動部活動自体の位置づけ方の問題がある。さらに、教科指導に加えて生活指導や多様化・複雑化する生徒への対応に追われて多忙化する教員は、運動部の実質的な指導を地域の外部指導者に委ねることが多くなった現実が、この議論にいっそうの拍車をかけるようになった。運動部活動の外部化は次のように大きくは3つの類型に分けられる。
①地域スポーツクラブが学校運動部を吸収する完全地域移譲型
②場所や指導者を共有する学校運動部と地域スポーツクラブが融合する融合型
③現在よくみられる学校運動部に外部指導者を雇用・導入する学校運動部主導型

しかし、現実には一部の例外的な事例を除いて①の地域移譲型と②の融合型は、実際にはうまく機能しなかったともいえる。次に運動部活動を地域に移譲すべきとする地域移譲論の系譜についてみておきたい。

1995（平成7）年に経済同友会から出された「学校から『合校』へ」の提言は、家庭や地域社会が担う部分まで学校が背負い込み、肥大化した今の学校では本来の目的さえ十分に果たせなくなっているという問題意識に支えられ、学校がスリム化すべきことを唱えた。そして学校がスリム化するために家庭や地域社会が知恵と力を出し合い、具体的には、運動部活動を地域社会が引き受けていくことはできないかと提言した。

　この提言を受ける形で1997（平成9）年に文部省の保健体育審議会答申「生涯にわたる心身の健康の保持増進のための今後の健康に関する教育及びスポーツの振興の在り方について」では、運動部活動と地域社会との連携を深めていく方向が示唆された。具体的には、地域でスポーツ活動が活発に行われていて、学校に指導者がいない場合、地域社会に運動部活動を委ねていくことも必要と述べられるようなった。加えて、外部指導者の活用の促進は、地域の多様な人材活用に加えて、顧問教員の高齢化や実技の指導力不足を補うためにも有効であるとの考えも示されるようになる。

　2000（平成12）年には、上述の97年答申を受けて、文部省から総合型地域スポーツクラブの設立を核とした「スポーツ振興基本計画」が出され、運動部活動と地域スポーツクラブに生徒が同時に所属することや学校の体育施設の地域との共同利用が推奨されるようになった。このような学校運動部の外部化の流れは、1992（平成4）年9月から月に1回で始まった学校週5日制が後押しする役割を果たし、1995（平成7）年度からの月2回を経て、2002（平成14）年度からは完全学校週5日制となり、それが運動部の外部化をいっそう推進するようになった。

　他方、日本教職員組合では、運動部は一貫して、教員にとっては過重な負担であり、法的に学校が引き受けるか否か曖昧である以上、運動部は教員の本務ではないという立場をとりながら、地域に移行すべきとの見解に立っている。

　これまで述べてきたように、外部化の議論が行われ、スポーツ振興基本計画でも外部化の方向性が示唆されてきたが、現実には、現在に至ってもなお、運動部は地域社会に移行しているとはいい難い。図1に示したように、運動部活動参加率は中学校では63～64％、高校でも42～43％で推移しており、参加率自体には経年的な大きな変動はない。

　運動部の外部化推進方策に対して、実際にうまくいかない理由には、次のことが挙げられよう。第一に、日常生活圏にあり手軽に利用可能な公共スポーツ施設は、そのほとんどが小・中・高校の学校スポーツ施設であり（平成20年

図2　利用可能な公共スポーツ施設内訳（平成20年度）

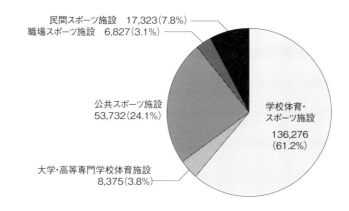

（出典：文部科学省「体育・スポーツ施設現況調査」）

図3　学校体育・スポーツ施設の施設数の推移

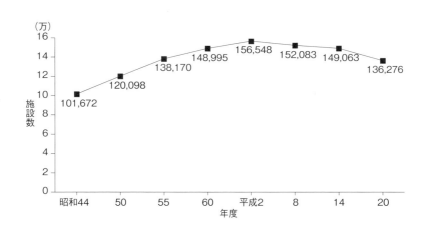

（出典：文部科学省「体育・スポーツ施設現況調査」）

3月現在、61.2%)、空間的に学校外に運動部が出ることは施設利用の効率性や利便性の点で難しい（図2、3）。さらに、学校管理下に運動部活動をおくことで、スポーツ活動中の事故等の損害賠償責任の所在が明確になるという点も、外部化を阻む要因と考えられる。

4 ● 学習指導要領における運動部の位置づけ

次に学習指導要領（以下、「要領」と記す）における運動部の位置づけの変遷を確認しておきたい。周知のように、要領はほぼ10年の間隔で改訂されるが、「部活動」という表記が要領にあらわれるのは、1989（平成元）年（以下、すべて要領が告示された年）の中・高校の要領においてである。ただし、これは内容の記載のない表記だけに限ってのものである。要領では2008（平成20）年の中学校および2009（平成21）年の高校の要領を除いて、特別教育活動（ま

表1　学習指導要領における「クラブ活動」および「運動部活動」の位置づけ

中学校		高校	
1958年	学年や学級の所属を離れて同好の生徒をもって組織。	1958年	生徒の自発的な活動が健全に行われるように、指導を行わなければならない。
1969年	クラブは、学年や学級の所属を離れて共通の興味や関心をもつ生徒をもって組織。	1970年	生徒が自発的、自治的な活動を展開しうるように努める。
1977年	全生徒が体育的な活動を行う。クラブ活動については毎週実施。	1978年	全生徒がいずれかのクラブに所属する。週当たり1単位時間以上行う。
1989年	部活動への参加をもってクラブ活動の一部又は全部の履修に替えることができる。	1989年	部活動への参加をもってクラブ活動の一部又は全部の履修に替えることができる。
1998年	特別活動にクラブ活動の記載なし。	1999年	特別活動にクラブ活動の記載なし。
2008年	部活動は学校教育の一環として、教育課程との関連が図られるよう留意する。地域や学校の実態に応じ、地域の人々の協力、各種団体との連携などの工夫を行う。	2009年	部活動は学校教育の一環として、教育課程との関連が図られるよう留意する。地域や学校の実態に応じ、地域の人々の協力、各種団体との連携などの工夫を行う。

注）年は要領の告示年

たは特別活動）の一つを構成する「クラブ活動」についての記述しかないことを最初に断っておきたい。

「クラブ活動」に対する記述が要領にあらわれるのは1958（昭和33）年の中・高校の要領が最初である。周知のように、1958年の要領は、それまでのガイドライン的な位置づけの「試案」から「基準」となり、法的拘束力をもつという意味でその性格を大きく変えることになった。

表1は、要領における「クラブ活動」や「運動部活動」の位置づけを示したものである。1958年の中・高校の要領では、特別教育活動の一つである「クラブ活動」として、生徒の自発的な参加によって行われるとの記載が初めて登場した。1969（昭和44）年の中学校および1970（昭和45）年の高校の要領では、「クラブ活動」は特別活動の一領域として必修と定められ、全員がこれを履修しなければならなくなった。1977（昭和52）年の中学校および1978（昭和53）年の高校の要領では、前回の要領同様、全生徒が文化部も含めて、いずれかのクラブに所属することの記載がある。

ところが、1989（平成元）年の中・高校の要領では、部活動の参加で「クラブ活動」の一部または全部の履修に替えることができると記載された。1998（平成10）年の中学校および1999（平成11）年の高校の要領では特別教育活動としての「クラブ活動」の記載も、もちろん運動部活動についての記載も一切なくなった。

2008（平成20）年の中学校および2009（平成21）年の高校の要領では、初めて第1章の総則に「生徒の自主的、自発的な参加により行われる部活動については、スポーツや文化及び科学等に親しませ、学習意欲の向上や責任感、連帯感の涵養等に資するものであり、学校教育の一環として、教育課程との関連が図られるよう留意すること。その際、地域や学校の実態に応じ、地域の人々の協力、社会教育施設や社会教育関係団体等の各種団体との連携などの運営上の工夫を行うようにすること」が記載された。さらに第2章の各教科の保健体育では、教科の学習と運動部活動が関連をもつよう指導することが述べられ、運動部活動が要領上、紆余曲折を経ながらも、学校で行われるものであることが明確にされたといえる。

以上を要約すると、要領の記載とは関係なく、戦後のわが国の中学校や高校では、実態として運動部活動が現実に行われてきた。要領上は、「クラブ活動」に代替可能な時期もあったが、現行の要領で初めて運動部活動が、学校教育の一環として教育課程との関連を図りながら、行われるべきものであることが明

確になった。

　実は、運動部活動が教科外であること、さらに、要領上の明確な位置づけがなかったことが、教員にとっての部活動の職務上の位置づけを不明にし、教員の指導にともなう報酬規定が長い間整備されず、現在でも低い報酬となってきた要因のように考えられる。

　もっとも、これまでみてきたように、運動部活動が生徒の自主的、自発的、自治的な活動であることを考えれば、要領がその内容や方法に具体的に立ち入ること、またカリキュラム上に位置づけること自体が矛盾となり、そのために要領はあえてカリキュラム上の位置づけや内容の詳細の記載を控えてきたことも指摘しておかなければならないだろう。

5 ● 運動部活動における体罰や暴力

　運動部活動の指導に携わる者としてもっとも大切なことがある。それはどのようなことがあっても、スポーツ指導で体罰や暴力を用いてはならないということである。これを用いれば、部活動の指導者である前に、人間の尊厳を自ら破壊することになると肝に銘じておく必要がある。

　ところで、高校運動部の顧問教員の体罰による高校生の自殺は、社会の耳目を集めた。また少し遅れて発覚した女子柔道ナショナルチームのコーチによる暴力行為は、選手側からの告発に加えて、当該競技団体の対応の遅れもあって、大きな社会的批判を招いた。これらの問題を契機に、運動部におけるさまざまなレベルでの体罰や暴力行為が続々と明らかになった。

　体罰はいうまでもなく、学校教育法第11条で禁止されている行為であるが、元来、非行に対する懲戒の一種でもある。しかし、スポーツの試合や練習での技術的なミスや戦術的失敗が果たして非行に該当するのであろうか。もちろん、ミスや失敗は、スポーツ場面ではごく当たり前にみられるもので、非行に該当するものではい。その意味において、体罰はより厳密にいえば、暴力もしくは暴力的指導というべきものである。わが国では、残念ながら、スポーツ指導場面でのこの暴力的指導の容認論は根強い。また、スポーツにおける暴力行為は直接的な身体的制裁だけではなく、威圧や威嚇的発言に代表される言葉による暴力、指導者と生徒、先輩と後輩という上下関係を背景にしたパワーハラスメントやセクシュアルハラスメントを含む、きわめて広い概念であることを理解しておく必要がある。

いくつかの調査結果をみると、スポーツにおける体罰や暴力問題の根深さと深刻さがいっそう明らかとなる。朝日新聞社による大学運動部員510人に対する調査によれば、小・中・高校時代に33％の学生が体罰を受け、62％の者が指導者との間に信頼関係があれば体罰を容認すると答えている。また、自分が指導者になった場合には、時と場合によっては45％の者が体罰を用いると回答している（朝日新聞、2013年5月12日付）。

一方、日本高等学校野球連盟と朝日新聞社が全国4,032の加盟校を対象に2013年春に行った実態調査では、スポーツ指導場面での体罰や暴力が社会問題となって以降も、指導者の約1割（393校＝9.7％）が体罰を必要と考えていることが明らかとなった（朝日新聞、2013年7月2日付）。また、2013年3月に日本オリンピック委員会（JOC）が実施した、わが国のトップ選手や指導者を対象にしたJOC所属の57競技団体への実態調査によれば、トップ選手1,798人のうち、暴力を含むパワハラ・セクハラを受けたことがある者が男女計206人（11.5％）でおよそ1割の選手が被害にあったことがあるということが明らかとなった（毎日新聞、2013年3月20日付）。

さらに、大学体育連合が2013年の9月から10月にかけて行った調査では、運動部活経験者3,638人のうち、20.5％の学生が過去に運動部活動で体罰の経験があると回答している。「運動部活動中の体罰や暴力は必要か」の問いには、40.9％の者が必要な場合があると回答している（公益社団法人全国大学体育連合『運動部活動等における体罰・暴力に関する調査報告書』2014年12月）。

スポーツ指導で体罰を用いた者がよく用いる弁明に「指導者と生徒との間に信頼関係があれば体罰等は許される」との考えが現実に存在する。ただし、これは指導者の勝手な錯覚である。指導者と生徒がどのような関係にあろうとも、暴力行為の行使は、相手に間違いなく不快感を与え、ひどい場合には、暴力を行使された当人にとってトラウマになって生涯苦しむという事例の報告もある。さらに、指導者の暴力場面にたまたま居合わせて目撃した人の後々の人生まで、肉体的・精神的に悪い影響を及ぼすこともあるとの臨床報告がある。こういったケースの場合、いっそうたちが悪いのは、暴力を行使した指導者自身が自らの暴力行為そのものを忘れてしまっている場合が多いということである。

暴力を生まない指導のためには、指導者からの練習内容や練習課題の十分な説明と指導者・生徒間の相互理解の下で、健康状態、心身の状況、技能の習熟度、安全確保等を総合的に考えた科学的・合理的な内容・方法により練習が行われることが重要である。いわばスポーツの場における指導者と選手との間の

インフォームド・コンセント（十分な説明と合意）が必要なのである。

6●よいスポーツ指導の特徴とよい指導者に求められる能力

　スポーツ法を専門とする弁護士の望月浩一郎氏は、スポーツで暴力を用いる指導者のタイプを、(1)暴力を使う指導が正しいと確信している、(2)正しい教え方を知らず、困難に直面してどうしていいかわからずに手を出す、(3)思わずカッとなる、(4)気に入らない選手をいじめたいと感じる、の4つに分類している（朝日新聞、2013年7月2日付）。

　(1)の「確信型」や(4)の「いじめ型」は指導者として論外であるが、結局は指導者が正しい指導法を学び、よい指導者に必要な力量を身につけることが、よい指導になによりも大切である。このことを具体的に考えてみよう。

　サッカー等のチームゲームでは、よいゲームであればあるほど激しい攻防が展開され、1点を争う場面でのプレイヤーの思いもよらないパフォーマンスやチームの独創的な戦術が功を奏し勝敗を分ける場合がある。また、対人競技の武道でも相手の動きや攻撃をとっさにかわして、思いもよらぬみごとな技を仕掛けることで勝利を得ることがある。このように競技スポーツの試合は正に筋書きのないドラマであり、競技力が高くなればなるほど、プレイヤーやチームに、高度なスキルや独創的な戦術・戦略が求められる。同様に、個人競技の陸上競技や体操競技、水泳などでも自分のパフォーマンスを向上させていくには主体的で独創的なスキルの工夫や練習が必要である。

　このようにプレイヤーがゲームや試合場面で発揮できる独創的で創造的なスキルや戦術・戦略の能力を養うためには、普段の練習での自主性や自発性、主体性がなによりも重視されなければならない。スポーツ教育学の研究成果にしたがえば、指導者による命令と服従のなかでは、選手の自主性や創造性は育たないだけではなく、競技スポーツで求められる高度なスキルやパフォーマンスも生み出されないという。また、スポーツ活動は本来、自発的・自主的に行われるがゆえにこそ楽しい活動であり、そこに教育的意義がある。だからこそ、競技スポーツを対象とする運動部活動では、なによりも生徒の自主的・自発的な活動が保証されなければならない。

　運動部活動で、短時間で効率よく生徒にスキルを身につけさせたり、チームの競技力を上げたり、凝集性の高い集団を形成したりするには、なによりもよいスポーツ指導が求められる。よいスポーツ指導には、大きく次の2つの特徴

があるといわれる。

　一つは「よいスポーツ指導には勢いがある」ということである。そこでは生徒の練習活動によどみがなく、成果に向けて練習がテンポよく進んでいる。もう一つの特徴は「よいスポーツ指導は雰囲気がよい」ということである。そこでは運動集団が明るく暖かい雰囲気に満ち、指導者と生徒との肯定的な相互作用が頻繁に行われている。このようなよい指導を行うには、科学的エビデンスをともなった指導が必要であり、なにもよりも指導者の力量が問われることになる。指導者はよいスポーツ指導を実現するために、以下の事柄に留意しておくことが大切である。

　①実現できる具体的な行動目標や練習内容の設定、②すぐれた練習材（練習教材）の開発、③徹底した練習手順の確認と練習材の解釈、④練習課題に相応しい練習スタイル・練習形態の選択、⑤肯定的な人間関係行動や情意行動を生み出す指導方法の採用、⑥指導場面での指導者の情熱的で適切な生徒との相互作用、⑦スムーズな練習を生み出すマネジメントスキル。これらの適切な指導技術を備えてこそ、よいスポーツ指導が可能となる。

　次に、筆者が考えるスポーツ指導におけるよい指導者に求められる能力を挙げる。これからの運動部活動の指導者には、実技の指導力に加えて、さまざまな機会をとらえ研鑽に努め、これらの能力を身につけることが求められる。
(1)状況判断力（危険やリスクを判断し、適切に意思決定を行う）
(2)問題解決能力（多様な問題やトラブルを解決する）
(3)創造的思考力（自由な立場から独創的に物事を考えることができる）
(4)批判的思考力（現状を批判的にとらえ、建設的なアイデアを構想できる）
(5)効果的なコミュニケーション能力（だれとでもコミュニケーションが行える）
(6)対人関係を構築し維持する能力（有効な人間関係が築ける）
(7)自己認識力（現在の自分の力量を明確に認識できる）
(8)相手や他の人たちに共感する能力（だれに対しても共感し、同情できる）
(9)感情を制御する能力（怒りを鎮め、冷静に対処できる）
(10)緊張とストレスに対処できる能力（ストレスをうまくマネジメントできる）

7●これからの運動部活動を求めて

　「学校に部活があるから」、あるいは「部活での友人とのたわいないおしゃべりが楽しいから」学校に行くという生徒も現実にいる。競技志向の運動部だけ

ではなく、居場所としての運動部の意義も決して小さくない。加えて、生徒が望めば、学校という場で日常的にスポーツ活動が行え、そこに行けば仲間がいるという、いわばスポーツ権がだれにでも保証されているという意味でも、運動部の意義は小さくない。また、これまでも、そしてこれからも、人々がスポーツリテラシーやスポーツ教養を身につけ、生涯にわたって豊かなスポーツライフを送るうえでの基礎を培う場としての運動部活動の意義は大きい。

　しかし、現実には早急に対策が求められる課題もある。経済協力開発機構（OECD）の2013年度の国際教員指導環境調査（TALIS）の結果は、わが国の教員の1週あたりの仕事にかける時間が、加盟34ヶ国・地域の平均38時間に対して、54時間と最多であることを明らかにした。さらに、教員が放課後のスポーツ活動など課外活動の指導にかける時間が週8時間であり、加盟国・地域の平均の週2時間よりも顕著に多いことを伝えた。

　文科省はTALISの調査結果や2015（平成27）年3月公表の教職員の業務実態の調査結果等を踏まえ、教員の多忙化に歯止めをかけ、多様化・複雑化する教育課題の改善のために、教員に加えて専門スタッフを学校に配置しチーム体制で問題に対応する「チーム学校」の構想を打ち出した。この構想では、教員以外に、運動部活動の指導や単独での引率等を行うことができる「部活動支援員（仮称）」の提案が行われたが、2015（平成27）年12月の中教審答申では「部活動指導員（仮称）」として法令に明記し、運動部の顧問や引率を可能とすることが正式に決まった。

　先に述べたように、300万人もの中・高校生が関与する運動部活動の存在意義を考えれば、保健体育の教員免許をもった正規の部活専任教員の各校への配置がなによりも求められるように思われる。この部活専任教員は、運動部活動をコーディネートする中核として、学校管理職、顧問教員、外部指導者、地域スポーツクラブ指導者との連携をとりながら、クラブマネジメントの方法、スキルの指導法、生徒とのスポーツ指導における相互作用のあり方等を各部の顧問教員や外部指導員に指導、アドバイスや助言を行うことを任務とするものである。仮にこの教員を「運動部活動コーディネーター」と呼ぶとすれば、週末や休日は学校を離れて、地域で地域スポーツクラブの中核として、たとえば「地域スポーツクラブコーディネーター」の呼称のもとに学校の関係者と連携をとりながら、職務の一つとして地域のスポーツ指導者にさまざまな指導、アドバイスや助言を行うことを任務としてはどうか。つまり、学校と地域のスポーツを「コーディネーター」という同じ人でつなぐ構想である。

少子化が進展し、生徒のニーズの多様化によって、複数校による合同部活動や複数種目を行う総合部活動の実践が行われるようになった。また、教員の負担軽減を目的に土日の活動の企業委託もみられるようになった。これから顕著になる急激な高齢者人口の増加と生産人口の減少は少子化とともに、学校のみならず地域に大きな変革を迫るだろう。これからの運動部活動は学校がスポーツを通して地域とどのように連携・融合できるかを基軸に、たとえば、時に大学における運動部やサークル・同好会の関係を参照するなどしながら、高体連や中体連の組織変革をも含めて、大胆で革新的な運動部のあり方の提案や実践が行われる必要がある。

（友添秀則）

引用・参考文献

- 中澤篤史「運動部活動の戦後と現在：なぜスポーツは学校教育に結び付けられるのか」青弓社、2014.
- 友添秀則編著『現代スポーツ評論』28号（特集：学校運動部の現在とこれから）、創文企画、2013.
- 友添秀則「運動部活動ではどのような指導が求められるか」、『月刊教職研修』No.493、pp.91-93、2013.
- 友添秀則「スポーツにおける暴力根絶に向けて：私の『スポーツ倫理学ノート』断簡から」、『女子体育』56巻8・9号、pp.44-49、2014.
- 友添秀則「運動部活動の指導ガイドライン」、『体育の科学』64巻4号、pp.268-272、2014.
- 友添秀則「健やかな体の育成と運動部活動の在り方」、『中等教育資料』64巻1号、pp.28-31、2015.

第1章 — 2
子供を育む運動部活動の意義と社会的役割——教育社会学の観点から

1 ● 学校生活と日本社会に密接に関わる部活動[1)]

　一般に中学生の9割、高校生でも7割に加入経験があるといわれる部活動は、日本の中高生の学校生活に彩りを添える活動である。

　中学校入学を控えた小学生は、中学校生活への期待として、どんな部活動に入ろうかと夢をふくらませる。中体連の大会前の壮行式で学校中の期待を一身に背負ったり、試合やコンクールでの活躍を全校集会で校長先生から紹介されて全校生徒の羨望のまなざしを浴びたりする。部活動で経験したことをきっかけに将来自分のやりたいことをみつけたり、部活動の実績が評価されて高校や大学に進学したりすることもある。なにより、部活動は青春の代名詞だ。映画やドラマ、アニメやマンガでどれほど多くの部活動を舞台にした中高生の青春模様が描かれてきたことだろう。

　その一方で、部活動は評判のあまり芳しくない活動でもある。「学業と部活動の両立」がしばしば問題となるように、学校生活のなかで学業と二項対立的にとらえられるきらいがある。週末や長期休暇中にも大会やコンクールや練習があるため、子供の部活動中心の生活に家族が合わせなくてはいけないことも少なくない。OECD国際教員指導環境調査によれば、日本の中学校教員の課外活動指導に充てる時間は週あたり7.7時間と、参加国平均の2.1時間の3倍以上にも上っていて（国立教育政策研究所，2014）、部活動指導が「教員の多忙化の一因」だと指摘されている。

　だがそのことは、部活動が中高生の学校生活に彩りを添えていることの裏返しであって、中高生はもとより教員や保護者、場合によっては地域社会の住民も含めて、学校生活と日本社会に部活動がいかに密接に関わっているかという証しだろう。

　では、なぜ部活動はこれほどまでに学校生活や日本社会に密接に関わる活動

となっているのだろうか。子供が自分の好きなスポーツ・芸術活動を選んで享受することのできる場だからというだけで、子供も大人も巻き込んだ活動になるとは考えにくい。ということは、部活動は、子供がスポーツ・芸術活動をするだけの場ではなく、子供が育っていったり社会をつくっていったりするうえでもっと別の役割をも果たしており、学校生活と日本社会に密接に関わっているのではないだろうか。

本節では、筆者を含む研究グループが実施した「2004年度中学生調査」「2013年度中学生調査」「2014年度中学校教員調査」の3つの調査データ[2]を用いて、第一に、学業と部活動の関係に注目しながら、学校教育活動の一環として部活動が位置づいている様子を検討し、第二に、中高生にとっての部活動の意義や社会的役割について教育社会学の観点から示し、最後に、以上を踏まえて、今の部活動が抱えている課題を指摘することを通して、子供を少しでもよく育めるような部活動のあり方について考えていくことにしたい。

2 ● 学業と部活動の関係の検討

保護者にとって大きな悩みの一つは、子供が部活動を終えて帰ってくると、疲れ果ててしまっていて家庭で勉強をしてくれないことである。教員も、中高生があまり部活動に熱心になり過ぎると、「部活動ばかりしていないで、ちゃんと勉強するように」と指導することがある。また、中高生向けの新聞や雑誌などでも「学業と部活動の両立をどうするか」という趣旨の特集記事がときどき組まれる。

このように部活動が学業と二項対立的にとらえられ、ときに否定的に語られるのは、部活動が教育課程外の活動であり、教育課程内の学業の妨げになるのではないかと懸念されているからである。しかし、部活動は本当に学業の妨げになっているのだろうか。「2013年度中学生調査」から「学業と部活動の両立」問題が本当に問題なのかをみていこう。

1) 学業と部活動への関わり方の特徴

部活動への関わり方の違いによって、学業への関わり方にどのような違いがみられるだろうか。「国社数理英の授業に積極的に参加しているかどうか」という授業態度、平日一日あたりの家庭学習時間、校内成績の3点を、部活動への関わり方[3]別に図1、2と表1にまとめた。

図1　部活動への関わり方別授業態度

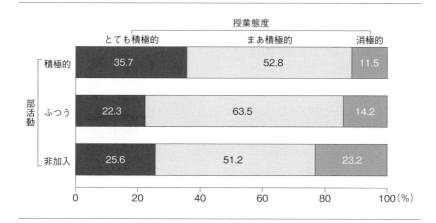

図2　部活動への関わり方別校内成績

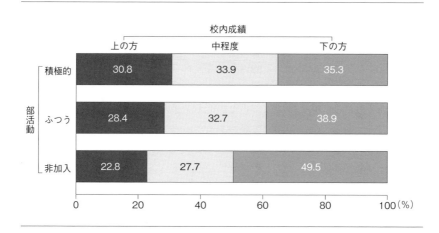

　授業態度は、図1のように、部活動に積極的な中学生の35.7％は授業にも積極的だが、ふつうに関わっている中学生や部活動非加入の中学生では20％台前半しか積極的でない。家庭学習時間は、表1のように、部活動に積極的な中学生が平均89.3分、ふつうに関わっている中学生が平均83.0分勉強しているのに対して、部活動非加入の中学生は平均66.7分と、部活動をしている中学生より20分ほど短い時間しか勉強していない。校内成績は、図2のように、「上

表1　部活動への関わり方別平均家庭学習時間

部活動への関わり方	積極的	ふつう	非加入
学習時間（分）	89.3	83.0	66.7

の方」の割合は、部活動に積極的な中学生30.8%、ふつうに関わっている中学生28.4%、部活動非加入の中学生22.8%となっている。

　以上のように、調査結果からは、部活動に加入していてさらに積極的に関わっている中学生の方が、授業にも積極的に取り組み、家庭でも勉強して、よい成績を取っている傾向がみられることがわかった。もちろん、部活動をものすごくがんばっていて、実績も上げている中高生のなかには、勉強はやらないし成績は悪いという人がいるのも確かだろう。しかし、私たちはそういう一部の典型的な事例に引っ張られた印象論で「学業と部活動の両立」問題を作り上げてしまっていたのかもしれない。

2) 学校教育活動の一環としての部活動

　この調査結果から学業と部活動の関係をどのように解釈すればよいだろうか。部活動に加入している方が、また積極的に参加している方が、授業中もちゃんと聞いている傾向がみられ、家庭学習時間も長いということから、部活動をすると勉強もするようになると、つい因果関係を想定してしまいそうになる。

　しかし、調査の際などに教員への聞き取りを重ねていくと、勉強も部活動もがんばる中高生と、どちらもそれほどでもないという中高生が多くいることがわかってきた。中高生は、部活動の制度的な位置づけを知らないから、部活動も授業や学校行事などと同じように学校が提供している教育活動の一つと思っているはずで、勉強も部活動も学校教育活動の一環ととらえているのだろう。ということは、学校に親和的な中高生は勉強も部活動もがんばるし、学校からやや距離をおいていたり、進路形成上学校外での活動に力点をおいていたりする中高生は勉強も部活動もあまり熱心ではない、というふうに、学業と部活動は相関関係にあるといえそうである。

3) 部活動への関わり方と時間の使い方の特徴

　「学業と部活動の両立」問題が印象論に過ぎないとして、では、中高生が部活動をすることには、学校に親和的であること以上の意味はないのだろうか。ここでは、部活動に積極的な中学生の方が家庭学習時間が長いという点に注目

表2 部活動への関わり方別平均インターネットとゲームの時間

部活動への関わり方	積極的	ふつう	非加入
インターネット（分）	56.1	50.6	82.2
ゲーム（分）	53.0	43.3	77.4

して、さらなる意味を見出してみたい。

　子供の学業のことを考えるとき、つい他のことに目がいかなくなって、勉強をするかしないかというとらえ方をしてしまいがちだ。しかし、では大人は働きに出ているか家事をしているかなど常に生産的なことをしているかといえば、そんなことはなくて、ボーッとしていたり、ゴロゴロしながらテレビをみていたりしている時間もあるはずである。中高生もそれは同じだろう。空いている時間が長ければ、そういう時間が増えるだけだし、空いている時間が少なければ、逆に効率的に時間を使おうとする。よくよく考えれば、それが人間の常識的な時間の使い方ではないか。それを、「学業と部活動の両立」という二項対立的なとらえ方をしてしまうから、部活動をしていれば勉強に充てる時間が減り、部活動をしていなければその時間勉強をしているはず、という幻想を描くことになってしまう。

　実際は、表2のように、部活動に加入していない中学生は加入している中学生よりもたとえばパソコンなどでインターネットやゲームをしている平均時間がそれぞれ30分ほど長い[4]。放課後、部活動をしないで早く家に帰ってきても、結局他のことに時間を使ってしまって、部活動をして帰ってきた中学生よりも家庭学習時間が短くなっているのである。

　部活動に加入している中高生は、学校に親和的だから家庭でもちゃんと勉強しているのか、「好きな部活動に時間を割いたのだから残された時間で勉強もしよう」と思うようになるのかはわからない。しかし、部活動加入者の方が非加入者よりも時間を効率的に、または少なくとも計画的に使っているといえるのではないだろうか。

4) 部活動での体験が勉強の理解にもたらす効果

　部活動に積極的な中学生の方がふつうに関わっている中学生や加入していない中学生よりも校内成績がよい傾向がみられたが、それは授業をちゃんと聞いていたり家庭学習時間が長かったりするからだけのことなのだろうか。部活動でスポーツや芸術を体験すること自体に意味は見出せないだろうか。

「部活動に積極的な中高生の方が成績がよい」というデータを援用して、「部活動をがんばると成績が上がるぞ」と指導している教員をみかけることがある。しかし、データが意味するところは、学校に親和的な中高生は勉強も部活動もがんばるし、学校と距離をおいている中高生は勉強も部活動もあまり熱心ではないという相関関係であって、部活動をすると勉強ができるようになるとか、勉強をすると部活動もうまくなるといった直接的な因果関係はない。100m走が0.1秒速くなったからといって二次方程式が解けるようになることはないし、関係代名詞がわかるようになったら130kmの速球を投げられるということもない。勉強は勉強するからできるようになるのだし、部活動でやっているスポーツや芸術も練習するからうまくなるのである。

　ただ、そもそも知識や技術・技能というものは、それだけで存在していたり、教科書のなかにだけあったりするものではない。人間の長い歴史のなかで、寒さや雨を凌ぎたいとか、困ったりいやだったりすることを改善しようとする工夫の積み重ねによって、また、動物のなかで人間の特徴である遊ぶこと、そしてそれを楽しむことをする際に、もっと楽しく遊ぼう、もっとうまくなろうという工夫の積み重ねによってできあがってきたものである。そのなかで、すべての人が直接よく使うものや、専門家がそれらを活かしてなんらかのものをつくり、多くの人はそれを無自覚のうちに享受しているものなどが学校で教えられている知識や技術・技能である。

　だから、自然や社会のしくみがわかるということは、公式を覚えたり用語を覚えたりして、テストのときに正解を答えられることではない。たとえば、ボールを遠くに投げようとして真っ直ぐ投げてみたり斜め上に投げてみたりとあれこれ工夫してみることがあるだろう。そんなふうに、なにかをみたり聞いたり体験したりしたときには「不思議だなあ。なぜだろう」と感じたり、「それってこういうことかなあ」とすでに知っていることとつないでとらえてみようとしたりする感性のようなものが働くはずである。その感性と公式や用語のあらわすところが一致したときに初めて自然や社会のしくみがわかったといえるのである。

　このような感性は、しばらく前までは日常生活のなかで知らず知らずのうちに身についていったものかもしれない。しかし、生活していて困ることが少なくなり遊びが定式化してきた現代では、意識的に体験する必要がある。スポーツを通して身体感覚を磨いたり、芸術の鑑賞を通して感受性を豊かにしたりして育むことが求められよう。その点で、スポーツ・芸術活動をする部活動は、

実技系の教科や総合的な学習の時間と並んで、学校教育を通してそのような体験をできる重要な機会になっている。そう考えれば、直接的な因果関係ではないにせよ、部活動をがんばることは、勉強するときにその体験が活かされて理解につながるという間接的な効果があるといえるのではないだろうか。

3 ●部活動の意義・社会的役割の検討

　中高生たちは、部活動のなにを楽しみに活動に参加しているのだろうか。また、部活動を通してどんなふうに育つことを期待しているのだろうか。さらに、自分自身では気がつかなくても、社会的にみて果たしているような役割はあるのだろうか。「2004年度中学生調査」をもとに、中学生の部活動への関わり方や期待することから読み取れる部活動の意義と社会的役割について考えていこう。

1) 居場所としての部活動

　「学業と部活動の両立」や「教員の多忙化の一因」などが部活動をめぐる社会的な問題になっているのは、それだけ長い時間部活動を行っていることのあらわれである。では、長い時間みんなで部活動をすることがもたらす意義や役割はなにかないのだろうか。
　図3は、中学生に「部活動で楽しみにしていることは何か」を尋ねた結果だ。大人は、子供たちが部活動で好きなスポーツ・芸術活動をすることを楽しみにしているはずだと思い込んでいるが、実際には30.9％と3人に1人の中学生が「友だちとのおしゃべり」を楽しみに参加している。また、図4は、部活動に加入している中学生と、地域社会の社会教育施設や民間企業などの学校外活動に加入している中学生に、それぞれの活動になにを期待しているかを尋ねた結果である。「好きなことがうまくなる」や「礼儀正しくなる」は、部活動にも学校外活動にも同程度に期待しているが、「仲のよい友だちができる」では、部活動に期待する割合が90.8％で、学校外活動に期待する割合よりも16ポイントも多く、かつすべての項目のなかでもっとも多くの中学生が期待している。
　この結果からうかがえることは、中高生にとって部活動とは、スポーツ・芸術活動をすること、好きなことがうまくなることだけを期待しているのではなく、その活動を一緒にしながら友達と過ごしたり友達をつくったりすることもまた重要な役割として期待されているということである。

図3　部活動の楽しみ

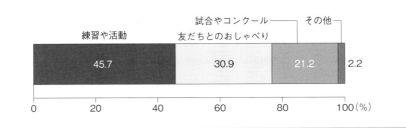

図4　部活動と学校外活動への期待

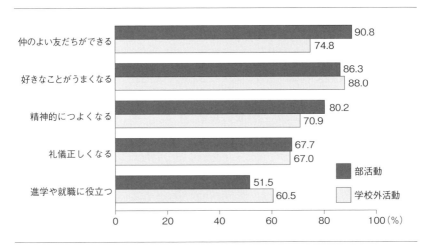

　具体的な場面を想像してみよう。中高生は昼過ぎまで授業を受けていた学校で、その仲間とスポーツをしたり芸術活動をしたりして、暗くなって家に帰るまでの時間を過ごしている。週末は、授業はないが家にいてもすることがないので、学校に集まってきて、ふだんの仲間とスポーツをしたり芸術活動をしたりして日中の明るい時間を過ごしている。つまり、部活動は中高生にとって仲間となにかをしながら過ごせる居場所となっていると考えられる。
　では、居場所としての部活動にはどんな意味があるだろうか。教育社会学の観点から2点ほど示しておきたい。

①中学生にとっての"学童保育"の役割

　中学校を卒業したら半分は就職していた戦後の一定の時期までと違って、今はほとんどの中学生が高校へ進学し、さらに半数を超える高校生が大学や専門学校に進学する。今の中学生はまだまだ保護者の保護下にある存在といえよう。その一方で、大人の働き方は第1次産業から第2次、第3次産業へと移り変わっていき、労働時間を中心に生活スタイルは多様化している。さらに、居住形態も変わってきて、いわゆる近所づきあいが減り、地域社会の教育力は低下してきたといわれている。

　このような社会状況にあっては、午後3〜4時に授業が終わった中学生が家に帰っても保護者がいるとは限らないし、週末に保護者が働きに出ていることもありえる。しかし、部活動に加入していれば、だいたいの平日は6時頃までは学校にいられるし、週末も練習や試合などで学校で過ごすことができる。つまり、居場所としての部活動は、中学生にとっていわば"学童保育"のような役割を担ってくれているのである。

②〈趣味縁〉的コミュニティ形成の意義

　私たち人間は集団＝コミュニティをつくって生活している。伝統的な社会では、血縁や地縁をもとにコミュニティをつくっていた。また、人が集まる場やきっかけとしては、教会や神社などとそれらのお祭りなど宗教的な場や象徴が用いられてきた。19世紀中頃以降の近代的な社会では、ある組織や制度をもとにコミュニティをつくるようになった。その典型例が学校である。学校にはその地域社会の子供たちが通い、運動会などの学校行事には地域社会の人も集まってきた。そして、学校も選択的になってきた21世紀では、コミュニティの核となる場として期待できるのが、スポーツ・芸術活動をする場そのものである。

　藤田英典によれば、これからの共生的なコミュニティのあり方として、「好みや趣味の共通性を契機にしてできたグループや地域や地球への愛着を契機にしたグループ」のような「〈趣味縁〉的関係」が志向されるという（藤田,1991）。居場所としての部活動は、中高生にとっての〈趣味縁〉的なコミュニティ形成の意義をもった貴重な場になっているといえるだろう。

2) スポーツ・芸術活動を享受する機会を提供する部活動

　部活動で行う活動の多くが、スポーツや芸術などの趣味的な活動であること

を踏まえたとき、それは、中高生が放課後や週末に好きなスポーツ・芸術活動をしているというだけにはとどまらない。スポーツ・芸術活動をする機会は地域社会の社会教育施設や民間企業等の学校外活動にもあるが、部活動は、希望するすべての中高生に対してスポーツ・芸術活動を享受する機会を提供しているという側面ももっているからである。

では、部活動が希望するすべての中高生に対してスポーツ・芸術活動を享受する機会を提供しているということには、どんな意味があるのだろうか。

①スポーツ・芸術活動を享受する機会の社会的な格差

筆者は小学校中学年の頃、スイミング、体操、ピアノ、絵画と4つの習い事を経験したが、読者は小学生の頃に学校外の習い事をした経験があるだろうか。あったとして、どのような習い事を、いくつくらい行っていただろうか。

「学校外教育活動に関する調査」によれば、小学生の68.5%がスポーツを、33.9%が芸術をなんらかの形で行っている（Benesse教育研究開発センター、2010）。ここで考えなくてはいけないことは、スポーツ・芸術活動を行っている小学生と行っていない小学生にどのような差異があるかである。もしスポーツ・芸術活動を行うかどうかの違いが、小学生自身の希望や好みにだけ左右されるのであれば、その違いは社会的な問題とはならない。

しかしながら、筆者が「学校外教育活動に関する調査」のデータを再分析したところ、小学生の性別、保護者学歴、世帯収入、居住地域社会の人口規模の差異によって違いがみられた。すなわち、男子の方が女子よりスポーツの活動率は高く、芸術の活動率は低い。保護者学歴は高いほど、世帯収入は多いほど、人口規模は大きいほど、スポーツ・芸術の活動率は高い（西島他、2013）。

もしこういった差異によって小学生が自分の希望や好みにみあった選択をできていないとすれば、それはスポーツ・芸術活動を享受する機会に社会的な格差＝社会的な問題があるということになる。

②家庭背景別にみた部活動と学校外活動の加入状況

そのような状況に対して、部活動はいったいどんな役割を果たしているのだろうか。学校外活動と部活動に加入している中学生の家庭背景を図5からみてみよう。中学生の家庭にある経済財の数から経済的背景を「上」「中」「下」に3分類し、それぞれのグループの学校外活動と部活動への加入率を示した。学校外活動への加入率は、経済的背景が「上」で48.7%、「中」で34.2%、「下」

図5　家庭の経済的背景別にみる学校外活動と部活動への加入率

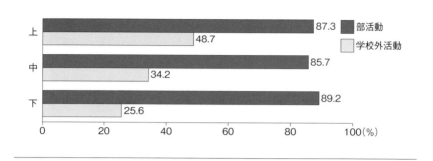

で25.6％と、経済的に豊かな家庭の中学生ほど高くなっている。一方、部活動への加入率は、「上」「中」「下」のいずれも80％台後半と、家庭の経済的背景の差異によらず加入している。

　学校外活動に加入してスポーツ・芸術活動をできるかどうかは、家庭の経済的背景の影響を受けているが、部活動は、スポーツ・芸術活動をしたい中学生なら家庭背景によらずだれでも加入することができる。このことから、部活動は、中高生がスポーツ・芸術活動をより平等に享受できる機会を提供する役割を担っているといえるだろう。

③「文化の格差」縮減の意義
　では、スポーツ・芸術活動をより平等に享受する機会としての部活動にはどんな意味があるのだろうか。一つは、ほとんどの中学校や高校に部活動が設置され、希望すればだれでも加入できることによって、中高生がスポーツ・芸術活動を享受すること自体の社会的な格差を少しでも縮減することができるという意義である。
　だが、なぜ趣味的な活動にしかみえないスポーツ・芸術活動を享受する機会が社会的に平等に提供されることが望まれるのだろうか。昨今、教育の格差が社会的な問題とされているが、その際よく指摘されるのは、家庭の経済水準や保護者の学歴水準などの親世代の社会的な地位が子供世代に受け継がれてしまうことである。しかし、かつてフランスの社会学者ブルデューが、親の社会的な地位が子供に引き継がれるのは、経済的な裕福さよりも文化的な経験やそれを通して身につける振る舞い方や習慣によるとする「文化的再生産」という考

え方を論じた（ブルデュー，1990；1991）。

　この考え方にしたがえば、スポーツ・芸術活動をより平等に享受する機会としての部活動は、中高生が学校教育活動の一環として少なくとも一つはスポーツや芸術活動を享受することができる場であり、経済的背景やスポーツや文化活動に対する志向の差異に基づく親世代の「文化の格差」を自分の世代で縮減できるという重要な意義をももっていると考えられる。

4 ● 部活動の課題とこれからのあり方

　ここまで述べてきたように、部活動は、中高生がスポーツ・芸術活動を享受し、また、うまくなることができる機会であるだけでなく、学校教育活動の一環としても、またより広く中高生の生活や将来の社会にとっても、さまざまな意義や社会的役割が認められる活動である。その一方で、期待が大きい分、たとえば「学業と部活動の両立」や「教員の多忙化の一因」などと批判されているように、課題があるのも事実である。

1）スポーツ・芸術活動享受の機会という観点からみた課題

　中高生のスポーツ・芸術活動享受の機会という観点からみるならば、以下のような課題が挙げられよう。

　ⅰ．部活動は教育課程外の活動であり、必ずやらなければいけない学校教育活動かどうか、教員の職務かどうかなど曖昧な位置づけであること。

　ⅱ．それぞれの学校に設置されている部活動の数や種類が、地域社会の文化的社会的特徴や学校規模に左右されること。

　ⅲ．学校内で部活動に使える施設・設備が、学校規模や教育課程内の教育活動に左右されること。

　ⅳ．教員養成課程でも公立学校の教員採用にあたっても部活動の指導法は位置づけられていないことから、部活動指導は教員個々人の力量に任されており、教員によって指導できることに大きな差異があること。

　これらはすなわち、部活動の制度的位置づけをどう考えていくか、そのもとでの実態として、人（生徒数と教員数、指導体制）・モノ（施設・設備）[5]・設置する部活動の数と種類の三者のバランスをどう考えていくかという課題として整理できる。

2）部活動の意義や社会的役割の観点からみた課題

　ここまで述べてきたような意義や社会的役割を十全に果たすためという観点からみるならば、中高生が所属する部活動数と活動日数・時間を課題として指摘する必要がある。「2013年度中学生調査」から、中学生の部活動への加入状況と活動日数・時間をみてみよう。

　まず、加入状況は、調査時点で加入している中学生と以前加入していた中学生を合わせて91.9％だったが、2つ以上の部に加入している中学生はわずかに0.6％しかいなかった。つまり、部活動に加入している中学生のほとんどが1種類のスポーツ・芸術活動しか部活動でしていない。次に、活動日数・時間をみてみよう[6]。各都道府県の中体連は、試合などを除けば平日1日と土日のうちどちらか1日は活動のない日にするように指導していることが多いようだが、実際には、4割の中学生が週7日活動があると回答した。だがむしろ問題はその時間で、1週間あたりの平均活動時間は15.0時間だった。

　中学校の授業は一般的に1週間に29時間[7]で、そのなかで国語や総合的な学習の時間など12に及ぶ教科と活動を行っている。もしそこに、たとえば「うちの学校はグローバル化に対応して、週15時間英語の授業をやります」という学校があったら、読者はどう思うだろうか。「おかしい」と思うはずだ。そうであれば、部活動も、たった1種類の活動を1週間にほぼ毎日、平均15時間もしているというのは、どう考えても非常識である。

　たしかに、"学童保育"の役割という点では、平日の放課後にも週末にも学校に居場所とその時間に活動することがあるのはありがたい。しかし、効率的・計画的な時間の使い方という点では、うまくなるためにはたくさん時間をかければよいというものではないし、「学業と部活動の両立」が問題とされるように、中学生くらいの時期には勉強や他にもいろいろすることがあるはずで、バランスを欠いた時間の使い方になっているのではないか。

　また、勉強の理解につながるさまざまな体験をする機会であることや、〈趣味縁〉的コミュニティ形成の場であること、「文化の格差」を縮減する機会であることなどの点では、たった1種類だけのスポーツまたは芸術活動だけを何年間にもわたってするのでは、偏った体験と狭い人間関係にとどまり、社会関係もあまり変わっていかないのではないだろうか。

3）部活動のこれからのあり方

　それでは、これからの部活動は、これらの課題の解決にどう取り組み、期待

される意義や社会的役割をより十全に果たせるようにしていけばよいのだろうか。残念ながら、これが理想の部活動だというあり方が一つだけあるわけではない。

本節の最後に、読者が直面している課題の解決に取り組んだり、子供をよりよく育みたいと考えたりしたときに、こんな点に留意したり工夫したりできるはないかというヒントをいくつか提示してみたい。

①部活動の制度的位置づけをめぐって

部活動の制度的位置づけをどう考えていくかということについては、教育課程内の活動に明確に位置づければよいとか、社会教育・社会体育や総合型地域スポーツクラブ等の地域社会の場に完全移行すればよいとか、そういう簡単な問題ではない。部活動には、現行学習指導要領が評価している「自主的、自発的な参加」という特徴があるからこそ、ここまで述べてきた意義や社会的役割

表3　部活動改革の取り組み

A.	部活動は学校教育活動の一環に位置づけるが、技術指導は全て外部指導員に任せる。（技術指導外部化）
B.	部活動は学校教育活動の一環に位置づけるが、練習や活動場所は、全て学校外の施設を使用する。（学校外施設使用）
C.	部活動は学校教育活動から切り離して、社会教育・社会体育に移行するが、活動場所として学校の施設・設備を提供する。（社会移行場所学校）
D.	部活動は学校教育活動から切り離して、総合型地域スポーツクラブや民間団体などの社会教育・社会体育に全面移行する。（全面社会教育移行）

図6　部活動改革の取り組みに賛成の割合

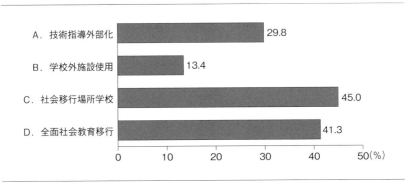

が認められるのであって、教育課程内に位置づけると、曖昧な位置づけという課題が解決する以上に、今の長所が失われてしまいかねない。地域社会にスポーツ・芸術活動を享受する場があるしくみは、ドイツやイギリスがモデルとなっている。ドイツやイギリスでは地域社会をあげてスポーツ・芸術活動が盛んであるかのようにみえるが、階級によって享受しているスポーツ・芸術活動の種類が違ったり、スポーツクラブ等への加入率が違ったりしていて、「文化の格差」は日本以上に大きい。地域社会への完全移行は、少なくとも「文化の格差」を今まで以上に広げることになりかねない。

　「2014年度中学校教員調査」で、表3に示した4つの部活動改革の取り組みについてそれぞれ賛否を尋ねたところ、図6のように賛成の割合が最も高かったのは「C．社会移行場所学校」の45.0％だった。その一方で、4項目ともに反対という教員も41.9％に上った[8]。この結果は、部活動が中高生にスポーツ・芸術活動を享受する機会を提供しているだけでなく、さまざまな意義や社会的役割もあり、その責任の一端を学校教育が担うのが望ましいと多くの教員が認識していることをあらわしている。

　部活動のあり方として学校という場でできることはいろいろありえるだろう。ただ、そのすべてを教員が抱え込まなくてもよいとも思う。中高生と教員、保護者、地域社会の住民の間で合意ができれば、それぞれの学校と地域社会や都道府県・区市町村の特徴に合った部活動のあり方をつくっていけるはずである。実際、各地の部活動を見学してみると、人・モノ・設置する部活動の数と種類の三者のバランスの取り方について、同じ「部活動」という言葉でくくっているのが不思議なくらい千差万別な工夫をして取り組んでいる。それぞれの学校と地域社会や都道府県・区市町村ごとに取り組みうるやり方を、できるだけ幅広く認めていくゆとりのある制度設計を期待したい。

②所属できる部活動数と活動日数・時間をめぐって

　所属できる部活動数と活動日数・時間をどうするかについては、少なくとも中学生に関しては平日の放課後や週末に居場所を確保できていることが望ましい。しかし、その場でする活動が1種類だけでなくてもよいだろう。複数のスポーツや芸術活動を通していろいろな体験をし、それぞれの場でさまざまな仲間と出会い、多様な社会関係を構築していく方がよいのではないだろうか。また、1種類のスポーツや芸術活動を1週間にほぼ毎日、平均15時間もしている状態は、早急に改善することが望まれる[9]。

たとえば、希望するなら1人が運動部2つでも運動部と文化部と1つずつでもいいので2つの部に入って、それぞれ週に2〜4日程度、3〜10時間程度活動できるような部活動のあり方も考えられる[10]。また、自然環境などの地域特性を踏まえて、季節ごとに異なる部活動を設置することも考えられる。このような取り組みには、各部の部員数が増え、教員が部活動指導に直接充てる時間的負担は減るという副次的な効果も期待できる。

　活動日数・時間を減らすと、「好きなことをたくさんやらせてあげられない」「好きなことをうまくさせてあげられない」「大会やコンクールで勝たせてあげられない」と心配する教員や保護者や地域社会の住民がいるかもしれない。もちろん、へたなままよりはうまくなったほうがよいし、負けるよりは勝ったほうがよい。しかし、当の中高生より教員や保護者や地域社会の住民の方が、内田良が指摘するところの「感動の呪縛」（内田, 2015）に囚われてしまって、そのような思いが大きくなり、活動日数・時間をどんどん長くしてしまう、負の連鎖に陥っているところはないだろうか。

　部活動は、教員や保護者や地域社会の住民のためにあるのではなく、第一義的に中高生自身のために、そして彼ら彼女らの将来の社会のためにあることを忘れてはいけない。

（西島　央）

注

1) 本節で用いる調査データは、文化部も含めた部活動を対象としているため、文中でも運動部活動に限定せず、「部活動」と表記する。
2) 3つの調査の概要は表4のとおりである。
3) 部活動への加入・非加入状況を尋ねた質問（加入者＝1,691名、非加入者＝212名、欠損値＝4名）と、加入者に対してどのくらい力を入れて活動に参加しているかを尋ねた質問（積極的＝912名、ふつう＝666名、消極的＝103名、欠損値＝226名）を組み合わせて、「積極的・ふつう・非加入」の3つの関わり方に分類した。
4) なお、過去の調査ではテレビ視聴時間に差がみられたが、2013年度中学生調査ではめだった差はみられなかった。中高生の青年文化や余暇時間の使い方がテレビからインターネットやSNSに移ってきていることがうかがえる。
5) 当然ここには、設備や消耗品の購入費や大会・コンクールへの参加経費など、部活動の運営に関わる予算＝カネも含まれる。
6) 活動日数・時間は、同じ学校の同じ部に所属していても、中学生の回答にはズレがあった。部単位の制度的な活動日数・時間を正確にとらえるにはふさわしくないが、中学生が実感している実態としての活動日数・時間の全体的な傾向をとらえることはできているだろう。

表4　本節で使用する調査の概要

i. 2004年度中学生調査	対象地域	東京・新潟・静岡・島根・鹿児島
	対象学年	中学校2年生
	実施時期	2005年2月（2004年度）
	サンプル数	公立中学校15校の1,995名
	備考）	2000年度に実施した中学生調査との比較可能な1,062名を対象に分析する
ii. 2013年度中学生調査	対象地域	長崎・宮崎
	対象学年	中学校1～2年生
	実施時期	2013年11～12月
	サンプル数	公立中学校15校の1,907名
iii. 2014年度中学校教員調査	対象地域	長崎・宮崎・鹿児島
	対象者	管理職および教諭
	実施時期	2014年12月
	サンプル数	3県の公立中学校543校 学校調査票の回収数219校（回収率40%） 教員調査票の回収数は1,443票

7) この「時間」は、50分を単位とする授業時数のこと。
8) 「A. 技術指導外部化」には29.8%が、「B. 学校外施設使用」には13.4%が、「D. 全面社会教育移行」には41.3%が賛成だった。なお、4項目ともに反対には、現行の部活動のやり方のままがよいという考えの教員だけでなく、4項目以外の改革の取り組みがよいという考えの教員も含まれると考えられる。
9) 高校生に関しては、部活動でしているスポーツ・芸術活動で進路形成を考えている場合もあり、この限りではない。
10) もちろん、「1つだけ部活動に加入する」「部活動に加入しない」という選択肢も必ず保障する必要がある。

引用・参考文献

- Benesse教育研究開発センター『学校外教育活動に関する調査報告書』ベネッセコーポレーション、2010.
- 藤田英典『子供・学校・社会』東京大学出版会、1991.
- 伊藤氏貴『奇跡の教室　エチ先生と「銀の匙」の子どもたち』小学館、2010.
- 国立教育政策研究所編『教員環境の国際比較　OECD国際教員指導環境調査2013年調査結果報告書』明石書店、2014.
- 小松佳代子編『周辺教科の逆襲』叢文社、2012.

- 西島央編著『部活動』学事出版、2006.
- 西島央・木村治生・鈴木尚子「小中学生の芸術・スポーツの活動状況に関する実証研究―地域、性、家庭環境による違いに注目して―」、『文化政策研究』6号、pp.97-113、日本文化政策学会、2013.
- P. ブルデュー、石井洋二郎訳『ディスタンクシオンⅠ.Ⅱ』藤原書店、1990.
- P. ブルデュー・J. C. パスロン、宮島喬訳『再生産』藤原書店、1991.
- 内田良『教育という病』光文社新書、2015.

3 地域を育む運動部活動のあり方

1 ● 地域づくりと運動部活動

1) 開かれたシステムとしての運動部活動

　これからの学校が「特色ある魅力的な学校づくり」や「教育力のある地域コミュニティづくり」を実現していくためには、学校の内部で完結する従来の「閉じたシステム」から、地域や外部との連携・協力にもとづく「開かれたシステム」へのパラダイム転換が必要だといわれている（中西, 2007）。運動部活動は、このパラダイム転換をもっともわかりやすい形で実現しうる場の一つであるといえよう。

　一方で中西は、現在の部活動の問題状況について、「『勝利至上主義』『根性主義と非科学的指導法』『バーンアウト（燃え尽き）現象』『体罰・しごき』『縦社会の人間関係』『部活離れ』『スポーツ障害』『顧問教師の過重負担』『顧問教師高齢化と顧問不足』『素人顧問の増加と顧問教師の専門的知識・技術の不足』『地域委譲論（社会体育化）』『複数校合同部活動』等々、多岐にわたる問題点ばかりが指摘されるだけで、そうした問題点が改革されるどころか、学校運動部活動の教育的な意義さえも全くと言ってよいほど議論されてきていない」（中西, 2007, pp. 40-41）と述べている。

　ここに列挙された問題群は、生徒、指導者、学校、社会環境といった異なる主体、異なるレベルのものが混在しており、さらに互いに関連をもちつつも性質の異なる問題から構成されているため、いったいどこから手をつけたらよいのか、解決の方途はますますみえづらくなっている。

　開かれたシステムとしての運動部活動は、上でみたような問題を解決するための手がかりを与えてくれるのだろうか。さらに一歩進んで、開かれた運動部活動が地域づくりやまちづくりに貢献する可能性はあるのだろうか。

2) スポーツ振興と地域づくり

　スポーツにはさまざまな機能があるといわれているが、まちづくりや地域活性化もその一つである。山口ら（2006）は、スポーツ振興による地域活性化の効果として、個人的効果、社会的効果、経済的効果の3つを挙げている。ここでは、個人的効果として、QOL（生活の質）の向上、健康増進、自己実現や生きがいの発見といったことが、また社会的効果としてはコミュニティの再生、地域文化・スポーツ文化の創造、人材育成、青少年育成などが指摘されている。さらに、経済的効果としては、スポーツツーリズムによる観光産業へのインパクト、施設建設にともなう直接経済効果、医療費の削減などが挙げられている。

　部活動においては、このうち個人的効果と社会的効果が期待されていると思われ、上で指摘された内容のいくつかは、実際の部活動において期待される教育的な効果とも重なっている。木田は、スポーツによるまちづくりや地域づくりを地域活性化の一つの手段としてとらえ、その有する機能を効率的に発現させていくことが重要という認識を示したうえで、地域スポーツクラブ、地元のボランティア組織、各種スポーツ関係団体、スポーツ関連企業、あるいは小・中学校や大学等の高等教育機関などが一体となり、日本独自の「スポーツコミッション」を形成する必要について提言している（木田，2013，p. 111）。

　このように、従来からの教育あるいは体育の枠組みを超え、地域全体でスポーツを手段として推進していく方向性が示されているなかで、運動部活動はどのようにして地域を育むことができるのだろうか。

2 ● 少子社会における運動部活動と社会力

1) 少子社会の問題と教育および運動部活動への影響

　いうまでもなく、少子高齢化と人口減少という人口動態の変化は、これからの社会や各種制度のありように大きな変革を迫るものであり、それは教育や部活動においても例外ではない。わが国では1997（平成9）年に子供の数が高齢者人口よりも少なくなったことから、この年以降を少子社会と呼んでいるが、この少子社会のなかで、これからの運動部活動はどうなっていくのだろうか。

　少子化の進行は、単に子供が減るだけでなく、その結果として将来的な労働力人口の減少や経済の停滞、ひいては社会の活力減退にもつながり、わが国の社会全体にとってマイナスの影響をもたらすといわれている。中央教育審議会

の「少子化と教育に関する小委員会報告」(1998)では、少子化の現状と要因を分析するとともに、少子化が教育に及ぼす影響についての言及がなされている。

ここでは、少子化の具体的な影響として、①子どもの切磋琢磨の機会が減少する、②親の子どもに対する過保護・過干渉を招きやすくなる、③子育てについての経験や知識の伝承・共有が困難になる、④学校や地域において一定規模の集団を前提とした教育活動やその他の活動(学校行事や部活動、地域における伝統行事等)[傍点筆者]が成立しにくくなる、⑤よい意味での競争心が希薄になる、の5点が指摘されている。

④では部活動が具体的に例示されている。周知のように生徒数の減少によって部員が減り、休部・廃部になった例は枚挙に暇がない。また同報告では、小規模校と小規模学級の特徴を活かした教育活動、具体的には特色ある学校づくり、隣接校との交流やインターネット等を利用した他校との交流、地域との連携の好機として取り組むこと、さらには授業を通じた異学年交流、学校間交流、異なる学校段階間での学校間交流の推進や、放課後・休日の運動場、図書館などの学校施設の開放、余裕教室の有効活用を行うことなどが提言されている。小規模の強みを活かした学校内の異学年交流はもちろんのこと、学校の壁を越えた他校あるいは地域との交流を積極的に図ることが期待されているといえよう。運動部活動においては、複数校の生徒による合同部活動や拠点校方式、地域のスポーツ指導者(外部指導者)による部活指導などがすでに現実のものとなっている。

このように、少子化をめぐる部活動への影響は目にみえる形であらわれているが、これらとは別に現在の学校、そして子供たちがおかれている状況から課題を抽出することも可能であろう。

ここ数年、「無縁社会」という言葉を頻繁に耳にするようになった。「無縁社会」とは、一人で暮らす単身世帯が増え、人と人との関係が希薄となりつつある日本社会の一面を表現するためにマスメディアがつくった造語である(NHKスペシャル取材班、2012)。増え続ける「無縁死」の取材を通じて描き出された無縁社会の背景には、都市化と少子高齢化、そして家族の変容があるという。この「無縁社会」という問題提起は、高齢者や家族のありように光を当てたものであり、一見したところ子供の世界とは、およそ無縁とも思われる。しかし、いまや無縁社会の足音は学校を舞台とする子供の世界にまで忍び寄っている。

少子社会の学校では、ごく普通の友人関係をつくるのも簡単ではない。ベネッ

セ教育開発センター（2009）の調査によれば、「悩み事を相談できる友達がいない」と回答した小学生は、男子で16.9％、女子で8.3％、中学生では男子が15.2％、女子が6.6％であった。平均するとクラスの約1割の児童・生徒は何でも話せるような友人がいないものと推察される。また、たとえ友人がいたとしても、場の空気を読むことに腐心している様子がみてとれる。たとえば「仲間はずれにされないように話を合わせる」は、実に小学生の半数以上（51.6％）、中高生の4割以上（中学生44.4％、高校生41.1％）であり、「友だちと話が合わないと不安に感じる」は、小学生の半数近く（47.0％）、中高生の3人に1人以上（中学生36.1％、高校生34.9％）となっている。自分の言いたいことをぐっと抑え込み、まわりに嫌われないよう注意深く気をつかいながら、友達でいられるよう努力している姿が浮かび上がる。

　石川は、公立小学校のスクールカウンセラーの話として、最近目立つ子供のタイプについて言及している。たとえば、人間関係の好き嫌いが激しく、周囲と打ち解けようとしない「オレ様」的な子供、他者とどう関わればよいかわからない子供、困ったときに友達を頼るという発想ができない子供などが少なくないという。そして、これは「自分は他者とどう関わり、協力し合えばいいのか、主体的に考え、行動する力が育っていない」ためではないかとしている（石川，2011，pp. 216-218）。

　先に少子化の具体的な影響として5つの問題をみたが、その内容に照らせば、少子化が子供の無縁社会化に少なからぬ影響を及ぼしていることは想像に難くない。はたして、運動部活動がかかる状況の改善にわずかながらでも貢献することは可能なのだろうか。

2）子供の社会力を伸ばす運動部活動と地域の力

　子供の無縁社会を作らないために何をすべきかと問われたとき、まず頭に浮かぶのは、社会性や協調性を養うということであろう。一般に、社会性とは社会において必要とされる行動、態度あるいは人間関係などを身につけていくこと、別言すれば社会にうまく適応できることとされる。この社会性という概念は、既存の社会への適応を旨とし、社会の維持を志向する概念とされているが、これとは別に既存の社会の変革を志向する「社会力」という概念が教育の世界で注目されている（門脇，1999）。

　教育社会学者の門脇は、子供たちをめぐる深刻な問題状況の根本原因が、この「社会力」の低下・欠如にあると指摘している。ここで社会力とは「人と人

がつながる力」「社会を作っていく力」「社会的人間として相応しい基礎的資質・能力」のことであり、「社会を作り、作った社会を運営しつつ、その社会を絶えず作り替えていくために必要な資質や能力のこと」(門脇、1999、p. 61) とされる。

　この社会力については、スポーツ活動との関連が実証データによって示されている。中西らは、子供の社会力を構成する要素を明確化するとともに、社会力を育む社会的相互作用の場としての運動・スポーツ活動の可能性について検討している。その結果、子供の社会力が「他者への配慮と思いやり」「大人との相互作用（関わり）」「好奇心・挑戦意欲」の三次元から構成されること、そして子供の運動・スポーツ活動の状況と社会力の間に有意な関連性を認め、活動の活発な子供ほど社会力が高いことを明らかにしている（中西ら、2007）。ここでは部活動の活動内容についての詳細な説明は省かれているが、少なくとも運動部活動での経験が、社会力になんらかのよい影響を与えていることは理解できる。

　門脇は、子供がおかれる状況が、大きく〈もの環境〉と〈ひと環境〉に分類されるとし、このうち〈ひと環境〉との応答（相互行為）が社会力を培うと述べている。また、社会力が培われ育っていくには、できるだけ多くの人たちとさまざまな場所で交わり、交互作用を重ねることがもっとも大事であり、多くの人たちとスポーツを楽しむことがきわめてよいやり方であり、よい手段であると述べている（門脇、2002）。

　さらには、いま教育によって育てるべき能力として、「誰とでもうまくコミュニケートできる能力」「他の人とよい関係が作れる能力」「他の人の心の内や気持ちを理解し思いやることができる」「自分自身の知識や技能と他の人が身につけている知識や技能を出し合い再編成しながら、直面する諸問題の解決に協働して当たれる能力」などを挙げ、これらがすべて社会力でカバーできる資質能力であり、互恵的協働社会を実現するための基礎的要件として求められる能力だとしている（門脇、2010、p. 225）。

　これらの資質能力は、そのままこれからの運動部活動において求められるものであろう。すなわち、「部員同士でうまくコミュニケートできる能力」「他の部員とよい関係が作れる能力」「他の部員の心の内や気持ちを理解し思いやることができる」「自分自身の知識や技能と他の部員が身につけている知識や技能を出し合い再編成しながら、直面する諸問題の解決に協働して当たれる能力」といったものである。

部活動は、複数の子供が集まって活動する場であり、そこには子供同士、子供と教員、そして子供と地域の人々といった多様な相互行為が発現する。それはまさに社会力のおおもとである〈ひと環境〉との応答（相互行為）の場といってよい。

　ただし、正確には「場が成立する可能性がある」というだけで、実際の相互行為の程度や質は、それぞれの子供がおかれている状況（学校や部活動）に強く依存する。子供の社会力を育む部活動は、教員や指導者による環境整備や指導のあり方に大きく左右されるのである。同じ学校の子供同士のみならず、近隣校の子供たち、さまざまな立場の地域住民、多様な地域組織、こうした地域の力を部活動にも活かす知恵をもたねばならない。

　一般に、少子化はマイナス面ばかりが強調されがちであるが、短期的には不可避のものである以上、逆にそれによるプラス面に目を向けることが肝要ではなかろうか。つまり、子供の減少によるきめ細やかで手厚い指導の可能性などを「強み」「チャンス」ととらえて、教育環境や部活動環境の充実に活かすという発想の転換が必要なのである。少子社会の運動部活動をうまく機能させるには、こうした強みやチャンスを活かしながら、部活動指導者は子供の社会力育成に向けた各種のコーディネート能力（調整する、組み合わせる、まとめる）を洗練させていく必要があるのかもしれない。

3●地域に開かれた運動部活動と外部指導者

1）学校教育の一環としての運動部活動

　現行の学習指導要領（以下、「要領」と記す）では、運動部活動が学校教育の一環として明確に位置づけられている。そして、「地域や学校の実態に応じ、地域の人々の協力、社会教育施設や社会教育関係団体等の各種団体との連携などの運営上の工夫を行うようにすること」（総則より引用）が求められているが、これは先の少子社会の教育に求められる方向性とまさに軌を一にするものである。

　運動部活動をめぐっては、少子化による子供の減少をはじめ、専門的な技術指導ができる教員の不足、顧問教員の過重負担および手当の確保、異動にともなう継続的な顧問の確保の困難といった多くの問題が指摘されている。われわれは、そのうえでこれからの運動部活動の条件整備について考えねばならない。以下では、少子社会の部活動において強く期待されている学校と地域との連携

に関わって、どのような問題があり、またそれらを解決するにはどのような条件を整備する必要があるのかについてみていく。

2) 外部指導者の活躍と条件整備

地域と学校の連携に基づく運動部活動を考えるうえで、地域をはじめとする学校外の人材が部活動の指導に当たる外部指導者制度の導入は、もっともわかりやすい事例であろう。2001年度の調査で15,734人だった中学校の外部指導者は、2009年度には30,994人と約2倍になり、その後も同程度の水準で推移している（図1）。

地域の指導者個人のみならず、多様なスポーツ団体や組織もまた連携・協力の対象となっている。最近では、総合型地域スポーツクラブ（以下、「総合型クラブ」と記す）と連携する運動部活動もみられるようになってきた。このようなケースでは、総合型クラブが運動部活動の脅威でも競争相手でもなく、共存し協調し合う関係にあるという認識のもと、子供のスポーツ環境を地域全体というトータルな視点から整えていこうとする基本姿勢において共通している[1]。

また、大学と運動部活動の連携・協力事例も散見される。名古屋市教育委員会は地元大学と、教員志望の学生が部活動などの指導を補助する協定を結んだ。

図1　外部指導者数の変遷（2001～2015年度）

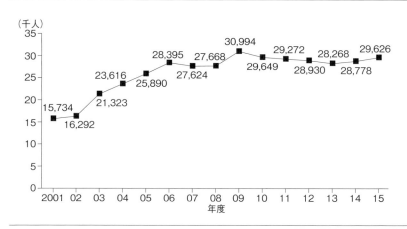

（出典：公益財団法人日本中学校体育連盟HPより）

これによって、運動部活動の指導者を安定的に確保することができている（朝日新聞、2014年5月1日朝刊、名古屋）。北海道稚内市でも市教育委員会が地元の大学と連携し、学生ボランティアが部活動や学習支援に協力している（毎日新聞、2010年1月29日朝刊、北海道）。都市部とは異なり、地方の場合には人材の確保そのものが困難という事情もあることから、人的にも施設的にも、また情報面においても豊富な資源を有する大学との連携・協力は非常に大きな意味をもつ。

外部指導者制度をめぐっては、いわゆるスポーツリーダーバンクの活用が注目されている。神戸市では、2010年に市教委の主導で運動部活動に特化したスポーツ指導者バンク（外部指導員バンク）が設立された（日本体育協会，2010a）。この情報システムは、地域指導者の効果的・効率的な活用を促すものであり、行政による人材のコーディネートあるいは地域の人材を部活動に活かす、学校と地域との連携・共創とみることもできる。

さらに、地域の競技団体も学校の重要な外部環境の一つである。東京都町田市では、新設された高校の部活動活性化に、競技団体からの外部指導員を招き入れている。同校のバドミントン部は市バドミントン連盟と連携し、同団体の役員である有資格指導者から技術指導を受けている。地域の競技団体には、地域の指導者に関する情報が集約されていることから、学校と競技団体との連携・協力は外部指導者の活用を進めていくうえで今後大いに注目すべきであろう（日本体育協会，2010b）。

このほか、最近の動きとして民間事業者に部活指導の支援を要請するケースもみられるようになっている。東京都杉並区立和田中学校では、休日の運動部活動の練習を企業に委託し、保護者が費用を支払うというプロジェクトが実施された（第6章3を参照）。これは、顧問が立ち会えず安全管理面で責任を負えない学校に代わり、各部の保護者会が企業と契約して練習に付き添うというもので、金額は保険料を含めて1人1回500円、家庭の負担などを考慮して月2回以内を限度とするものであった。

さらに、このケースをモデルとして、2015年からは大阪市でも民間事業者への外部委託が開始されている。これらの事例は、教員の善意と負担に全面的に依存してきたこれまでの運動部活動のあり方を根本的に考え直す契機ともなっている。斬新な試みといえるが、一方で顧問教員と外部コーチ相互のコミュニケーションと連携、管理責任、事故対策、学校間の指導格差の問題、さらには契約による人材派遣では必ずしも地域づくりに結びつかないなど、解決すべ

き問題も数多く指摘されている。

　ここまでみたように、地域の人材を外部指導者として活用する際には、おもに行政が学校と地域との仲介役となって適切な指導者を供給していることがわかる。学校の外に存在するスポーツ指導のニーズを運動部活動の指導に活かす試みは、開かれた運動部活動の一つの形であり、それは結果として地域あるいは地域スポーツの活性化にも一定の貢献をしているとみてよいだろう。

4●地域のなかの運動部活動

1）これからの学校の課題

　これからの学校や行政には、ここまでみたような人材のコーディネート（調整）能力、そして「地域にはどのような人材がいるのか」というスキャニング（探索）能力が求められることになるであろう。そして、学校が地域との関わりを強化しようとすれば、教員自身にもコーディネート能力が求められることになる。

　松田は今後の体育教員に期待される役割について、「地域人材を体育授業の『リソース』（教育資源）として熟知し、体育授業や学校における体育的指導や生徒指導のためにネットワークをつくり、補助者、ゲストティーチャー、パートナーなどの役割を分担し、地域総がかりで子どもの教育にあたる体制を全体としてまとめるとともに、子どもからは体育に関わる信頼できる知識・技術のマネージャーとして『コーディネート』する能力が問われることになる」（松田, 2010）と述べている。

　このような教員への期待は、正課を念頭においているとはいえ、学校教育の一環としての部活動にもそのまま適用されるものである。外部指導者制度の導入にあたって、行政や学校、そして教員がもっとも留意しなければならないことは、部活動が学校教育の枠から外れないようにすることであろう。たとえば、外部指導者には運動部活動があくまでも学校教育の一環であること、学校としての基本的な指導方針、どのような子供を育てようとしているのかについて、事前に説明し十分に理解してもらう必要がある。

　このプロセスを疎かにすると「学校教育の一環として」という看板は即刻降ろさねばならなくなる。教員と外部指導者との明確な役割分担と相互理解の質が問われるようになれば、教員には学校と地域を架橋するコーディネート能力がこれまで以上に求められることになるだろう（作野, 2011；2013a；

2013b)。このコーディネート能力こそがこれからの時代に求められる教員の専門職性なのではなかろうか[2]。

これに関連して、部活動という場における「学びのコーディネーター」としての側面も強調しておかねばならない。要領の総則では、部活動について「学校教育の一環として、教育課程との関連が図られるよう留意すること」という一文が加えられている。これは、部活動が教育課程において学んだことを踏まえて、自らの興味・関心をより深く追求する場でもあることから、生徒自身が教育課程において学んだ内容についてあらためて認識できるよう促すことが大切であるという趣旨である。

これを実践するためには、いうまでもなく学びを支える教員の役割が重要となる。佐藤は「勉強」と「学び」の違いが〈出会いと対話〉の有無にあるとし、「勉強」から「学び」への転換を実践するためには、①「モノや人やこと」との出会いと対話による「活動的な学び」を実現すること、②他者との対話による「協同的な学び」を実現すること、③知識や技能を蓄積する「勉強」から脱して、知識や技術を表現し共有し吟味する「学び」を実現することという3つの課題の遂行が必要であると述べている（佐藤、2010）。この指摘は、IT社会、情報（過多）社会において「体育に関わる信頼できる知識・技術のマネージャーとして『コーディネート』する能力が問われる」（松田、2010）という先の指摘、そして今後必要とされる「社会力」の内実ともみごとに合致している。

地域を育む部活動を考えるに当たっては、教員の果たす役割が非常に大きい。しかし、教育現場を見渡せば、そうした期待が容易にはかなわない現実があることもまた事実である。

教員については、土日勤務をはじめとする超過勤務への対応（代休や処遇など）が著しく遅れている。部活動顧問として三十余年指導をしてきた塚原は、「部活動＝超過勤務であるということが社会的にはほとんど認知されていないように思われる」と述べ、部活動での過労によって、身体やこころを病んでしまう教員が続出している現状を踏まえて、部活動に関わる教員の労働環境の改善なくして、学校教育の一環としての指導はありえず、また結果として部活動の充実を図ることもかなわないと主張する（塚原、2009）。このように部活指導者としての教員が、過酷な労働条件のなかであるべき姿を行動に移すことは、現実には思いのほか困難といわねばならない。

本章の冒頭でもみたように、わが国の教員は、授業や生徒指導、部活動などさまざまな業務を行っているため、週当たりの勤務時間が突出して長い。それ

は、諸外国と比較して教員以外の専門スタッフの割合が低いことに起因しているともいわれている。

こうした状況を踏まえて、現在、文部科学省では専門スタッフ等が教育活動や学校運営に参画し、教員、事務職員等と連携・分担して校務を担う体制、すなわち「チームとしての学校」が構想されている。そこでは、今後部活動をさらに充実させていくという観点から、教員に加えて部活動の指導、顧問、単独での引率等が可能となる部活動指導員（仮称）の配置が提案されている。こうした専門スタッフの確保とともに、将来的には専門性の高い保健体育教員の増員、さらには部活に特化した専任教員の配置も検討されてよいだろう。

今後、部活動が現在抱える問題を解決し、地域との連携を進めていくうえでは、運動部活動をコーディネートする人材が不可欠であり、こうした人材のマネジメントこそが成功のカギを握るといっても過言ではない[3]。

2）地域を育む運動部活動

堀は、まちづくりのいちばんの担い手は地域の人々自身であり、スポーツとまちづくりを一体として考えていくうえで大事な方策は「人づくり」であると述べている（堀，2007）。また、地域の存続にとって欠かせない帰属意識や愛着心の醸成は、言葉で教えられるものではなく、いろいろな活動によって自分が地域に属していることを強烈に実感できる場を創っていくしかないとして、そうした強い帰属意識を醸成させるには、地域の人々が一緒に行う、あるいは他の地域と対抗するスポーツが適していることを指摘している。さらに、スポー

表1　地域を育む運動部活動の例

	する	みる	ささえる
学校内		脱無縁社会化 社会力の醸成	
他校と	・合同部活動 ・拠点校方式 ・近隣校との定期対抗戦 ・近隣校との合同練習会	・近隣校の練習見学・試合応援 （小→中→高）	・近隣校への技術指導 （高→中→小）
地域と	・総合型クラブとの連携 ・外部指導者（総合型クラブ、大学、競技団体ほか）による指導 ・地域住民運動会への参加	・地元チームの練習見学・試合応援 ・地域住民による部活動の試合応援	・地元チームの試合運営ボランティア ・地域住民運動会の運営協力

ツは、するという直接参加のみならず、みる、ささえるといった関わり方でも帰属意識や愛着心が身につくことが重要な特徴であると述べている。

その意味で、地域を育む運動部活動には、スポーツ活動を通して次代の地域づくり、まちづくりを担う人材を育てる場としての側面があるともいえる。少子化の問題や社会力の醸成、そして外部指導者や教員をはじめとする人材マネジメントの問題は、運動部活動におけるさまざまな活動や経験の質をよりよいものとするために、とくに留意すべき事柄といってもよいだろう。

開かれた運動部活動とは、閉じた運動部活動からの脱却であり、学校と地域の間にある壁を取り払うことである。それはまた、人の往来が盛んになること、つまり部活動の生徒が外に出向くとともに、学校外の人々が部活動に関わるようになることでもある。表1は地域を育む運動部活動の例を示したものである。具体的な活動は、このほかにも多数考えられるだろうが、地域の中での学校種別を超えた活動や、みる・ささえるスポーツによる地域との交流など、これまであまり前例がない活動にも今後注目していく必要がある。

運動部活動における他校生徒との協同と競争、地域（外部）指導者の協力、地域の人々との交流など、地域のさまざまな人々とのコミュニケーションを基盤とする多様なスポーツシーン（する・みる・ささえるほか）の積み重ねが、これからの地域スポーツ環境ひいては地域そのものの活性化にもつながっていくことを期待したい。

(作野誠一)

注

1) 学校運動部活動の地域コラボレーション戦略の詳細については中西(2007)、学校と地域のコラボレーション事例については黒須・南木(2007)をそれぞれ参照されたい。
2) このことは「体育教師の専門性を学校空間内の説明原理として考えないことが重要」(松田, 2010)という指摘とも一致する。
3) こうした制度改革とともに、現在の学校における教員文化の問題、すなわち学校の教員間に共有される行動原理や思考様式に関わる問題にも対処しなければならない。谷口(2014)は総合型クラブと運動部活動との連携事例について分析するなかで、教師の側に負担軽減と専門性への期待がある一方で、総合型クラブという変革を回避し、慣れ親しんだ学校内の部活動という形態を維持しようとする教員文化があることを指摘し、わが国における運動部活動の運営・継続形態をめぐる地域との関係構築は、かかる教員文化の存在を踏まえない限り困難と述べている。こうした制度変更だけでは対応できない構造的な問題があるということも忘れてはならない。

引用・参考文献・参考URL

- 堀繁「スポーツのもつ可能性とまちづくり」、堀繁ほか編著『スポーツで地域をつくる』pp.3-25、東京大学出版会、2007.
- 石川結貴『ルポ 子どもの無縁社会』中公文庫、2011.
- 門脇厚司『子どもの社会力』岩波新書、1999.
- 門脇厚司「社会力を育てる学校体育を」、『体育科教育』50巻13号、pp.18-21、2002.
- 門脇厚司『社会力を育てる:新しい「学び」の構想』岩波新書、2010.
- 木田悟「組織をつくる:まちづくり、地域づくり推進のための組織の必要性」、木田悟ほか編著『スポーツで地域を拓く』pp.103-121、東京大学出版会、2013.
- 黒須充・南木恵一「実践事例に学ぶ学校と地域のコラボレーション」、黒須充編著『総合型地域スポーツクラブの時代 第1巻 部活とクラブとの協働』pp.72-126、創文企画、2007.
- 松田恵示「『新しい公共』の時代に問い直される体育教師の専門性」、『体育科教育』58巻10号、pp.14-17、2010.
- 中西純司「学校運動部活動改革のためのイノベーション戦略」、黒須充編著『総合型地域スポーツクラブの時代 第1巻 部活とクラブとの協働』pp.39-56、創文企画、2007.
- 中西純司ほか「子どもの運動・スポーツ活動と『社会力』との関連性に関する実証的検討」、『福岡教育大学紀要』56号第5分冊、pp.133-146、2007.
- NHKスペシャル取材班編著『無縁社会』文春文庫、2012.
- (公財)日本中学校体育連盟HP(http://njpa.sakura.ne.jp/kamei.html)
- (財)日本体育協会編「部活の外部指導員:神戸市立雲雀丘中学校(兵庫県)のケース」、『指導者のためのスポーツジャーナル』夏号(通巻284号)、pp.42-43、2010a.
- (財)日本体育協会編「部活の外部指導員:東京都立町田総合高等学校(バドミントン部)のケース」、『指導者のためのスポーツジャーナル』秋号(通巻285号)、pp.44-45、2010b.
- 作野誠一「学校運動部のジレンマ:スポーツクラブとの共存は可能か」、『現代スポーツ評論』24号、pp.63-75、2011.
- 作野誠一「外部指導者の活用や外部団体との連携をどう図るか」、『体育科教育』61巻3号、pp.26-29、2013a.
- 作野誠一「少子化時代と運動部活動」、『現代スポーツ評論』28号、pp.48-59、2013b.
- 佐藤学『「学び」から逃走する子どもたち』岩波ブックレットNo.524、pp.54-60、2000.
- 谷口勇一「部活動と総合型地域スポーツクラブの関係構築動向をめぐる批判的検討」、『体育学研究』59巻2号、pp.559-576、2014.
- 塚原一郎「部活動と中学校」、『こころの科学(日本の教育はどうなるか)』pp.92-95、日本評論社、2009.
- 山口泰雄ほか「スポーツイベントと振興プログラム」、SSF『スポーツ白書:スポーツの新たな価値の発見』pp.161-164、笹川スポーツ財団、2006.

運動部活動の理論と実践

第 2 章

運動部活動の歴史

1. 運動部活動とスポーツ根性論
2. 運動部活動の「社会的意義」の変遷
3. 運動部活動の教育制度史

運動部活動とスポーツ根性論

1 ●「競技」か「教育」か、あるいは「根性」か

　わが国における戦後の運動部活動は、1948（昭和23）年の文部省（現・文部科学省）「学徒の対外試合について」の通達にみられるように、教育活動として位置づけられ、勝利至上主義による弊害を克服するために教育的な配慮がなされてきた。

　しかし、1960年代以降、東京オリンピックの開催を重要な契機として、運動部活動は「選手中心主義」を志向し、すぐれた競技者を養成する場ととらえられるようになった。各競技団体からの要請を受け入れる形で対外試合基準が緩和され、「競技の論理」が「教育の論理」よりも優先される状況を生み出した。このような状況において運動部活動は、すべての生徒のための学校教育活動とは矛盾したあり方として批判された（中澤、2014、pp. 126-128）。

　東京オリンピック体制が確立され、大会が成功をおさめた1964（昭和39）年を前後して、「競技ですぐれた成績をあげるにはなによりも根性が必要である」という「スポーツ根性論」が成立し、運動部活動をはじめ各方面に影響を及ぼしたことが指摘されている。根性とは、苦しみに耐え抜いて努力する精神力のことをさし、現在ではスポーツはもちろん日常的にも使用されている。この根性という言葉は、1964年の東京オリンピックを重要な契機として流行し、高度経済成長を支えた日本人の精神的支柱として定着していったという見解が示されている（坂上、2001、p. 219）。では、根性のどのような性質が社会に承認され、流行したのか。

　本節では、当時の社会状況との関連から、スポーツにおける根性（以下「スポーツ根性」）が成立し、変化していく過程を概観しながら、スポーツ根性論が運動部活動や競技スポーツに与えてきた影響について述べる。

2●1960年代の人々の精神状況と「根性」の変容

　国語辞典を引いてみると、「根性」は戦前から戦後のはじめにかけて、「こころね、しょうね」といった、人間性や人間の本質的な部分、先天的に備わった性質といった意味が、他方では、1933（昭和8）年の『大言海』における「根」の記載にあるように、「事を行なうに、久しく耐え忍ぶ精神の力」という意味の言葉であったことがわかる。つまり、明治期から昭和初期にかけて「その人の生まれついた根本的な性質、考え方」という意味（A）が一般的に用いられ、多くは否定的な文脈で用いられていた。

　一方、現在の辞書に意味を求めると、「困難にくじけない強い性質」「事を成し遂げようとする強い気力」といった意味（B）が加わり、一般には肯定的な文脈で使用されていた。戦後、意味Bの記載が新たに加わったのは、根性の意味使用の一般化から辞書への記載までの時間差を考慮に入れても1960年代であったと思われる。

　次に、根性の具体的な使用状況をみるために、朝日・読売両紙面を調べたところ、根性は、戦前から戦後のはじめにかけて、「欲張根性」「ナワバリ根性」などといった「こころね、しょうね」の意味（意味A）で、おもに否定的な用語とともに使用されていた。その後、1960年代初期を境目に、スポーツ面に

図1　新聞記事における「根性」記載の件数および意味使用の変遷

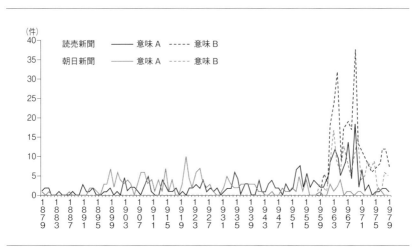

おいて「みごと、養った根性」「根性の底力」などといった「困難にくじけない強い性質」「事を成し遂げようとする強い気力」の意味（意味B）で、肯定的な文脈における使用を主流とするようになっていった（図1）。

国語辞典・新聞記事の調査から、1960年代において根性は、先天的に備わった性質から後天的に形成される可能性が込められた用語へ、また、否定的な用語をともなった使用から肯定的な用語をともなった使用へと変化していったことが明らかになった。根性の意味使用の転換は、東京オリンピックを中心としたスポーツ界に端を発していたことが考えられる。

1960年代は、戦後のわが国における高度経済成長が明確な足どりのものとなり、大衆（消費）社会と呼ばれる状況が特徴的に示された時期である。経済状況は戦前の水準を超え、めざましい回復をみせた。しかし、精神状況についていえば、1945（昭和20）年の敗戦時からはほとんど回復していないことが指摘されており、敗戦による挫折・喪失にたえず立ち返り、その意味を繰り返し深めていくことが肝要であるといわれた。

根性の意味使用の変化と東京オリンピックをめぐる当時の人々の精神状況には、上述の敗戦による挫折・喪失体験が関連しているといえる。つまり、東京オリンピックは戦争における挫折・喪失を想起させたと同時に、高度経済成長下の再建・復興の象徴として位置づけられた。根性の意味使用が変化していく背景には、挫折・喪失といった危機から「再建・復興」を志向する時代精神あるいは社会通念があったと考えられる。

3●スポーツ根性論の成立

根性が流行する重要な契機となった東京オリンピックをめぐる論考や記事に着目すると、オリンピック選手強化策における根性と根性づくりがあげられる。根性は、東京オリンピックにおける競技者の精神的基調としてみいだされ、スポーツ科学研究委員会心理部会では養成・強化すべき対象とされていた（日本体育協会，1965）。

選手強化本部が編集に携わった機関誌『OLYMPIA』では、役員や指導者で構成された座談会で、各氏による根性（論）が語られており、勝利への自信をつけるために「猛練習」することが重要な要素であると説かれていた。座談会では、猛練習によって根性をもたせるために大切なものはエリートとしての自覚であるとし、選手たちは選ばれた人間であり、日本の代表として外国の選手

と戦うのだという自覚と責任感、誇りがなければならないといわれた。

スポーツ科学研究委員会心理部会の一員であった太田哲男によれば、東京オリンピック選手強化対策本部長を務めた大島鎌吉が心理部会に「根性」養成法のテキスト作成を要請したといわれ、委員たちによって資料が作成されたという（太田，1968）。この資料は「根性づくりテキスト」と呼ばれたが、実際に選手や指導者に配布されたか否かは確認されていない。大島は選手強化に根性を持ち込んだ理由について次のように述べている。

「試合で選手の能力をフルに発揮させるのは結局のところは、強い意志の力による。精神力だ。そのことは経験的にはわかっていたが、それをどうやって、選手たちに理解させるかが問題だった。それには、感情にうったえるのが早道だ。根性ということばがぴったりだと思った」（読売新聞1965年3月3日付）

また、先の太田によれば、「当時は、体力づくりを金科玉条とし、体力という器を大きくすることだけに専念し、一応の体力が形成されたあかつきにそれに魂を注入するという意味から根性ということばが用いだされた」（太田，1968，p. 45）という経緯があった。

根性を「人間性や人間の本質的な部分、先天的に備わった性質」という従来の意味使用でとらえ、選手を固定的に価値づけしてしまうことを避けるため、テキスト作成によって人間形成の一環としての根性つくりに転換させようというねらいがあった。ここに1960年代における「根性」の意味使用が変化した要因をみいだすことができる。大島は選手強化を「人間つくり」とし、雑誌の対談において、次のように述べている。

「日本人の持っているポテンシャルを開発してみようじゃないかという気があった。そのためにはトレーニングのやり方とかいろいろ問題があるが、私たちは"人間つくり"というコトバを使った。別の人間をつくるのだ。いままでの日本人のスポーツ界にはいなかった別の、もっと次元の高い人間をつくろうじゃないか、というので、"人間つくり"といった」（大島・東海林，1964，p. 65）

根性は、競技者としての人間形成の問題として戦略的に取り上げられ推進されたのであり、東京オリンピックを契機として、戦後、スポーツの新たなアイデンティティを構築しようとする意図があったと考えられる。

スポーツ科学研究委員会による定義を踏まえていえば、スポーツ根性は次のように示される。まず、何よりも「勝利」という目標を達成するため、集中し

図2　1960年代におけるスポーツ根性

て取り組む態度が挙げられる。そこには、勝利を他のなにかのためといった手段としてではなく、目的的にとらえる純粋なアマチュアリズムの性質を見取ることができる。次に、困難な課題にも屈することのない継続した取り組みが挙げられる。既述の社会的背景を踏まえていえば、敗戦による挫折・喪失から再建・復興へのプロセスが重ねられる。

このような態度・姿勢を養成するための方法として「猛練習（ハードトレーニング）」が考えられた。選手強化の一環として考えられた「人間形成」については、東京オリンピックをはじめ国際大会で活躍するすぐれた競技者が、めざすべき具体的な人間像と想定された。1960年代におけるスポーツ根性は、勝利追求・猛練習・人間形成に向けられた「強い意志」「精神力」として定義することができよう（図2）。

4●学校教育、社会教育への浸透

東京オリンピックを重要な契機として成立したスポーツ根性は、トップスポーツのみならず、学校教育、社会教育の領域に浸透していった。

1960年代当初は、若者の向上意欲の低下や目標の不在が社会問題として挙げられ、現代機械文明の社会では根性を発揮しにくい時代であると考えられていた。経済界をはじめとした社会的側面においては、根性を仕事への欲あるいは欲づくりととらえ、社会の要請や期待にこたえ、社会が掲げる目標を自己の

目標とする態度をつくりあげ、さらに社会的価値を生産すると考えた。企業では激しい闘争に勝ち抜いていくため、将来有望な社員を集めて「サラリーマン根性づくり」が行われ、自衛隊員に指導を受けながら体操やマラソン、座禅が行われた。

　教育界においても根性が取り上げられ、受験や進学一辺倒の教育のあり方が見直され、各教科以外の生活指導も含め学校をあげた取り組みが展開された。このように、根性はスポーツ界を超えて広がりをみせた。

　さらに、当時を代表する体育研究者の一人であった丹下保夫は、ハードトレーニングを自ら進んでやり抜く根性のある競技者をスポーツ的人間ととらえ、東京オリンピック出場をめざす代表（候補）選手たちの雰囲気が、そのまま社会的な雰囲気となり、トップスポーツに限らず、小学校から大学まで学校スポーツにも及んでいたことを指摘している（丹下，1963）。丹下は、このスポーツ的人間づくりが「運動クラブ指導教官、先輩、部員たちによって絶えず強力に行われる指導によって形成される」（丹下，1963，p. 152）ものであると述べている。

　当時の体育専門誌ではスポーツ根性についての論稿が掲載されるようになる。『新体育』誌では、スポーツ根性は競技者のみに必要とされるのではなく、困難な状況でも強い意志と実行力で生き抜く力として社会的に求められると考えられ（高橋，1964，p. 130）、また『学校体育』誌でも「体育における精神的側面」という特集において、スポーツ根性を「練習や試合に対する激しい闘志などの一面と自己の意志、感情を統制して運動に対して有効に集中したり、コントロールする作用の一面とを統合した概念」（浅川，1968，p. 22）ととらえている。スポーツ根性は、オリンピックに出場する一流競技者に限らず、学校教育、とりわけ学校体育において盛んに議論されるようになった。

5●歪んだ実践

　スポーツ根性が各方面で取り上げられた一方で、その弊害も指摘されるようになる。

　1965（昭和40）年には東京農業大学ワンダーフォーゲル部の新入部員が、「山のシゴキ」と称された過度なトレーニングによって死亡する事件が起こり、1970（昭和45）年には拓殖大学空手愛好会において、退会を申し出た学生に対して、「退会するなら最後に総げいこを」と称し、集団暴行を加え、死亡さ

せる事件が起きた。また、東京オリンピックのマラソンで銅メダルを獲得し、一躍国民的な英雄となった円谷幸吉が、1968（昭和43）年のメキシコ大会を目前にして「疲れきってしまいもう走れません」と遺書を残し、自死する事件も起こった。

これらの事件は、「はきちがえた"根性論"」（読売新聞1965年5月26日付）や「根性礼賛の悲劇」（朝日新聞1968年1月10日付）といった記事の見出しに記されたように、スポーツ根性に関連した問題としてとらえられた。

上述のような事件が相次いで起こったことを受け、各方面からスポーツ批判が展開された。スポーツ根性は一連の批判で、どんなに苦しく不合理なことでも、指導者や先輩など目上の者にしたがいじっと耐えしのび、頑張ることのできる精神力と解釈され、勝利を唯一無二の目的とすることから必然的に要求されるものであると考えられた（関、1970）。また、「耐え忍ぶ精神力」としてのスポーツ根性は、何が何でも勝とうとする、勝たせようとする勝利への執着そのものを美化し、その結果、勝利至上主義とスポーツ根性（主義）がシゴキを生み出したと考えられた（森川、1974）。

6 ●「大松イズム」のインパクト

そもそも東京オリンピックの開催当時から、スポーツ根性批判はみることができた。その具体的な例として、大松博文と「東洋の魔女」が挙げられる。「鬼の大松」と呼ばれ、シゴキともいえる彼のスパルタ的な指導に対して、当初、当時のチームの母体である日紡貝塚の社員をはじめ周囲からは苦情が殺到したという。それにもかかわらず、大松の著書『おれについてこい！』がベストセラーを記録したことにみられるように、「大松イズム」と呼ばれた彼の指導論やその考えが東洋の魔女だけでなく社会一般に浸透していったのはなぜか。

アマチュアリズム全盛の当時において「東洋の魔女」は、今日の「なでしこジャパン」のように、女性アスリートとしての確固たる地位を築いていたわけではなかった。大松と「東洋の魔女」たちは、日中は会社員として働き、終業後練習に励んでいた。バレーボールというスポーツで自己実現を成し遂げることをめざしていた彼女たちにとって、大松は理想的な指導者であったと考えられる。それに加え、練習や遠征をはじめ多くの時間を共有し、大松に男性像・父親像を付与したことによって、指導者―選手間に強固な信頼関係が築かれ、「大松イズム」が彼女たちに理解され、最終的には勝利に結びついたのではな

いか。

　また、社会学者の作田啓一は、大松の根性論が大衆に受け入れられた背景を指摘している。すなわち、大松の人生哲学とそれにもとづく実践は、勝利という目標が明確に示され、しかもそれは近い将来に成功か失敗かが誰の目にも明確に判定できるものであり、そして世界選手権および東京オリンピックで実際に勝利したことで、彼の根性論は役に立つ思想として説得力をもち、広く大衆の心をとらえたのだという（作田, 1967）。

　大松の指導論と「東洋の魔女」たちの実践が広く影響を与えたのは、彼女たちの姿が1960年代の社会背景および時代精神のもと、「挫折」から「復興」を遂げた日本社会の象徴としてみられたからであろう。その後、学校スポーツに浸透していく過程で、大松的な度を超えたハードトレーニングやスパルタ的な指導が勝利という目標によって正当化され、それを果たせないのは根性がないからであるという理屈が成立し、シゴキや体罰・暴力をともなった指導へと歪んでいったと考えられる。

7 ● スポーツ根性論批判

　スポーツ根性論は、1980年代以降、その様相を変えていった。根性では勝てない、また、ハードトレーニングで身体を壊してまでも記録や勝利をめざすスポーツのあり方や根性主義的スポーツとは決別すべき、という見解が多くみられるようになる。そこでは、スポーツ根性が科学と対立的にとらえられ、非合理的なスポーツ根性論よりも科学的な根拠にもとづいたトレーニング理論を求める風潮がみられる。

　たとえば、欧米諸国でメンタルトレーニングが急速に盛んになったことを受け、スポーツ根性論はその根拠や方法論が不明瞭であると指摘されている（高畑, 2005）。また、これまで批判の対象とされていた根性を「旧・根性」とし、「新・根性」を身につける必要性が説かれている（辻, 2009）。「新・根性」は「元気やパフォーマンスを生み出し、結果をも導くために、自分の心の状態を揺らがず・とらわれずというフローな状態を状況に応じて自分でつくり出せるきわめて重要な崇高なる意志」（辻, 2009, pp. 43-44）と定義され、自分の意志で思考・態度を選択し、実践していく力であるといわれている。

　トップアスリートに対するイメージも変化していった。1970年代までの競技者像は、すぐれた根性の持ち主であり、超人的な存在といわれたが（山本,

2010)、今日では爽やかさや競技を楽しみ、そのうえですぐれたパフォーマンスをみせる競技者像がイメージされているといえる。東京オリンピック後に流行し、スポーツ根性の定着を後押ししたと考えられたスポ根漫画・アニメもまた、1980年代を過ぎるとその方向性に変化があらわれ始めたことが確認できる。一時のブームをみせたいわゆる「スポ根もの」は、その熱血ぶりが笑われる時代となり、衰退を余儀なくされた。

　このように、東京オリンピック以後、スポーツの大衆化への指向やスポーツへの関わり方の多様化、プロフェッショナリズム、コマーシャリズムの隆盛といったスポーツを取り巻く状況の変化にともない、根性に対する批判的な見方や考え方が生起してきたことを確認することができた。

　そもそも、東京オリンピックを契機に成立したスポーツ根性は、勝利追求・目標達成のために、困難に屈することなく耐えしのび、努力を継続する強い意志のことをさし、トップアスリートのすぐれたパフォーマンスによって体現されるものであった。

　しかし、社会に浸透していく際に、言葉や理念が先行してしまい、曲解されて実践がなされてきたのではないだろうか。スポーツ根性が歪んだ勝利至上主義を正当化する規範や理念とみなされ、しごきや暴力をともなった指導と、それに部員生徒が黙って耐える状況をもたらしたといえる。

　つまり、スポーツ根性は運動部活動をはじめとした実践において、目標達成や勝利のための具体的な方法を示さず、「根性があれば勝てる」という幻想が人々を呪縛し続けていたと考えられる。

8●運動部活動とスポーツ根性論のこれから

　1960年代にわが国のスポーツ界が根性という言葉に託したのは、東京オリンピック選手強化対策本部長であった大島が構想したように、新しい日本のスポーツのあり方、実践者・競技者の姿だった。オリンピックという華やかな舞台で、世界に伍して躍動する競技者の姿は、敗戦による挫折・喪失の記憶を掘り起こし、再建・復興を遂げ自信を取り戻した日本の姿に重ねられたのである。そのとき根性とは、新たな時代や社会をよりよく生きていくための、(自己)変革の意志だったと考えられる。

　現在もなお、運動部活動での体罰や暴力が絶えない。これらを解決していくためには、スポーツ根性論がもたらした幻想から解き放たれ、歪んだ勝利至上

主義を正当化させるスポーツ界の構造を変えていく必要がある。また、運動部活動の歴史における「競技の論理」と「教育の論理」との対立・葛藤を克服できるような新しい価値観、スポーツ観を示すことが求められるだろう。

(岡部祐介)

引用・参考文献

- 浅川正一「体育の学習と精神力」、『学校体育』21巻6号、pp.22-25、1968.
- 五十嵐恵邦『敗戦の記憶 身体・文化・物語 1945-1970』中央公論新社、2007.
- 森川貞夫「スポーツ根性論の歴史的・社会的背景」、『女子体育』16巻5号、pp.32-36、1974.
- 中澤篤史『運動部活動の戦後と現在 なぜスポーツは学校教育に結び付けられるのか』青弓社、2014.
- 日本体育協会『東京オリンピック選手強化対策本部報告書』1965.
- 岡部祐介・友添秀則・春日芳美「1960年代における『根性』の変容に関する一考察:東京オリンピックが果たした役割に着目して」、『体育学研究』57巻1号、pp.129-142、2012.
- 大島鎌吉・東海林武雄「秒読みに入った民族の祭典(対談)特集・技能五輪の成果と今後の課題」、『経営者』18巻10号、pp.64-69、1964.
- 太田哲男「スポーツと根性」、『体育科教育』16巻6号、pp.44-45、1968.
- 坂上康博『にっぽん野球の系譜学』青弓社、2001.
- 作田啓一「バレーボールの中の共同体」、『恥の文化再考』pp.268-279、筑摩書房、1967.
- 関春南「戦後日本のスポーツ政策―オリンピック体制の確立―」、『経済学研究』14、pp.125-228、1970.
- 高橋亀吉「スポーツと根性について」、『新体育』34巻11号、pp.130-135、1964.
- 高畑好秀『根性を科学する』アスペクト、2005.
- 丹下保夫『体育技術と運動文化』大修館書店、1963.
- 東京オリンピック選手強化対策本部「座談会 いわゆる『根性』について」、『OLYMPIA』3巻3号、pp.2-10、日本体育協会、1962.
- 辻秀一『新「根性」論 ―「根性」を超えた「今どきの根性」―』マイコミ新書、2009.
- 山本教人「オリンピックメダルとメダリストのメディア言説」、『スポーツ社会学研究』18巻1号、pp.5-26、2010.

第2章 運動部活動の「社会的意義」の変遷

1 ● 運動部活動の「社会的意義」

　運動部活動には、どのような「社会的意義」があるのか、その意義は歴史的にどう変遷してきたのか。

　本節では、終戦から2000年代までの中学・高校運動部活動の歴史を、学習指導要領（以下、「要領」と記す）、文部省通達、保健体育審議会（保体審）答申などによる政策の観点と、体育専門雑誌にみられた学者・現場教員たちによる議論の観点から跡づけていく。それを通して、各時代において、運動部活動にどのような「社会的意義」が意味づけられてきたのかを明らかにし、運動部活動のゆくえを考えてみたい。

　なお、本節では「社会的意義」を括弧つきで表記する。その理由は、普遍的な真理の次元において、運動部活動が社会に対してもっている意義を論じようとするのではなく、各時代の人々が「運動部活動は社会にとって意義があるはずだ」と意味づけてきたことに注目し、どのような時代背景でどのように意味づけられたのかを論じようとするからである。

　詳しくは後述するが、戦後の歴史のなかで運動部活動には、さまざまな「社会的意義」が意味づけられてきた。運動部活動に意味づけられた「社会的意義」はただ一つというわけではないし、すべての時代に当てはまるような不変のものでもない。運動部活動の「社会的意義」は、時代背景が変化することで、変化してきた。言い換えると、各時代において運動部活動にはさまざまな社会的役割が期待されてきたということであり、それに応じて運動部活動はさまざまな社会的機能を果たしてきたということである。

　では、どのような時代背景において、運動部活動にどのような「社会的意義」が意味づけられてきたのか。「社会的意義」の変遷という視点から、運動部活動の戦後史をみつめ直してみよう。

2●拡大してきた運動部活動

　まず、図1をみてほしい。これは、文部（科学）省が実施してきた全国規模の調査をもとにして、中学・高校の運動部活動への生徒加入率の推移をまとめたものである[1]。

　これをみると、生徒加入率は、1955（昭和30）年に中学で46.0％、高校で33.8％であり、終戦直後からすでに一定の規模で運動部活動が成立していたことがわかる[2]。その後、東京オリンピックが開催された1964（昭和39）年には中学で45.1％、高校で31.3％であり、1960年代に加入率がやや低下した。しかし、1977（昭和52）年には中学で60.9％、高校で38.8％となり、1970年代に入ると一転して増加傾向をみせた。さらに、1987（昭和62）年に中学で66.8％、高校で40.8％となり、1980年代は増加し続けた。その後は、1996（平成8）年に中学で73.9％と最高値を示し、高校も49.0％とさらなる増加を示した。そして2001（平成13）年に、中学で73.0％とやや低下したが依然として高止まりしており、高校では52.1％と最高値を示している。このように、運動部活動への生徒加入率は著しく増加してきた。

　以下では、こうした実態の推移を政策と議論の観点から跡づけながら、そこで運動部活動にどのような意味づけがなされたのかをみていこう。

図1　中学・高校の運動部活動への生徒加入率の推移

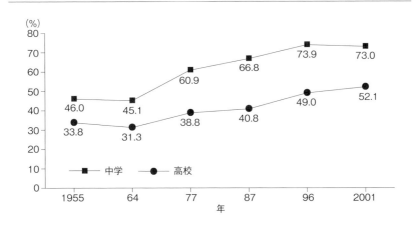

（出典：注1）参照）

3 ● 終戦直後〜1950年代――戦後教育改革と民主主義

　終戦を迎えると、戦前の軍国主義を否定する形で、民主主義を基調とする教育改革が行われた。こうした戦後教育改革の流れで、学校体育は体操からスポーツへと大きく力点を移動させた。

　1945（昭和20）年の「新日本建設の教育方針」、1946（昭和21）年の「第一次アメリカ教育使節団報告書」、1951（昭和26）年の保体審答申「保健体育ならびにレクリエーション振興方策について」などでは、窮屈な体操ではなく、自由なスポーツが高く価値づけられた。

　なかでも、運動部活動は、教科の枠に収まらず、生徒が自由にスポーツ種目を選び、自治的に活動する点で、まさに民主主義を象徴する活動であると考えられた。文部省は、「これからの教育は教師中心の画一主義を排して、学徒の自発活動を中心とする個性尊重の教育でなければならない」と説明し、これから重視すべき方針として、「学徒の個性を重んじて自主的活動を強調したこと」「スポーツを重視して体育の社会性を強調したこと」「課外体育を重視したこと」などを挙げた（文部省体育課長，1947）。

　当時の体育学者たちも、運動部活動を民主主義の観点から評価した。1947（昭和22）年に開催された「新日本の体育を語る」と題した座談会では、次のように語られた。

「スポーツはやはりスポーツ自体が民主的に組織されておるものですから、それを正しく実行することによつて、民主的な人間が育成されて行くという点から言つても、スポーツを重点にして行くのがよいと思うのであります。」（高田通の発言：大谷ほか，1947, p. 19）

「これからは自主性を重視してやりますから、今までのとはよほど変つて来るわけです。特に課外運動を重視する。課外では一層自治の面が多くなり、自治的運営によつて自主的にやらせる。」（大谷武一の発言：大谷ほか，1947, p. 19）

　このようにスポーツが重視されたのは、スポーツ自体が「民主的」で「自主的」なものとみなされたことに加えて、それが民主主義的な人間形成の手段としても効果的だととらえられたからでもある。日本陸上競技連盟や日本体育協会の理事を務めた高田通（1946）は、「生徒が自由に選択した運動を楽しく熱心に実行すること」によって、はじめて効果が得られるのであり、「嫌ひなものでは熱心にやれないから効果も挙がらない」と語っていた。スポーツは好き

だから楽しむ運動であり、そうしたスポーツの特徴が、教育手段としても効果的であると評価された。

このように戦後教育改革において運動部活動は、民主主義的な意義があると意味づけられた。そうした意味づけ方にもとづいて、運動部活動は多くの生徒に行き渡るように整備されていった。

4●1960年代──東京オリンピックと競技力向上

1964（昭和39）年に、アジア初のオリンピックとして、東京オリンピックが開催された。それに関連して1960年代に、運動部活動は選手養成の重要な場所として、競技力を向上させる意義があると意味づけられた。たとえば、「素質の優れた生徒や青年を発見したならば、組織を通じて推せんすること」（野口、1960，p. 12）、「学校体育の線から、全面的に選手を輩出させるということを企画すること」（本間、1960，p. 8）、「直接オリンピック競技によい成績をあげるために、選手強化に協力すること」（森、1961，p. 11）が求められた。

こうした議論に呼応するように、政策面でも、1959（昭和34）年の保体審答申「スポーツ技術の水準向上について」や1960（昭和35）年の保体審答申「オリンピック東京大会の開催を契機として国民とくに青少年の健康、体力をいっそう増強するために必要な施策について」では、競技力や体力の向上が求められた。1961（昭和36）年の文部省通達「学徒の対外運動競技について」や同年の保体審答申「学徒の対外運動競技の基準について」では、それまで制限されていた中学生の宿泊をともなう遠征や、中学校水泳競技の全国大会が認められた。実際、東京オリンピックの日本選手団355名のなかには、高校生14名が含まれた[3]。東京オリンピックという国家的イベントの流れに巻き込まれながら、運動部活動は競技力を向上させる役割が期待されていったわけである。その結果、運動部活動は、だれもが気軽にスポーツを楽しむ場というよりも、一部の生徒を一流選手として養成する場へと変質していった。

ただし注目したいのは、このように競技力を向上させることが、教育的にも重要だとみなす見方もあった点である。たとえば、東京教育大学教授の本間茂雄は次のように考えていた。

「教育は、見方によっては、人類社会に必要な個人の素質を最大限度まで発達させる目的で行われるといってよいと思うが、体育も勿論この線に沿って考えられる。…理想的な体育を追究するものとしては、高能児即ち天才児も

低能児も普通児同様それぞれの能力の許す最高度まで発達されねばならぬ筈である。こう考えた場合、いうところの高能児の体育は、そのままこれが、小学校・中学校・高等学校・大学へと継承されて最善の手が打たれれば、これが我が国の代表選手となるべき筋のものである。この意味に於いて、学校体育とオリンピック選手の育成は決して相対立する性質のものではないのである。」（本間，1960，p. 9）

ここでは、オリンピックをみすえて選手を養成することが、各人の能力の違いに応じて、それぞれの能力を最大限に発達させるという点で、まさに教育でもある、と意味づけられている。このように、運動部活動をスポーツとみなして、そこで選手養成をめざす流れは、それが能力の発達につながる教育でもあるとみなされることで、強く後押しされていった。

5●1970年代──スポーツ機会と平等主義

しかし、このように運動部活動を一部の選手のための場にしてしまうことは、平等主義的な観点から批判された。そのような選手中心主義によって「多くのものは見物や応援の立場にたって、自分でスポーツを行う機会が次第に少なくなってきている」という声が上がり（花輪，1969，p. 59）、それを是正してスポーツの機会を平等に保障するために「全校スポーツ活動の必要」が叫ばれた（山川，1967）。たとえば高校の現場では、生徒の間に広まる「勝利至上主義」を取り上げて、次のような批判があった。

「スポーツにおける『勝利至上主義』が生徒間にこれほど浸透しているということは非常に重大なことではないかということである。スポーツは"やることによって楽しむ"という本質的な面があるが、勝つことは"当然である"と考えている者は、現在クラブ活動を行っている者が多いと思われることと、日常スポーツに親しむ機会を持たない者が批判的であると思われることである。…この点に関して改善を加えていかなくては、スポーツ本来の意味がだんだん薄れていって、一般大衆の中に浸透していく方向とは逆に、一般大衆の参加できないという体制になっていく危険性をもっているのではなかろうか。」（北海道高等学校教職員組合，1967，p. 6）

このように「勝利至上主義」は、「一般大衆の参加できない」状態を生み出す点で、問題視された。そこで政策面では、1969（昭和44）年・1970（昭和45）年の要領で必修クラブ活動が設けられた。必修クラブ活動は、教育課程

内の特別活動の中に設けられたので、授業として実施され全生徒が参加することになった。文部省は必修クラブ活動の設置理由を、「価値の高いクラブ活動の経験を全ての生徒に得させたい」からであると説明し、さらに必修クラブ活動の設置によって、「課外活動として実施される従前のクラブ活動を触発し、それへの参加がいっそう活発なものとなることが期待される」という（飯田, 1971, p. 5）。つまり、必修クラブ活動と運動部活動を互いに相乗させながら、スポーツを大衆化させることが意図されていたわけであり、実際に必修クラブ活動に触発されて運動部活動への加入者も増え始めた。

また、1972（昭和47）年の保体審答申「体育・スポーツの普及振興に関する基本的方策について」では、「生涯体育」をキーワードとして、一部の選手を中心とした運動部活動のあり方に反省が迫られた。東京オリンピックを境にして、運動部活動が果たすべき役割と意義が、一部の生徒を一流選手に育て上げることから、すべての生徒に平等なスポーツ機会を与えることへと、大きく転換していった。

その結果、運動部活動は拡大していき、運動部活動にたずさわる教師の肉体的・心理的・経済的負担は無視できないほどに大きくなった。それゆえ、運動部活動を社会体育として地域社会へ移行する動きが生じてきた。

6●1980年代──非行問題と生徒指導

しかし、運動部活動の社会体育への移行は、全国的にみれば進展しなかった。その理由には、社会体育として行った場合、ケガや事故を十全に補償する保険制度が整わなかったという制度上の理由もあったが、それ以外に、運動部活動を生徒の非行防止手段として利用しようとする生徒指導上の理由もあった。

学校教育の整備・拡充が頂点に達した1970年代半ばから、校内暴力事件が多発し、1980年代の学校は生徒の非行問題への対処が迫られた。こうした背景から、運動部活動は、非行防止手段として意義があると意味づけられた。当時の体育雑誌では「非行防止と体育・スポーツ」という特集が組まれたり、「非行ゼロの学校をめざして」「非行生徒を変えたもの」というタイトルで、運動部活動へ生徒を参加させることが非行を防止するうえで効果的であったという実践などが次々と報告された（登坂, 1981；茨田, 1981）。

一つの事例を紹介しよう。中学校教師でバレーボール部顧問の林正義は「部活動こそ非行化の歯止め」というタイトルで、中学3年の男子生徒Sを更正さ

せようとしたときの様子を報告した。林によると、Sは学力が低く、万引きやシンナーに興じる非行生徒だったという。ただし、Sはスポーツの能力は高かった。そこで、Sを自身が顧問を務めているバレーボール部に入部させた。Sのその後の変化を次のように述べている。

「(Sは) 技術的にはかなり上手であったので練習でも部員についていけた。皆と同じぐらいやれるという自信からバレーボールが好きになってきた。練習試合でも時々メンバーの中に入れると、いいプレーが出て来るようになったので、終りのミーティングで賞めてやると、はずかしそうに、笑っていた。私は『これからはしぼるぞ』というと『ハイ』という答えがもどって来た。それからは、毎日クタクタになるまで練習をした。時々練習を休むということがあったので教室の前で待って、さぼらせない方法をとっているうちに、練習・練習試合にも出るという日課が続き、遊ぶ時間を与えなかった。」（林, 1980, p. 43）

この教師は、非行生徒のSがバレーボールを「好きになってきた」ことを活用しながら、「毎日クタクタになるまで練習」をさせ、結果的に「遊ぶ時間を与えなかった」という。いわば、生徒自身が好きで楽しむスポーツをきっかけにして、非行生徒を更正させようとしたわけである。

このように非行防止手段として運動部活動が意味づけられたことで、学校や教師は、生徒指導上の必要性から運動部活動への関わりをこれまで以上に大きくし、この時期に運動部活動の規模はかつてないほどに拡大していった。

7 ● 1990年代〜2000年代──教育問題としての運動部活動

大規模に拡大した運動部活動は、もはや学校や教師のみで支えることは難しかった。1989（平成元）年要領で、部活動参加をもって必修クラブ活動の履修を認める、いわゆる「部活代替措置」が設けられた。この措置を使えば、学校は必修クラブ活動にあてていた週1時間のコマを他教科等へ回すことができた（槇編, 1992）。学校週5日制が1992（平成4）年に月1回で開始され、1995（平成7）年に月2回へ拡大され、2002（平成14）年に完全実施されていくなかで、授業時数の確保に苦慮する多くの学校は、部活代替措置を用いて必修クラブ活動を時間割上からなくし、代わりに生徒の部活動加入を義務づけた。たとえば埼玉県では、98.8％の中学校が部活代替措置をとった（沢田, 1997）。

部活代替措置の下では事実上部活動はカリキュラム内に組み込まれ、それを根拠にしながら顧問教員の配置や部の維持が図られてきた。運動部活動への従事がなかば教育課程内の公務とみなされ、教員の負担はさらに増大したわけである。

　そうして運動部活動は、学校と教員を苦しめる、排除されるべき教育問題として扱われるようになった。たとえば日本教職員組合は、かねてから運動部活動が教員の負担になっていることを問題視してきた（日本教職員組合権利確立対策委員会編, 1989）。現場の教員は、運動部活動は「やらされているボランティア」であり、「時間外手当が欲しい」といった声を上げ（加賀, 2003）、新聞も負担過重で悩む顧問教員の姿を報道した（読売新聞、2002年7月8日付、2006年9月23日付）。

　こうした動向のなかで、経済同友会の「学校スリム化論」は、運動部活動を地域社会へ移行すべき、と主張した。経済同友会は、学校の役割が肥大化していると問題視し「学校を『スリム化』しよう」と提唱した。その「スリム化」すべき対象の一つとして運動部活動を挙げ、「部活指導を地域社会が引き受けていくことはできないだろうか」と論じた（経済同友会, 1995, p. 34）。

　こうした学校スリム化論は、政策に反映された。1996（平成8）年の中央教育審議会答申「21世紀を展望した我が国の教育の在り方について（第一次答申）」や1997（平成9）年の保体審答申「生涯にわたる心身の健康の保持増進のための今後の健康に関する教育及びスポーツの振興の在り方について」では、「地域社会にゆだねることが適切かつ可能なものはゆだねていくことも必要である」と、運動部活動を地域社会へ移行する方向性が検討された。

　さらに1998（平成10）年・1999（平成11）年要領で、「放課後等における部活動が従来から広く行われていた」ことや「地域の青少年団体やスポーツクラブなどに参加し、活動する生徒も増えつつある」ことを理由に、必修クラブ活動が廃止された（文部省, 1999, p. 3）。この必修クラブ活動の廃止によって部活代替措置も崩れ、運動部活動への従事をなかば公務とみなす根拠がなくなった。1998（平成10）年の文部省通達で「生徒の個性の尊重と柔軟な運営に留意すること」が記され、2001（平成13）年の文部科学省通達で「学校が自らの判断で特色ある学校づくりに取り組む」ようにするため、運動部活動の統制が撤廃された。

　そうして各学校は、運動部活動に外部指導員を導入することや、運動部活動そのものを地域社会へ移行することを求められた。大規模化した運動部活動は

教育問題としてみなされ、その問題解決が、運動部活動の解体も視野に入れた方向で模索されることになった。

8●まとめ

　以上の運動部活動の歴史的変遷を踏まえると、運動部活動にはさまざまな「社会的意義」が意味づけられてきたことがわかる。

　終戦直後から1950年代には戦後教育改革を背景に、民主主義的な意義があると意味づけられた。1960年代には東京オリンピックを背景に、競技力を向上させる意義があると意味づけられた。1970年代にはスポーツの大衆化がめざされ、スポーツ機会を平等に保障する意義があると意味づけられた。1980年代には非行問題への対応が迫られ、非行防止手段としての意義があると意味づけられた。

　このように、時代背景に応じて、運動部活動にはそれぞれの「社会的意義」が意味づけられてきた。それゆえ運動部活動は過剰なほど大規模に拡大し、排除されるべき教育問題として扱われるようにもなった。

　では、これからの運動部活動のゆくえは、どう考えられるだろうか。それを考えるための論点の一つは、運動部活動は単なる教育問題なのかどうか、という点にあるだろう。

　運動部活動を単に教育問題とみなす見方からは、その問題解決のために、運動部活動を地域社会へ移行すべきだと主張されてきた。しかし、現実として、教育問題であるはずの運動部活動は維持され続けている。なぜか。その理由は、運動部活動には歴史的に意味づけられてきた、さまざまな「社会的意義」が、今もなお意味づけられているからではないか。

　たしかに、そうした「社会的意義」が真に意義深いものなのかどうかはわからない。にもかかわらず、そうした真理の次元とは別に、運動部活動へ「社会的意義」が意味づけられると、運動部活動を教育問題として扱い、それを解体してしまうことは、そうした「社会的意義」を手放すことになってしまう。つまり運動部活動は、単なる教育問題というわけではなく、もう一方で「社会的意義」をともなった教育活動そのものとも意味づけられており、そうした意味づけがあるからこそ完全に解体されずに維持され続ける。

　運動部活動のゆくえを考えるためには、歴史的に意味づけられてきた「社会的意義」を踏まえながら、運動部活動を単なる教育問題とみなす見方を再考す

る必要がある。

(中澤篤史)

注

1) 各調査の名称と出典は次の通り。
    1955(昭和30)年「対外競技・校内競技に関する調査」は、文部省初等中等教育局中等教育課(1956a、1956b)を参照。
    1964(昭和39)年「公立学校体育調査」は、文部省体育局(1965)、文部省(1966)を参照。
    1977(昭和52)年「小・中・高等学校における特別活動等に関する実態調査」は、文部省大臣官房調査統計課(1979)を参照。
    1987(昭和62)年「運動部活動状況調査」は、文部省体育局体育課(1988)を参照。
    1996(平成8)年「中学生・高校生のスポーツ活動に関する調査」は、中学生・高校生のスポーツ活動に関する調査研究協力者会議(1997)を参照。
    2001(平成13)年「運動部活動の実態に関する調査」は、運動部活動の実態に関する調査研究協力者会議(2002)を参照。それぞれの調査の詳細等は、中澤(2014)を参照。
2) ただし運動部活動は、終戦直後になにもないところから急に整備され始めたわけではなく、戦前からのつながりをもっている。現在の中学・高校運動部活動の前身である旧制中学校の校友会は、明治30年代に集中的に設立されてから、昭和戦時期に報国団として解体・再編されるまで、生徒にとってなじみ深い文化的慣習として学校に定着していた。こうした戦前からのつながりが、終戦直後に運動部活動を整備する下地になったと考えられる。
3) 日本体育協会『第18回オリンピック競技大会報告書』(1965)より集計。詳細は中澤(2010)を参照。

引用・参考文献

- 中学生・高校生のスポーツ活動に関する調査研究協力者会議『運動部活動の在り方に関する調査研究報告書』1997.
- 花輪民夫「高校における校内競技会」、『新体育』39巻7号、pp.57-62、1969.
- 林正義「部活動こそ非行化の歯止め」、『体育科教育』28巻2号、pp.42-43、1980.
- 北海道高等学校教職員組合「高校生のスポーツに対する考え方について」第16次日本教職員組合教育研究全国集会・第10分科会(保健体育)発表資料、1967.
- 本間茂雄「オリンピック選手の養成と学校体育」、『新体育』30巻6号、pp.8-9、1960.
- 茨田勇「非行生徒を変えたもの」、『学校体育』34巻9号、pp.48-51、1981.
- 飯田芳郎「新しいクラブ活動の意義と今後の課題」、『健康と体力』4巻3号、pp.2-5、1971.
- 加賀高陽『このままでいいのか!? 中学校運動部』東京図書出版会、2003.
- 経済同友会「学校から『合校』へ」、『季刊教育法』103号、pp.33-39、1995.

- 槇常三編『特別活動の新研究14　中学校クラブ活動・部活動の弾力的運営』明治図書出版、1992.
- 文部省『青少年の健康と体力』1966.
- 文部省『中学校学習指導要領（平成10年12月）解説―特別活動編―』ぎょうせい、1999.
- 文部省大臣官房調査統計課『小・中・高等学校における特別活動等に関する実態調査報告書』1979.
- 文部省初等中等教育局中等教育課「対外競技校内競技に関する調査報告（1）」、『中等教育資料』5巻7号、pp.9-22、1956a.
- 文部省初等中等教育局中等教育課「対外競技校内競技に関する調査報告（2）」、『中等教育資料』5巻8号、pp.15-22、1956b.
- 文部省体育課長「学校体育指導要綱に就て」、『新体育』17巻6・7号、pp.1-6、1947.
- 文部省体育局『体育調査資料　第1号』、1965.
- 文部省体育局体育課「運動部活動状況調査結果の概要」、『健康と体力』20巻4号、pp.94-95、1988.
- 森清「オリンピック大会と学校体育の協力」、『学校体育』14巻5号、pp.10-14、1961.
- 中澤篤史「オリンピック日本代表選手団における学生選手に関する資料検討」、『一橋大学スポーツ研究』29号、pp.37-48、2010.
- 中澤篤史『運動部活動の戦後と現在』青弓社、2014.
- 日本教職員組合権利確立対策委員会編『部活動を見直そう』1989.
- 日本体育協会『第18回オリンピック競技大会報告書』1965.
- 野口源三郎「選手強化対策と学校体育」、『学校体育』13巻5号、pp.8-13、1960.
- 大谷武一・高田通・清瀬三郎・西田泰介「新日本の体育を語る」、『新体育』17（6・7月号）、pp.17-28、32、1947.
- 沢田稔行「『公立中学校』部活動取材記」、『体育科教育』45巻7号、pp.28-31、1997.
- 高田通「学校体育の新発足」、『新体育』16巻1号、pp.3-7、1946.
- 登坂晴世「非行ゼロの学校をめざして」、『学校体育』34巻9号、pp.43-47、1981.
- 運動部活動の実態に関する調査研究協力者会議『運動部活動の実態に関する調査研究報告書』2002.
- 山川岩之助「全校スポーツ活動の必要」、『学校体育』20巻9号、pp.10-13、1967.

第2章 — 3
運動部活動の教育制度史

1 ● 運動部活動と教育制度

　教育制度とは「教育目的を実現するための社会的に公認された組織（人と物との体系的配置）」（桑原，2013）を意味する。運動部活動は学校の教育活動であるため、その実施方法はさまざまな教育制度によって規定されてきた。そこで本節では、戦後の教育制度に限定して、運動部活動にどのような教育目的が示され、人や物を配置しようとしてきたのかを歴史的に検証していく。

　具体的には、①学校の教育課程の方針を示してきた学習指導要領、②内申書・調査書の原簿となる指導要録、③運動部活動の大会のあり方を規定してきた対外試合基準、そして、④教員の職務に関わる規則や制度に注目したうえで、これらの教育制度間の方針とミスマッチを検証し、今後の課題提示へとつなげていく（なお、本文と注における傍点は全て筆者によるものである）。

2 ● 学習指導要領の変遷

　まず、表1（神谷，2015a, p. 254）を用いて学習指導要領（以下、「要領」と記す）において部活動が、どのように位置づけられてきたのかを確認しておこう。

　戦前の運動部活動は、対外試合をめぐって練習や応援が過熱化したり、あるいは、軍国主義教育の一環として、皇国民の錬成に向けた生徒管理の場として利用されたりしてきた。その反省から、終戦後の要領では、教育活動としてのクラブ・部活動のあり方が模索されていた（当初の要領ではおもにクラブと呼ばれていた）。たとえば、1947（昭和22）年の要領一般編では、教科の時間を割り当てた「自由研究」が制度化されるとともに、そこにクラブが位置づけられ「学習を深く進める」（p. 13）ことがめざされていく。その方針は中学校だ

表1　学習指導要領（中学校・高校）におけるクラブと部活動の取扱いの変質過程

	改訂年	教育課程内	教育課程外
①	1947年	クラブ（自由研究）	
②	1951年	クラブ（特別教育活動）	
③	1958・1960年	クラブ（特別教育活動）	
④	1969・1970年	クラブ（必修）（特別活動／各教科以外の教育活動）	部活動
⑤	1977・1978年	クラブ（必修）（特別活動）	部活動
⑥	1989年	クラブ（必修）⇔選択可能⇔部活動（特別活動）	
⑦	1998・1999年		部活動
⑧	2008・2009年		部活動

注）改訂年欄において2つの年号が記載されている場合は、先に記してあるのが中学校、後に記してあるのが高校の改訂年を表している。

けでなく、新たに設けられた高校にも求められていった（表1①。文部省, 1947年)[1]。しかし、それはすぐに修正され、すでに1949（昭和24）年には、中学校において「特別教育活動」を新設する方針が示されていた（文部省, 1949年）。それは②の要領にも反映し、そこでは教科とは別に（教科とは異なる領域として）、自治集団活動に取り組むことがめざされた（高校も同様）。

なお、これらの時期の要領には「試案」の2文字が加えられており、あくまで実践の「手引書」であった。すなわち、具体的な実践の方法は教育現場の教員の手に委ねられていたのであるが、それは戦前の教育制度が、教育実践の自由を認めず、国家による管理を強化したことを背景に、軍国主義教育を招いたことへの反省でもあった。しかし、それは③の要領によって修正されていく。すなわち要領が、国の示す教育課程の基準として「告示」され、法的拘束力をもったのである。この「告示」によって、要領で示された教育活動を全ての生徒に対して実施しないと、法令違反になる可能性が生じた。そのため、特別教育活動に位置づけられた当時のクラブでは、自主的な活動が求められる一方で、全員に履修させることもめざされていく。同時に、要領が規定する時間内で行われる教育課程の教育活動と、そこからは外れる課外活動が区別され始め、文

部省関係者からは、これまで教員の勤務時間外に行われてきたクラブ・部活動の指導は、後者に位置づく社会教育の活動と説明されることもあった（坂元, 1967）。

　その方針をさらに進めたのが④の要領であった。この改訂では、領域名が特別活動（中学校）、および、各教科以外の教育活動（高校）に変えられるとともに、クラブにも時間規定がなされ、必修の活動となった（そのため、部活動とは区別して必修クラブと呼ばれる）。そして、これまで以上に教育課程内の必修クラブと、課外（教員の勤務時間外）の部活動が区別され、後者の活動を地域に移行する方針が示された。しかし、クラブを必修とする発想に教育現場はついていくことができず、また、後述するように、要領以外の教育制度では、学校教育で部活動を実施し続けることを求めていたため、実際には必修クラブと部活動の区別は十分に浸透しなかった。

　このような実態を背景に、⑤の要領では、必修クラブと関連づけて「クラブ活動と関連の深いもの」（中学校, p. 123）や、課外の「運動部などの活動」（高校, p. 157）を実施することを認めた。この措置は、学校で部活動を実施する根拠を与えるものであったが、一方で必修クラブと関連づけて実施する方針が「部活動の必修化」をもたらし、教員による生徒管理が強化された一面もあった。実際に当時、校内暴力が社会問題化しており、特別活動や部活動と道徳教育を関連づけることで、生徒の日常生活まで管理することを可能にする方針が、要領において示唆されていた。

　同様の傾向はその後も続き、⑥の要領で、必修クラブと部活動の関係はいっそう強化されていく。すなわちそこでは、課外の部活動に参加することによって、必修クラブの履修とみなす「代替措置」が認められ、前改訂以上に両活動を関連づける方針が示されたのである。このように学校の管理が強められる一方で、当時の教育政策では、教育の機会を学校教育の場だけにとどめるのではなく、学校外の民間教育機関も積極的に活用する方針へと舵が切られており、部活動の地域移行も検討されていた（1996（平成8）年中央教育審議会「21世紀を展望した我が国の教育のあり方について」第一次答申）。

　結局、⑦の要領において、必修クラブが廃止されるにいたる。そして必修クラブの関連領域として実施されてきた部活動も学校で実施する根拠を失い、地域（総合型地域スポーツクラブなど）と連携を進める自治体もみられるようになった。このようにして、④の時期と同様に部活動の地域移行が進められたのである。しかし、実際に地域移行に踏み切れる条件が整っていた自治体は少な

く、多くの学校では要領上の位置づけが曖昧な状態で、運動部活動が実施され続けていた。

これを受けて、⑧の要領において、再び部活動が位置づけられるにいたった。すなわち「総則」で、これまでの地域と連携して実施する方針を継承しながらも、教育課程の教育活動と関連づけて道徳教育や体力つくりを行う方針が示され、部活動を学校で実施する条件整備が進められたのである。

このように要領上の部活動の位置づけは、めまぐるしく変化してきた。しかし、時には地域移行も含むラディカルな変化であったのにもかかわらず、実際の運動部活動は学校教育の活動として、同じように実施され続けてきた。それは、要領以外の教育制度で、同じように実施することが求められていたからでもある。以下では、そのことを確認していく。

3●指導要録における評価

運動部活動のあり方を規定してきた教育制度の一つに、指導要録（以下、「要録」と記す）がある。進学・就職の際に必要となる内申書・調査書も、要録上の評価に基づいて記載されており、それは全ての子供にとって無視できないものであった。これまで要領の改訂に合わせて要録も改訂されてきた。表2は要録において課外の部活動が、どのような観点から評価されてきたのかを整理したものである。

まず、注目されるのは、要領上の部活動の位置づけが曖昧になった④と⑦の時期においても、要録上の評価が続けられてきた事実である。部活動の地域移行が求められていた当時の要録においては、当然のことながら「特別活動／各教科以外の教育活動」の欄で評価することはできなかった。ちなみに近年においても（⑧）、部活動は教育課程の活動とは区別されているため、同欄における評価はなされていない。

その一方で、②の改訂において「趣味・特技」欄が設けられ、そこで部活動に関する内容を記載できるようになり、それは⑥の改訂で削除されるまで35年にわたって続けられてきた。さらに③の要録から「事実の記録」欄に「学校生活の全体、特に各教科の学習以外における生徒の活動状況について、顕著なものがあった場合にそれを具体的に記入すること」（中学校）、「特別教育活動、学校行事などにおける参加状況や活動状況について顕著なものがあった場合に、それを具体的に記入すること」（高校）が求められるようになり、そこで部活

表2　指導要録における部活動の評価の変遷（中学校・高校）

NO	年	特別教育活動／特別活動／各教科以外の教育活動欄での評価	徳目に関わる欄での評価	趣味・特技欄での評価	その他
①	1949年（中・高）	○	△	—	—
②	1955年（中・高）	○	△		
③	1961年（中） 1963年（高）	×	○		△（事実の記録欄）
④	1971年（中） 1973年（高）	×	△	○	△（所見欄）
⑤	1980年（中） 1981年（高）	○	○	○	○（特記事項欄）
⑥	1991年（中） 1993年（高）	○	×	×	○（指導上参考となる諸事項欄）
⑦	2001年（中・高）	×	△（中のみ）	×	○（総合所見及び指導上参考となる諸事項欄）
⑧	2010年（中・高）	×	○（中のみ）	×	○（総合所見及び指導上参考となる諸事項欄）

注）○は評価する方針および欄が明示、△は明示されていないが評価することも可能、×は欄および方針の削除・移動を示している。

動について記すことも可能になった。後にその役割は「所見」（④、⑤中学校）、「特記事項」（⑤高校）、「指導上参考となる諸事項」（⑥）、「総合所見及び指導上参考となる諸事項」（⑦、⑧）欄へと移行し、競技成績などが記載されてきた。

次に、注目されるのは③の時期である。この時期は要領においてクラブが位置づけられているのに、要録においては「特別教育活動」の欄で評価していない。それはこの時期に、徳目に関わる評価へと変わったことを意味している。

そもそも①の要録では、「個人的、社会的、公民的発達記録」として、社会性、責任ある態度、創造性など17の徳目の観点から、5段階評価を行う方針が示されていた。その後、②の改訂において同欄は「行動の記録」欄に改められ、徳目の観点も9つに縮小された。しかし、いずれの要録においても、特別教育活動との関連性については言及されていなかった（それゆえに表2では△で表記している）。

しかし、1958（昭和33）年改訂の要領において道徳が新設されたことを背景に、同欄の名称が「行動および性格の記録」欄に変わり、徳目の観点も13に増やされた（③）。それだけなく、これまでの「特別教育活動」欄が削除され、「行動および性格の記録」欄で示された徳目の観点から、特別教育活動を含む学校生活全体にわたって認められる、生徒の行動および性格について評価する方法に改められた。それは、後に必修クラブの関連領域として部活動が位置づけられた時期（⑤、および⑥中学校）においても同様であった[2]。高校は⑥の

時期から「行動及び性格の記録」欄がなくなり、「指導上参考となる諸事項」や「総合所見及び指導上参考となる諸事項」欄に統合されていくが、中学校に関しては同様の評価方法が今日の要録（⑦、⑧）まで継承されている。

このように、要録において部活動を評価する欄は時代によって変化してきたが、徳目や競技成績の観点から評価する方法は一貫して続いてきたのであり、それが要領における位置づけが曖昧であっても、学校で部活動が続けられてきた教育制度的な要因の一つであった。

4 ● 対外試合基準の変遷

次に、運動部活動が参加する公的な大会・試合である、対外試合に関わる制度に注目する。対外試合は、今日まで一定の基準に則って運営されてきたが、ここでは中学校の基準に注目して、どのような方針で改訂されてきたのかを明らかにしていく（表3。下線は変更に関わる箇所）。

まず、戦後初期の基準（①）では、「中学校では宿泊の要しない程度の小範囲のものにとどめる。但し、この年齢層では対外試合よりもはるかに重要なものとして校内競技に重点をおく」とされた。今日からみれば厳しい制限に思えるが、それはやむを得ないことでもあった。すなわち、この通牒の冒頭で記されているように、過去に対外試合をめぐって勝敗にとらわれ過ぎるようになり、身心の正常な発達を阻害し、限られた施設や用具が特定の選手に独占され、練習や試合のために不当に多額の経費が充てられるなどの問題が発生していたからである。①の基準における厳しい制限は、そのような状況を改善していくための措置であった。

しかしそれは、②の基準で緩和される。まず、対外試合を実施する範囲に関わる原則が都府県大会に拡大し、「なるべく宿泊を要しないような計画とする」と表現が改められた。つまり、この時期に宿泊が一部容認されるようになったのである[3]。また例外として、当該県の教育委員会の責任により、隣県の大会およびブロック大会が認められるようになる。さらには、個人競技で世界的水準に達している者や、その見込みのある者を、全日本選手権大会や国際競技に参加できるようにした。このように一気に基準が緩和されたのだが、その背景には日本水泳連盟をはじめとする、競技団体からの要請があった。1952（昭和27）年に参加したヘルシンキオリンピック大会において成績がふるわなかった競技団体は、低年齢からの選手養成に向けて、基準の緩和を要請していたの

である（関，1997）。

　結局、②の基準においてそれが受け入れられたのだが、基準を緩和した矢先に、指導や練習が過熱化する事態が生じ、1957（昭和32）年に通牒が出される（「中学校、高等学校における運動部の指導について」）。そこでは、運動部の目標が勝利のみとなり、能力を超えた練習を強いたり、暴力的な行為に及んだりする実態が問題視され、それを改善していく方針が示されていた。また、この通牒の前日に出された③の基準でも、隣県の対外試合を実施する際には当該県教育委員会の承認（の手続き）を得るようにした。さらには、能力が高い者を全日本選手権大会や国際競技会に参加させる際には、文部省に協議することにしていた。

　だが、この方針も貫徹されなかった。1964（昭和39）年の東京オリンピック開催という実情を考慮して、再び基準が緩和されたのである（④）。まず、これまでの「なるべく宿泊を要しない」という方針を抜本的にあらため、経費面での負担が増大しないようにするとした。つまり、経費がかからなければ（ちなみに経費の上限は示されていない）、どれだけ宿泊してもよくなったのである。そして再び②の基準と同様に、当該県の責任で隣県による大会を開催できるようにした。さらには、全国大会や国際大会の参加資格も見直されていく。すなわち、これらの大会に参加できる資格を、特に優れた者に修正し、対象者の枠を広げたのである。また、それらの対象者が参加できる大会として、これまでの全国大会や国際大会に加えて、それらに準ずる大会も位置づけて数を増やしていった。水泳に関しては、全国中学生選抜水泳大会という大会名まで明記された。同時に、国内大会に参加させる手続きも簡素化され、文部省の協議を経ずに、都道府県教育委員会の承認を得るだけにした。

　その後、1969（昭和44）年には2つの基準が出される。当時は、要領において必修クラブが制度化され、教育課程内の必修クラブと、課外の部活動が区別されていた。それにともなって、基準も学校教育内（⑤）と学校教育外（⑥）のものが設けられていくのである。詳細をみていくと、まず⑤の基準では、隣接都府県程度の対外試合が認められるようになる。これまでは県境に近い地域に限って、県をまたいだ対外試合を企画、運営できたのだが、そのような地理的な条件が取り払われたのである。さらに、国際競技会への参加が個人競技に制限されなくなり、その手続きも各都道府県の教育委員会で協議し、文部省には報告のみですませることにした。

　⑥の基準では、大会の範囲に関わる原則が地域的大会とされ、さらにこの基

表3 対外試合基準の変遷（中学校）

NO	通牒の名称	原則	例外規定
①	1948年 学徒の対外試合について	校内競技に重点	対外試合を認める（宿泊を要しない程度の小範囲）
②	1954年 学徒の対外競技について	都府県大会（なるべく宿泊を要しないような計画）	当該県の教育委員会の責任によって隣県及びブロックの大会を認める（宿泊を要しないでできる範囲） ※隣県＝県境に近い学校
③	1957年 学徒の対外運動競技について		当該県の教育委員会の承認によって隣県の大会を認める（宿泊を要しないでできる範囲） ※ブロック大会の表記が消える
④	1961年 学徒の対外運動競技について	都府県大会（経費面での負担が増大しないようにする）	当該県の教育委員会の責任で隣県の大会を認める（経費面での負担を増大しないようにする） ・水泳についてはその特殊性にかんがみ、一定の水準に達した者を選抜して開催される全国中学生選抜水泳大会に参加させることができる
⑤	1969年 児童生徒の運動競技について	都道府県内（経費面での記述なし）	関係都府県の教育委員会が適当とみとめた場合には、隣接都府県程度の対外運動競技を認める（県境でなくても実施可能）
⑥	1969年 児童生徒の参加する学校教育活動外の運動競技会の基準	地域的大会	・体力に優れ、競技水準の高い者を選抜して行う地域的大会、全国的大会で、協議会にはかり適正と認められるものは開催可能 地域的大会（15歳以下） 全国的大会（15歳以下） 地域的大会（15歳以上） 全国的大会（15歳以上）
⑦	1979年 児童・生徒の運動競技について	都道府県内	地方ブロック大会 全国大会 上記の大会のほかにも、国、地方公共団体、日本体育協会、競技団体が主催する全国大会に、学校教育活動の一環として参加させることができる
⑧	2001年 児童生徒の運動競技について		地方ブロック大会 全国大会 中学生については上記の大会の他に、文部科学省と日本体育協会ほか関係団体が合意したものに限り、学校教育活動の一環として参加させることができる

準を出した青少年運動競技中央連絡協議会が認めたものについては、全国的大会も開催できるようにした。同時に、15歳以下と以上とでカテゴリーを分け、回数制限を示した[4]。回数制限は⑤の基準にもみられたが、当時の教育現場において必修クラブと部活動の区別が浸透しておらず、運動部活動が学校内・外の双方（⑤、⑥）の対外試合に参加していた実態を踏まえれば、試合の数は増

回数	参加資格の協議・報告・承認の方法
規定なし	—
	・個人競技で、世界的水準に達している者や、その見込みのある者は、別に定める審議機関の審査を経て、全日本選手権大会や国際競技に参加できる
	・個人競技で、世界的水準に達している者や、その見込みのある者は、文部省に協議のうえで、全日本選手権大会や国際競技会に参加できる
	・個人競技で、特に優れた者は、全日本選手権大会や国際競技会、もしくは、これに準ずる大会に参加できる ・国外で行われる国際競技会に参加させる際は文部省に協議 ・国内で行われる競技会に参加させる際は都道府県教育委員会の承認
年1回程度 (隣接都府県の大会)	学校教育活動以外の運動競技について ・(個人競技の文言なし)国際的競技会に参加させようとする者は、都道府県教育委員会に協議するものとし、都道府県教育委員会は文部省に報告するものとする
年1回 年1回	—
年2回 年3回	
年1回 年1回	国際的競技会等への参加状況については各学校において把握する (文部省への報告は不要)
年1回程度 年1回程度	—

加したことになる。

　その後、要領で部活動について明記されたこともあり、⑦の基準において学校教育としての対外試合に一本化されていくが、そこでは学校教育の活動として全国大会が認められるようになり、さらには、その他の全国大会にも、学校教育の活動として参加できるようになっていく。また、国際大会の参加に関わ

る文部省への報告義務もなくなった。

　最終的に、対外試合は「各教育委員会や学校の判断により行われることが適当」という判断から⑦の基準が廃止され、全国高等学校体育連盟や日本中学校体育連盟などにより新たな基準が示された（⑧）。そこでは、これまでの方針が踏襲されつつも、回数の規定に「程度」の2文字が加えられ、回数のオーバーも許容しうる内容になっている⁵⁾。

　このように対外試合は、戦後一貫して、学校教育の活動として行われてきた。それは要領で地域移行の方針が示された時期においても同様であった。そして、対外試合が学校教育の活動として認められている以上、そこに参加している運動部活動も、学校教育の活動としてみなされてきたのである。

　さらには、対外試合の競争に教育的な価値が付与されてきた。競技団体の要請に基づいて対外試合の規模や回数は拡大され、さらには全国大会や国際大会への参加も容認され、参加手続きを簡素化したり、各種大会を学校教育の活動として位置づけたりしてきた。つまり、学校教育の活動として、より高度な競争を追求することを、国は教育制度において公認してきたのである。そして、このような方針と、先ほどの要録における競技成績の評価が入試制度（推薦入試制度）に結びつくことによって、高い競技成績が進学に結びつく状況が生じるようになっていく（神谷，2015a, pp. 112-122）。学校としては、進学と結びつく活動である以上、やめるわけにはいかなくなるのである。

　しかし、このような状況は、運動部活動は勝たなければ意味がないという風潮や、指導や練習をエスカレートさせる事態を生むことになり、ことあるごとにそれらの問題は指摘され続けてきた（神谷，2015b）。もちろん、全ての学校の運動部活動が過熱化していたわけではない。だが、これまで表3以外の基準による公的な大会は行われてこなかったのであり、学校で運動部活動を実施する限りは、過熱化や勝利至上主義の問題が生じうる既存の対外試合に関わらざるを得ず、全ての運動部活動が常にそれらのリスクを負っていたのである。

5 ● 教員の職務としての位置づけ

　最後に、運動部活動の指導が、教員の職務としてどのように位置づけられてきたのかを確認しておきたい。

　この問題は、1960年代から日本教職員組合（以下、「日教組」と記す）と文部省との間で論争になってきた。周知の通り、勤務時間内に終わる部活動の指

導は想定し難く、その超過勤務が教員の労働として認められるのか、また、手当が支給されるのかが問題にされてきたのである（神谷、2015a、pp. 72-88）。この議論は1971（昭和46）年に人事院から、①給与を4％上乗せすることで超過勤務手当を支給しない、②しかし、超過勤務が無制限に命じられないように、その範囲については文部大臣と人事院で協議して規制する、③非常災害等、臨時で長時間にわたる業務には特殊業務手当を検討する、という方針が示されたことによって転機を迎えた。この方針が、同年中に「国立及び公立の義務教育諸学校等の教育職員の給与等に関する特別措置法」（以下、「給特法」と記す）によって法制化され、原則として教員に超過勤務手当が支給されなくなったのである。その後、日教組は超過勤務が命ぜられる範囲を少しでも狭くするために、文部省と人事院に働きかけていった。部活動も例にもれず、日教組は議論の過程において、自らの手でその業務を超過勤務の対象から除外していったのである。その結果、超過勤務を命じることのできる範囲について、①生徒の実習に関する業務、②学校行事に関する業務、③学生の教育実習の指導に関する業務、④教職員会議に関する業務、⑤非常災害等やむを得ない場合に必要な業務で合意が得られ、今日においても政令第484号（2003年12月3日公布）で、③に関わる業務を削った内容で継承されている（通称「超勤4項目」といわれる。日本教職員組合・日教組本部弁護団、2004）。このような歴史や現状を踏まえれば、今日においても原則的には、勤務時間外の運動部活動の指導は教員の職務とはいい難く、指導を命ずることはできないのである。

　次に、少し視点を変えて、教員になるための入り口である教員採用制度の観点からも考えてみたい。周知の通り、教員になるには教員採用選考試験に合格しなければならない。教員の試験に選考という2文字が加えられている背景には、「教育者たるに必要な人格的要素は、競争試験によっては、とうてい判定しがたい」という考えがある。つまり、職務遂行能力を有するかどうかを相対的に判定する競争試験ではなく、職務遂行能力の有無を選考の基準に適合しているかどうかに基づいて判定するという趣旨から、選考の2文字が加えられているのである（土屋、2014）。

　そして実際の選考試験では、多くの自治体で、申請書にクラブ活動・部活動について書くことを求めたり、あるいは、競技能力が高い者に対しては、試験の一部免除などの優遇措置を用いたりしてきた（神谷、2015a、pp. 214-220）。つまり各自治体は、教員になるうえで部活動の経験や競技成績の高さが必要だと考え、運動部活動の指導を職務ととらえて、選考基準に含めてきたという見

表4 部活動に関わる手当の変遷

NO	施行・適用年	対外試合の引率	部活動の指導
①	1972年	1,000円	—
②	1975年	1,200円	—
③	1977年	1,200円	500円
④	1989年	1,500円	620円
⑤	1993年	1,500円	750円
⑥	1996年	1,700円	1,200円
⑦	2008年	3,400円	2,400円
⑧	2014年	4,250円	3,000円

方ができる。そして、このような傾向は、要領上の位置づけが曖昧であった時期においてもみられ、また、「給特法」の成立後も続くという矛盾した状況が生じてきた。

最後に、部活動の手当にもふれておこう（表4。神谷，2015a，pp. 235-240）。先に取り上げた人事院規則において、臨時で長時間にわたる業務には特殊業務手当を支給する方針（③）が示されていたが、その業務に、宿泊をともなったり終日に及んだりする対外試合の引率や、休日の部活動指導が位置づけられ、今日まで手当が支給されてきた。「給特法」の成立後、超過勤務を命じることのできる範囲から部活動の指導業務が外された経緯があるのに、特殊業務手当が支給されるのは矛盾していたが、その問題は解消されないまま今日にいたっている。一方で、部活動の指導をしている教員に手当が支払われてきたという事実は、部活動を学校教育の活動として実施し続けることを可能にした、教育制度的な要因でもあった。

6 ● 今後の論点

本節で確認してきたように、要領上の部活動の位置づけは変化してきたが、運動部活動を取り巻く他の教育制度は、要領の方針に必ずしも呼応してこなかった。そもそも、部活動は課外の活動であり、教育課程の基準である要領で示される部活動の方針は限定的にならざるを得ず、その点に他の教育活動との間に相違がある。それゆえに、要領以外の教育制度に目を向けなければ、教育現場の実態を正確に把握することができないばかりか、これまでの課題やこれからの展望も明確にできない。

そのような理解を前提にしたうえで今後の課題を示すとすれば、教育制度間

のミスマッチを解消していくことがある。これまで運動部活動に関わる教育制度では、必修の活動とされたり地域に移行する方針が示されたり、勝利至上主義を批判しているのに競技成績の観点から評価したり、あるいは教員の職務としての位置づけが不明確であったりと、共通の方針に基づいていたとはいい難い。すなわち、運動部活動はなんのためにあるのか、どのような場なのかという点で教育目的が一致しておらず、それによって各教育制度がめざしている方向性も定まらず、ミスマッチが生じてきたのである。冒頭で述べたように、教育制度とは「教育目的を実現するための社会的に公認された組織（人と物との体系的配置）」である。あらためて私たちには、運動部活動はなんのためにあるのかを議論し、それに基づいて制度設計を進めていくことが求められているのである。

（神谷　拓）

注

1) これまでの研究では、高校の「自由研究」がなかったものとして扱われてきたが（西島央編著『部活動　その現状とこれからの在り方』p.15、学事出版、2006年、中澤篤史『運動部活動の戦後と現在　なぜスポーツは学校教育に結び付けられるのか』pp.112-113、青弓社、2014年）、要領の補遺として出された通知（文部省、1947年）において「自由研究」が教育課程の例示に含まれていたことを踏まえ、表1では高校までを含むものとする。

2) なお表2は、表1で示した要領の方針を踏まえて作成している。たとえば、要録上の徳目に関わる評価では、③〜⑥（中学校のみ）の時期に、学校生活全体（特別活動／各教科以外の教育活動を含む）にわたって認められる、生徒の行動および性格について記録することが求められている。しかし要領においては、③の時期には特別教育活動にクラブが位置づけられていたが、④の時期に必修クラブと課外の部活動が明確に区別され、さらに、⑤と⑥の時期には必修クラブと関連づけて部活動が実施できる環境であり、各時期によって要録で評価する学校生活の範囲（学校生活に部活動が含まれるのか）が異なる。そのため、各年度の要録において同じ文言や表現であったとしても、同時期の要領の方針を踏まえて、記号が○（③）、△（④）、◎（⑤、⑥中学校）と変化している。他の欄についても同様に分析している。

3) 中澤（前掲注1、116頁）は、表3③と④の基準において（1950年代から）対外試合の宿泊制限が見直された、あるいは、1960年代に「中学生の宿泊を伴う遠征が認められた」（中澤篤史「運動部活動の歴史的変遷と『社会的意義』」、『体育の科学』64巻4号、p.228）と、論稿によって異なる解釈を示しているが、対外試合基準の変遷からとらえれば、本文中で示したように、その動向はすでに②の基準においてみられる。

4) なお、⑥の基準は1975（昭和50）年1月24日に一部改正される。おもな変更点は、①15歳以下の表記を未満にするといった文言の修正、②体力に優れ、競技水準の高い者を選

抜して行う大会から地域的大会を外す（全国的大会のみとする）、そして、表3には掲載していないが、③当初は全国的大会と地域的大会の主催者を、原則として競技団体と学校体育団体の共催としていたのを、改正後は全国的大会のみを共催とする、という点にみられる。

5) この他にも、国民体育大会も学校教育の活動として認められ、参加基準が緩和されてきた。詳細は、『運動部活動の教育学入門』（神谷, 2015）pp.204-208を参照。

引用・参考文献

- 神谷拓『運動部活動の教育学入門―歴史とのダイアローグ』大修館書店、2015a．
- 神谷拓「日本における学校運動部活動の成立と発展」、中村敏雄ほか編『21世紀スポーツ大事典』pp.556-557、大修館書店、2015b．
- 桑原敏明「教育制度」、『新版 教育小辞典（第3版）』pp.82-83、学陽書房、2013．
- 文部省「『新制中学校の教科と時間数』の改正について（1947年）」、『近代日本教育制度史料』23巻、pp.275-280、講談社、1974a．
- 文部省「新制高等学校の教科課程に関する件（1949年）」、『近代日本教育制度史料』23巻、pp.300-321、講談社、1974b．
- 日本教職員組合・日教組本部弁護団『教職員の勤務時間（2004年改訂版）』pp.130-133、アドバンテージサーバー、2004．
- 坂元弘直「教員の勤務時間の管理（その三）―特別教育活動とくにクラブ活動」、『教育委員会月報』207号、pp.48-49、文部省、1967．
- 関春南『戦後日本のスポーツ政策　その構造と展開』pp.110-115、大修館書店、1997．
- 土屋基規「教師をめぐる法と制度」、浪本勝年編『教育の法と制度』p.93、学文社、2014．

第3章

運動部活動と安全、事故対応

1. 運動部活動の安全対策と事故への対応
2. 運動部活動の事故をめぐる法律知識

/ 第3章 1

運動部活動の安全対策と事故への対応

1 ● スポーツ外傷・障害にどう向き合うか

　運動部活動中に生徒が負う「ケガ」の態様としては、大きく分けて「外傷」と「障害」の2種類がある。「外傷」とは、転倒や打撲、衝突など、一瞬の強い外力によって起こるもので、骨折や脱臼、打撲や擦過傷、頭頸部外傷などが含まれる。他方で「障害」とは、長期にわたって繰り返される外力、慢性的な負担や疲労によって引き起こされるケガであり、「～が故障した」「～を壊した」と表現されることもある。

　いずれのケガにあっても、数日間で自然治癒するものから、選手生命を断たれたり、重い後遺障害を負ったり、死にいたるようなものまでが含まれている。そして、こうしたケガの程度の軽重は、「軽かったからよかった」「この程度のケガはだれでも経験するもの」と看過すべきではなく、ともかくは「ケガをした」という事実を重くとらえ、原因の究明と再発防止に努めることが安全対策の基本となる。

　部活動中に新入部員の生徒がささいなケガを繰り返していたが、上級生の指導に熱を上げていた顧問はそうした事実を一切気にとめず、周囲の部員たちも「あいつは運動神経が鈍いから」と軽くみていたために、やがて重篤な死亡事故にいたってしまった――、というケースを筆者はいくつも知っている。小さなケガを放置する部活動は、それだけで安全意識が低いとみなされ、顧問に過失責任（安全配慮義務違反）が問われることになる。また、スポーツ障害・外傷とその原因に注目してみると、その受傷機序や背景となった要因、環境因などはかなり共通している。

　コンタクト・スポーツで多くみられる外傷のうち、もっとも重篤なものとなる「頭頸部外傷」では、新入部員（初心者）が入部後1、2ヶ月経過後、経験者たちと一緒に競技に参加するようになった直後か、初めての対外試合の直前

に起きることが少なくない。また、経験者であっても、大きな試合を控えた練習中や試合中、夏合宿中、テスト期間明けの練習などにおいて、重大な頭頸部外傷の発生が報告されてきている。こうした外傷の発生に関する情報が学校間・部活動間で共有されることで、そのスポーツに特有の危険因子が明らかとなり、将来の同種事故の発生の予防につなげることができるはずである。

　起きてしまった外傷を「偶発的な」「運の悪かった」事故とみなすことは、それが特別なことであって、二度と起きることはないはずだとして、将来の事故発生の危険性を放置することである。しかし、一度顕在化した事故と同種の事故が未来永劫起きないと、だれが保証できるのであろうか。むしろ、「いつ起きてもおかしくない」と考え、早急に対策をとるべきである。大人の怠慢によって起きた事故の結果を一生背負うのは、他でもない生徒個人なのであって、スポーツの指導者は、一人ひとりの生徒の安全に対して大きな責任を負っているということを常に自覚すべきである。

2●代表的なスポーツ障害とその予防策

1) 使い過ぎ症候群(Overuse syndrome)

　「練習は、やればやるほど上達する」「限界を超える練習が『勝つ』精神と肉体を作る」という考え方がある。確かに、適切な負荷をともなうスポーツ活動は、個人の身体能力を高め、精神力を鍛えることに非常に有効である。ただし、この「適切な」という言葉には、量の問題だけではなく、運動負荷の「質」の問題も大きく関連していることを忘れてはならない。また、「適切な」とされる内容には大きな個人差があり、ある個人にとっては適切であっても、ある個人にとっては不適切ないし有害である場合も少なくない。したがって、スポーツ指導者は、よかれと思う練習を生徒たちに一律に課すのではなく、個々人にとって適正な運動量を課すことを心がけるべきである。運動の量、回数、スピードなどの負荷が個人の限界を超えることで、集中力の低下から思わぬ事故を引き起こすことになったり、筋肉や腱、靱帯、骨、関節などに深刻なダメージを与えたりすることにつながる。

①肩・肘の障害

　投球、投てきや水泳、バレーボール、テニスなど肩に力がかかるスポーツで使い過ぎにより肩痛や肘痛をきたす。水泳肘は肩の腱が肩甲骨などへぶつかり

炎症を起こしている状態であり、野球肘では投球動作の加速期における負荷により、内側型・外側型・後方型のいずれかの損傷がみられる。肩の障害では、投球や水かき動作による腕の捻りの負荷を繰り返すことによって骨や軟骨、腱、関節唇などが損傷し、その損傷部位によっては関節の引っかかり感やクリッという雑音、肩の外転の困難などがあらわれる。

これらはいずれも「使い過ぎ」による損傷であり、十分なストレッチやその選手に合った練習量、フォームの見直し、適切な休養とアイシングなどによって回避することが可能である。

日本臨床スポーツ医学会は2005年に提言を出し、野球肘のピークは11～12歳としたうえで、その予防策として、①各チームに投手と捕手をそれぞれ2名以上育成しておくこと、②練習日数と時間については、小学生では週3日以内、1日2時間を超えないこと、中学・高校生においては週1日以上の休養日をとること、③全力投球数は、小学生では1日50球（週200球）以内、中学生では1日70球（週350球）以内、高校生では1日100球（週500球）以内、1日2試合の登板の禁止、④練習前後の十分なウォームアップとクールダウン、⑤シーズンオフの設定、⑥指導者との密な連携のもとでの専門医による定期的検診、などを提唱している（日本臨床スポーツ医学会，2005）。

また、こうした使い過ぎ損傷の予防・悪化の防止策として、以下のPRICE法がよく知られている。この方法は、足関節捻挫などでの患部の腫れを最小限にする応急処置の方法としても知られており、多くの急性期のスポーツ障害への対策として覚えておくべきである。

〈PRICE法〉
P：Protect（守る）………… 患部に負担をかけないように。
R：Rest（安静）…………… 患部を悪化しないように。
I：Ice（冷却）……………… 患部の痛みや腫れを抑える。
C：Compression（圧迫）… 患部の腫れを抑える。余分な物質や液体を患部から押し出す。
E：Elevation（挙上）……… 患部を心臓より高く上げ、重力によって腫れを引かせる。

②疲労骨折

骨が「金属疲労」を起こしたような状態が、疲労骨折である。集中的なトレーニングによって骨に小さな負荷が繰り返し休みなくかかることにより、骨にひ

びが入ったり、それが進むと完全な骨折にいたることとなる。筋力不足やアンバランスな筋力、未熟な技術、体の柔軟性不足、休養の不足、衝撃吸収性の低い靴や用具、地面のコンディション、カルシウムの不足や女子の無月経による骨密度の低下など、環境要因のみならず、個々人の体質的な要因も指摘されている。背景としては、急に練習量が増える時期、とりわけ新入部員に好発することが知られている。

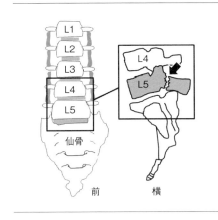

図1　腰椎分離症

　疲労骨折の代表的なものとしては腰椎分離症があり、とくに腰を反らして捻ることの多い運動でみられる。背骨は体重を支える椎体と脊髄を守る椎弓、関節突起に分かれており、関節突起の部分で骨が分離したものが腰椎分離症である（図1）。第5番目の腰椎（L5）に発生しやすい。

　腰椎分離症は、野球、サッカー、バスケットボール、テニス、バドミントンなど、さまざまなスポーツで生じており、一般の人では5％程度の発症にとどまるのに対し、スポーツ選手では30〜40％の高頻度でみられるという。通常の骨折と同様、腰に負荷のかかる動作を避けて安静を心がけ、コルセットで固定して癒合するのを待つことになる。

　10代のスポーツ障害として起きた腰椎分離症により後方部分の支持性がないため椎体が前方にずれてゆき、徐々に「腰椎すべり症」に進行していき、後々の慢性の腰痛や神経痛の原因となる場合もある。この場合の治療としては、脊椎固定術などの外科的対応が一般的となる。

　腰椎分離症の予防のためには、身体を反らした回旋運動による腰椎への負担を減らすことが重要であり、体幹の回旋を意識したストレッチで左右の可動域の差をなくしたり、股関節の柔軟性を高めて下半身での体の回旋能力を高めるトレーニングを心がけるべきである。また、腰椎分離症を除くと、脛骨（すねの骨）や足の甲の骨である中足骨、肋骨など、スポーツの種類によってさまざまな疲労骨折が認められる。

2) 成長期の代表的スポーツ障害
①運動器の機能不全や障害

　昔に比べて今の子供には、日常的に思いきり体を動かすような場所が少なくなっている。幼児の頃から運動習慣をもたなかった子供は、スポーツ経験がきわめて乏しいままで小学校に入学し、スポーツ経験をもつ子供との格差から劣等感をもち、スポーツ嫌いのままでいることも少なくない。その一方で、小さい頃から体操教室やサッカークラブなどに所属して積極的にスポーツに取り組んでいる子供では、勝利に向けた「スポーツ英才教育」を受けてきていることも少なくない。

　なお、日常的な身体活動が極端に少ない子供はもとより、積極的に運動をする子供にあっても、運動器の機能不全や障害がみられている。たとえば、1週間に10時間以上サッカーに打ち込んでいる子供では運動能力は高いものの、ふくらはぎや太ももなどの筋肉が過度についてしまい、柔軟性や運動機能のバランスが損なわれることで、跳び箱などの運動で、手首が十分に反り返らずに両手首を骨折してしまうような事例も報告されている。

図2　幼児の運動能力と保育内の運動指導日数との関係

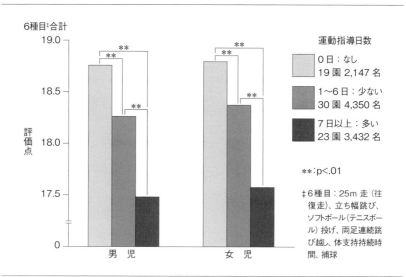

（出典：杉原ら「幼児の運動能力の年次推移と運動能力発達に関与する環境要因の構造的分析」〈研究番号14380013〉、『平成14〜15年度科研費補助金〈基盤B〉成果報告書』2004年）

図2は、園児の運動能力と保育内での運動指導日数との関係を調査したものであるが、積極的に運動指導を行っている園の子供ほど運動能力が低い傾向がみられる。子供は幼いほどしなやかさと身軽さをもち、大人よりすぐれた身体能力を有しており、その可能性は未知数の状態にある。したがって、早期に特定のトレーニングを強制することよりも、幼児期にふさわしい、自由でのびやかな運動を自発的・能動的に行うことが、幼児期の運動能力の発達には最も適しているのである。大人の鈍った感覚や誤った知識によって子供の才能をつぶすようなことがあっては決してならない。大人が子供の才能を伸ばすためにやるべき指導とは、子供の個性を認め、それをよい方向に伸ばせるようにアシストすることである。そのための第一歩としては、大人しかもっていない知識や経験に基づいて、子供にとって未知の危険を未然に防ぐことが重要である。

②オスグッド・シュラッター病
　オスグッド・シュラッター病（オスグッド病）は、ジュニア期のスポーツ障害のうちの約20％を占める代表的なスポーツ障害といわれている。日本整形外科学会からは、オスグッド病の発症は身長の伸びと相関があり、「成長のピーク（男子11〜12歳、女子10〜11歳）の前後には発症の危険が高いので、患部の疼痛に留意し、大腿四頭筋の緊張をゆるめ、時によってはジャンプや切り返し動作を伴うスポーツ活動を制限する必要がある」との提言が出されている。
　通常、「膝を伸ばす」という運動は、太ももの前面にある「大腿四頭筋」が収縮して、下腿の骨を膝蓋骨（膝のお皿）の下の部分で引っ張ることによって行っており、この膝蓋骨と脛骨（すねの骨）を結ぶのが、膝蓋靱帯である。成長期には、膝蓋靱帯の脛骨への付着部は、非常にやわらかい軟骨（成長軟骨）でできており、その軟骨を引っ張るストレスによって炎症が起きたり、軟骨がはがれることで、膝の下が痛んだり腫れてきたり、ひどくなると骨が引き剥がされて小さな骨片が骨の本体から離れた形で残ってしまうことがある。ジャンプ、キック動作が多いスポーツに多く、とくに大腿四頭筋が硬い選手がハイリスクであるため、日頃からの適切なストレッチが重要である。
　オスグッド病は「成長痛」とまちがわれることが多いが、成長痛は運動をした／しないにかかわらず時期が経つと治るのに対し、オスグッド病の場合、しつこく痛みが残り続ける。この障害を見過ごしたまま成人になると、硬い骨の突出のために正座をするときに当たって痛いというような後遺症を残すこともあり、突出した骨を削ったり除去する手術が必要となる場合もある。したがっ

て、根治のためには、発症の時点で完全にスポーツなどを中止し、休養をとる必要がある。

3 ● 頭部外傷

1) 脳震盪

　我が国では脳震盪は、非常に軽微かつごく一過性の症状であると信じられてきた。脳震盪を「スポーツ外傷」とすることに抵抗を覚える人は、まだ少なくない。しかし近年、脳震盪に対する大幅な見直しと積極的な啓発活動が行われるようになってきている。

　「脳震盪を受けると、かなり長期間にわたって神経的（脳機能的）なダメージが残り続ける」ということは、米国の医学会ではすでに1950年代から知られていた（Nielsen, 1955）。1970年代頃には、「脳震盪は繰り返すほどに重篤な障害を起こし得る」ということや、「脳震盪を起こした後は情報処理能力がかなり低下する」ということも報告されていた（Gronwall and Wrightson, 1975）。そのため、米国では現在、原則として、「脳震盪を起こした選手は数週間、競技からの離脱が必要である」との考え方で一致している。プレイ中の情報処理能力の低下は、それ自体で事故のハイリスクの原因となるのであり、加えて、複数回の脳震盪の発症が致死的な病態へと移行する（「セカンド・イ

表1　脳震盪の管理についてのコロラド医学会ガイドライン
　　（Concussion guideline of the Colorado Medical Society, 1991）

grade	症状と徴候	最初の脳震盪	2度目の脳震盪	3度目の脳震盪
1 （軽傷）	健忘をともなわない錯乱。意識消失なし。	無症状の状態が20分以上続けばゲームに戻ってよい。	その日のゲームには戻れない。無症状で1週間過ぎれば再開可能。	そのシーズンはゲームには戻れない。または無症状で3ヶ月過ぎれば再開可能。
2 （中等症）	健忘をともなう錯乱。 意識消失なし。	その日のゲームには戻れない。無症状で1週間過ぎれば再開可能。	そのシーズンはゲームに戻らないことも考慮に入れる。無症状で1ヶ月過ぎれば再開可能。	そのシーズンはゲームに戻れない。症状がなければ翌シーズンはプレイ可能。
3 （重症）	意識消失	試合を中断し病院へ搬送する。2週間無症状が続けば1ヶ月後に再開可能。	そのシーズンはゲームに戻れない。症状がなければ翌シーズンはプレイ可能。	そのシーズンはゲームに戻れない。コンタクト・スポーツには復帰しないことが強く望まれる。

（出典：McNabb, JW. Head concussion guidelines. Am Fam Physician. 1995 March; 51(4): 742）

ンパクト症候群」参照）ということもわかってきている。

　表1は、脳震盪の等級別に受傷回数を分け、それぞれどのような対応をすべきかについて規定されたコロラド医学会ガイドラインである。脳震盪の重症度を「健忘」のあるなしと「意識消失」のあるなしによって分類し、それぞれに慎重な経過観察とプレイ再開の目安が定められている。米国では早くから複数の団体によって、こうしたガイドラインがいくつか出されており、いずれも重度の脳震盪を複数回起こした場合について、プレイヤーの生命の危険性を十分に意識した対応となっている。

2) 急性硬膜下血腫

　急性硬膜下血腫とは、頭蓋内で脳自体が損傷（脳挫傷）して出血する場合や、「架橋静脈」という血管が切れた場合に起こる。後者の急性硬膜下血腫は、前者より軽度なエネルギーの作用によって生じることが知られている。「架橋静脈」とは、頭蓋骨の内側を裏打ちしながら脳を包んでいる「硬膜」の表面に接着した「上矢状静脈洞」という血液のパイプと脳表面の血管とをつなぐ血管である（図3）。なんらかの物体が頭部に直接的に打撃を加えた場合か、または頭部の回転加速（むち打ちのように頭部が「しなる」動き）によって、この血管が引き伸ばされ、破綻することで起こる。

　急性硬膜下血腫の恐ろしいところは、頭蓋骨内という密閉空間で出血が起きるために、血管外へとあふれ出た血液が脳を圧迫することで、脳が変形し、変形した脳の部位にさまざまな機能障害が起きる点にある。また、脳震盪を起こした後で急性硬膜下血腫を発症した場合、脳自体が急激に腫れ（脳腫脹）、頭蓋骨に脳表面が押しつけられることとなり、脳の血流障害や低酸素状態などの致死的な病態を呈する

図3　急性硬膜下血腫に関わる脳構造

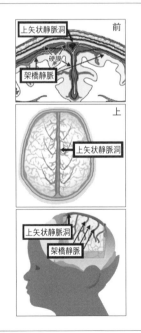

（出典：南部、2014）

こととなる。さらに重篤な脳腫脹の場合には、頭蓋内の狭い空間で圧迫された脳がヘルニアを起こすことで呼吸中枢が圧迫され、窒息死することもある。

ラグビーや柔道、ボクシング、サッカーなどのコンタクト・スポーツでは、顔面や頭部を直接殴打したり、他の選手と激しくぶつかった際に頭部に急激な動き（回転性加速）が加わることで起こる可能性があり、激しい衝突の後などでは、その選手の挙動に注目し、自覚症状を含め少しでも不自然な点がみられる場合、即刻運動を休止して慎重に経過観察すべきである。

3）セカンド・インパクト症候群

「セカンド・インパクト症候群」とは、頭部に衝撃を受けた後、十分な休息をとらないまま、再度頭部に衝撃を受けることで、きわめて重大な脳腫脹を発症するという病態である。前掲の脳震盪の管理に関するコロラド医学会ガイドラインは、この症候群のリスクを強く意識していることがわかる。

この病態についてはいくつかの医学説があるが、1度目のインパクトによって脳の血管の調整機能が損なわれ、血液循環動態に異変が起きていたところに、2度目のインパクトが加わることで、脳の血管が果たしている脳内の水分調節の機能が異常をきたしてしまうためではないかといわれている。また、前項でみたように、2度目の頭部インパクトで急性硬膜下血腫が起こりやすいということも、経験的に知られている。

いずれにしても、頭部に衝撃を受けた選手は、すぐに活動に復帰させず、気分の変調などがみられないか、慎重に経過観察すべきであり、慎重かつ段階的な運動復帰を心がけるようにすべきである（表1参照）。

4 ● 運動部活動の安全対策

「事故を起こさない」部活動の運営方法や部活動内のコミュニケーションの問題については、第4章および第5章で詳しく述べられているため、本節では、部活動顧問を対象とした安全指導講習の必要性について指摘することとしたい。

1）日本的特殊スポーツ環境と事故のリスク

我が国における運動部活動は、諸外国からみて非常に特殊な形態の課外スポーツ活動であり、保護者と部活動顧問とがどのような法的関係にあるのかについては、きわめて曖昧な部分が少なくない。たとえば、国外の学校での部活

動としては、アメフトやバスケなど、選抜された競技能力の高い生徒がシーズンごとに競技を行うアメリカの場合や、週1〜2回程度でレクリエーション的要素が強く、シーズンごとに種目を変えるイギリスの場合などが知られているが、日本のようにその部活動競技の経験はおろか、スポーツ経験もない教師が、いわば無給の「ボランティア」として部活動の顧問を拝命し、毎日長時間生徒のスポーツ指導を行うという事態は、諸外国の保護者にとっては理解し難いであろう。はたして、そうした顧問が適正なトレーニングを課すことができるのか、子供になんらかの事故が起きた場合、適切に対処できるのか、学校はきちんと責任をとってくれるのかなど、さまざまな不安を覚えるのが自然であろう。しかしこの点、我が国では生徒も保護者もこうした事態を「織り込みずみ」で、部活動の選択は生徒本人に任せ、保護者はわが子の部活動に関してはノータッチだという場合が少なくない。他方、いわゆる強豪校で、対外試合でも上位の成績を収めるような部活動においては、自らが十分な競技経験を有する熱意のある教師が顧問を務めることが多く、保護者も積極的に部活動を後援しているという傾向がある。

　このように、対外試合の勝利よりも、むしろ「参加すること」自体を目的としたレクリエーション的な部活動と、とにかく部活動で成果を上げることを目的とした強豪部活動では、その取り組みにはかなりの温度差があり、保護者の部活動への関心や関わりもかなり異なっている。

　レクリエーション的な部活動においては、強豪部活動でみられるような体罰や過酷な練習はあまり行われていないが、事故のリスクが小さいとは決していえない。顧問が部活動に積極的に参加しなければ秩序の保てないような状態で、生徒たちだけで独自の練習を行うことになり、さまざまな不測の事態が起こり得るばかりか、緊急対応も不十分となりがちである。

　他方、その競技に十分な経験を有する教師が顧問となっている場合、その多くは自らの「選手としての経験」を頼りに、自分の行ってきた練習方法をそのまま生徒たちに課していることが少なくない。その教師が学生時代に時代錯誤で非科学的な練習を経験してきていた場合、顧問となってからも、それを確信的に繰り返しがちである。しかし、もともとその教師は競技者として優秀であり、身体能力も高い「アスリート」であるため、弱者への目配りが十分になされない傾向がある。今の子供の体力や運動能力などを考慮せず、生徒にとってはただ苦しいだけの過酷な練習を「勝利への方程式」として課すような場合、大きな事故につながるリスクを常に有しているといわざるを得まい。

2) いい選手がいい指導者になるとは限らない

　欧米では、「いい選手がいい指導者になるとは限らない」という考えの下、スポーツ指導者を志す者には「現役時代の競技成績」を考慮することなく、科学的コーチング方法やスポーツ医学などを必修とした厳しい資格試験を設けていることが少なくない。それは、スポーツ指導者の誤った指導が子供の身体や精神にとってはなはだしく有害な影響を及ぼすもので、いかに危険なものであるかということが十分に理解されているからである。

　たとえば、英国クイーンズ大学ベルファストの公衆衛生学教授で医師のDomhnall MacAuleyは、著名なスポーツ医学雑誌The British Journal of Sports Medicineに、「スポーツにおける児童虐待」("Child Abuse in Sport", MacAuley, 1996) という論文を寄稿し、「スポーツで子供たちは身体的虐待と情緒的虐待の両方を受けやすい」と警鐘を鳴らすとともに、「子供にとってコーチや教員は非常に重要な人物であり、メンター、理想の父親像、権威者でもある。彼らはチームを選び、トレーニングを課し、スポーツでの彼らの成功に大きな影響力をもっている。子供たちもまた、職員やコーチの要望に対して、親たちがどのように対応するのか、しばしばどのように屈するのかを理解しており、したがって、子供たちは彼らに、自分の親たちよりも高い権威として認知されるであろう。重要で影響力、権威のある人物が本質的に間違っていると彼らが認知するようなことを行った場合、甚大な感情の葛藤が起こる。そして児童虐待のほとんどのケースにおいて被害者たちは、それがなんらかの自分たちの過ちであるという罪悪感を抱いている」として、児童が、コーチへの信頼と、それに反する理不尽な仕打ちとの間でがんじがらめになり、親や他の大人にそれを告発できない困難な立場におかれる状況を明らかにしている。

　したがって、スポーツ指導者として適切なトレーニングを受けていない「体育系教師」が、現役時代の競技成績のみに頼ってあたかも独裁者のようになり、一切の意思決定を取り仕切るような部活動は、きわめて危険である。部活動は、しばしば、校内でも関係者以外の目が届かない環境となる。こうした「閉じた空間」では、外部からみれば「異常」なことが日常となり、「異常」という感覚が麻痺するのである。こうした環境下において事故が起きた場合、部員たちは事故の起きた生徒を「ドジな奴」とみなし、場合によっては部活動を休止させた「悪者」のように感じるかもしれない。そして、事故の被害者であるはずの生徒やその保護者は、学校や部活動を支援する保護者たちから疎外され、孤立することになる。

こうした最悪の事態を生み出す部活動に対しては、外部から風穴を開けることがなんとしても必要であり、非科学的で有害な練習方法は即刻見直されるべきである。また、そのスポーツが生徒に及ぼす影響や危険性、効果的な練習方法についての正しい知識をもたないままに、ただ前任者のトレーニングを踏襲するだけという「知識、経験のない顧問」にも同様に、正しい知識の習得が求められる。そこで、部活動の顧問となる以上は、学童期・成長期の子供の身体特性や許容できる身体負荷の限度、効果的なトレーニング方法など、適切な部活動運営について学ぶ研修を必修化するべきである。

5 ● 名古屋市立向陽高校の柔道死亡事故とその後の対応・取り組み

1) 事故の状況

高校1年生のS君は、高校入学から柔道を始めた初心者であった。2011年6月15日の事故当日の練習は、いつもと変わらず柔軟運動、回転運動から始まり、やがて乱取り練習となった。そこでS君は、体格の大きな部員から大外刈りで投げられ、受け身をとり損ねて後頭部を畳に打撲した。

柔道部の顧問は、頭部を打撲した際には練習を中断し即休息をとるよう、日頃から部員たちに周知させており、S君はすぐに隅の安全な場所に移動し、休むこととした。しかし数分後、S君は突然立ち上がり、歩こうとしてふらつき、意識を失って倒れてしまったのである。

顧問はただちに救急車を要請し、S君は大学病院の脳神経外科に搬送され、急性硬膜下血腫と診断されて緊急開頭手術を受けた。

事故発生当日、事故の報を受けた校長・教頭の指示によって、学校側は事実の把握に努めようと柔道部員たちから大まかな事情を聴き取った。

2) 事実確認・家族への報告

事故当日は手術が深夜にまで及び、また家族の動揺が大きかったため、学校側はまず謝罪のみを告げるにとどめた。そして翌16日の面会時間後に校長は家族と会い、S君の病状を十分に聴き取った後で、前日、部員らから聴取した報告内容をそのまま家族に伝えた。

そしてその後学校では、前日よりも詳しく、事故の経緯の聴き取りが行われた。またS君の家族は部員全員との面談を希望しており、校長は家族の心情を酌み、ただちに了承した。部員の保護者たちには、医師に正確な受傷状況を伝

えることで、治療の役に立つかもしれないと説明し、全員が「S君だけではなく、みんなの事故だと考える。協力してもいい」と理解を示してくれたという。

しかし翌17日になって、1人の保護者が子供への影響を心配し、家族との直接対面を断ってきた。そこで校長は苦肉の策として、「筆談方式」での対話を考え出した。

翌18日、学校を訪れた家族に事故時の生徒同士の位置関係などを示した「道場の状況図」1枚、当日の状況を時系列でまとめた「当日の経緯」と題するプリント1枚が渡され、家族がその紙に目を通したうえで、疑問があれば質問を紙に書いて先生に手渡し、別室にいる生徒がそれに対する答えを書く、という方法で、2時間足らずの間、家族は部員たちが把握する限りの事故状況の説明を受けることができた。当時を振り返って、S君の母は「わかることはほぼ出尽くしたんじゃないかと思います」と語っている。

3）学校側による「謝罪」

校長は事故直後、家族との対面前、教頭に対し「ご家族には、なにも隠さず誠実に当たろう。それしかできることはない」といい、教頭もまったく同じ気持ちであることを確認し合っていた。そして、この「すべて誠実に対応する。なにも隠さない」という合意は、当たり前のように他の教職員、さらには市教委にも受け入れられたのである。

そのため、学校側、ことに校長や教頭からの家族への「謝罪」の言葉は、事故直後から現在に至るまで、何度も出た。事故当日、校長は家族に会って開口一番「学校で起きたことは、すべて学校の責任です。本当に申し訳ございません」と深謝した。また、事故の翌日からは、可能な限り校長と教頭が揃って、必ずS君の容態を聴きに病院を訪れた。そしてS君が個室に移り、面会が自由となった後は、午前と午後の必ず2回、土日も休むことなく、校長、教頭、顧問、担任の4人が見舞った。このように頻繁に病室を訪れることができたのは、病院が学校のすぐ近所にあったということもあるが、校長をはじめとする教職員らの人柄、そして上記の「すべて誠実に対応する」という固い意志によるところが非常に大きいといえよう。

「当時はとにかく、毎日S君に声をかけて『引き戻したい』という気持ちしかありませんでした」と当時の校長は振り返る。事故直後から気持ちを定めていたため、起こったことは起こったこととして受け止め、後はS君が元気になることだけを考えることができたのだという。

校長らは、意識の戻らないＳ君の容態の一進一退に家族とともに一喜一憂し、「ガンバレ、先生と一緒に学校に戻るんだぞ！」「先生、あきらめないよ！」と声をかけて励まし続けた。そうした毎日の先生たちの力強い呼び掛けに、不安と心配のうちに付き添う母も「もしかしたらＳには本当に聞こえていて、いつか学校に戻れるかもしれない」と、勇気と希望を与えられたという。39日間に及んだＳ君の「生きる」闘いの間中、校長らは心の底からＳ君を激励し続けたのみならず、折に触れて家族に対し「本当に申し訳ない」との慚愧の言葉を口にした。そして、とうとうＳ君が亡くなったときには家族に、そしてＳ君のなきがらに対して、「3年間学校に通わせてあげられなくて、本当にごめん」と涙を流したという。

　そしてＳ君の死後も、校長たちは、新任の校長と交代するまで、月命日の前には欠かさずお焼香に訪れ、そのつど心からの謝罪の言葉を遺族に対して述べている。

4) その後の遺族対応

　Ｓ君の死後も、学校側は遺族に対し「在校生の保護者として」接し続け、学校行事の案内や活動内容の報告などと、何度かＳ君宅を訪れている。そして、Ｓ君の担任はそのままもち上がり、クラスの名簿の最後にＳ君の名前を載せたままにした。そうした流れであったため、Ｓ君の卒業年度の最後には、入学当時のＳ君の顔写真が掲載された卒業アルバムと卒業証書が自然に用意された。卒業式に呼ばれたＳ君の母は、「会場の隅ででもこっそりと渡されるのだと思っていたのに、代理として壇上で受け取るよう促されただけでなく、授与の際には会場いっぱいの拍手をいただいたので、本当にびっくりしました」と語ってくれた。

　向陽高校の教職員たちは、Ｓ君の卒業という節目まで、遺族に対し本当に「温かく、人間らしく」接してきている。この点につきＳ君の母は、「子供がいなくなって、姿がなくなっても、学校に子供の居場所を残してくださったので、『うちの子はちゃんと向陽高校の生徒でいられるんだ』という気持ちを持ち続けていられました」と語り、学校事故被災者は最後まで学校に在籍させてあげるということが大事であると指摘する。

　ただしこれは、他の学校事故の被害者たちからすれば異例なことのようだ。部活動での学校側の管理過誤によって高校生の娘が熱中症を発症し、寝たきりの状態となった兵庫県のあるご家族は、娘の意識は戻らないままではあったが、

「せめて同級生の卒業式に連れて行って友達に最後のお別れをさせてあげたい」と学校側に懇請したにもかかわらず、「休学中の生徒は一切学校敷地内に入れない」と冷たく言い放たれたという。また、生徒が死亡した場合、親になんらの説明もなく「退学扱い」として事務処理されることも少なくない。

子供が元気に通っていた学校で重大な事故に巻き込まれ、「行きたくても行けなくなった」のに、まるでその学校が「臭いものに蓋をするように」即座にわが子の学籍を抹消するということは、親にはなにより耐え難い。子供が被災するまでは、親は他の在校生の親と変わらぬ保護者であり、学校活動を応援し、支える地域住民の一人であったはずである。そうした地縁が被災とともに突然断ち切られるのであり、被災者の疎外感にともなう理不尽な思いは募る一方となる。

5) ヒューマン・エラーと対策

今回の事故では、学校部活動中の死亡事故という最悪の結果を引き起こした原因の一つとして、事故当時の「教職員間の情報伝達の不足」というヒューマン・エラーの側面が浮き彫りにされた。

事故の前にS君が部活動で頭部打撲を含めた軽微な負傷を繰り返しており、そうした情報が複数の教職員に認識されていたにもかかわらず、顧問には一切伝わっていなかったのである。向陽高校は、こうした学校側に不利ともいえる情報まで包み隠さず明らかにしたことで、その後の毅然とした対応と徹底した安全対策が可能となった。

学校管理下で生徒がケガをした場合、日本スポーツ振興センターへの申請を行うことで保護者に医療費が給付される「災害共済給付制度」がある。多くの学校では、申請用紙である『災害状況の記録』に必要事項を記載し保健室に提出することで手続きが開始されるが、向陽高校では、この用紙の最上段に「下記の項目について記入し、担任の先生および授業中のケガでは教科の先生、部活のケガでは顧問の先生の印鑑を押してもらい、速やかに保健室に提出してください」という注意事項を明記するようにした。生徒に関係するすべての教員が受傷状況を把握できるための独自の工夫である。現在、名古屋市の他の学校も、ほぼ同じ形式の『災害状況の記録』が用いられるようになっているという。

さらに向陽高校独自の安全対策として、週末に部活動で首から上のケガが発生した際には、担当の教員が『災害状況連絡』(図4) という用紙に受傷状況や部位、その際の対応、保護者への連絡の有無や病院受診の内容など、必要事

図4　向陽高校の「災害状況連絡」用紙

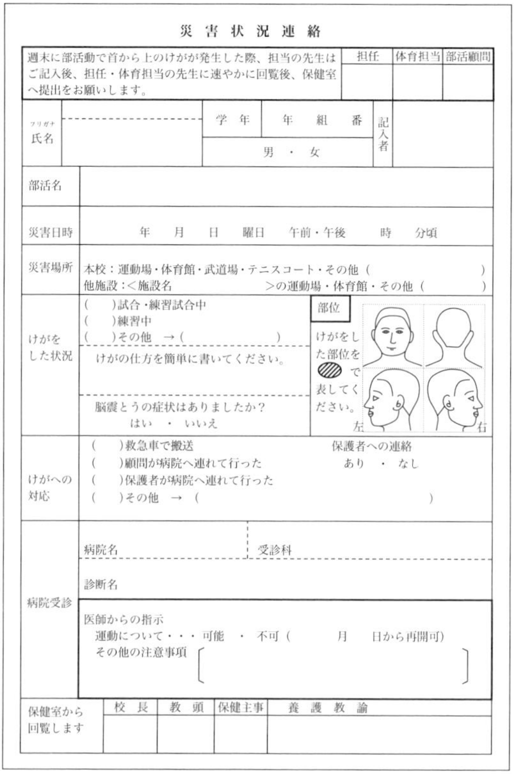

災害状況連絡

週末に部活動で首から上のけがが発生した際、担当の先生はご記入後、担任・体育担当の先生に速やかに回覧後、保健室へ提出をお願いします。	担任	体育担当	部活顧問

フリガナ 氏名		学年　年　組　番 男・女	記入者
部活名			
災害日時	年　月　日　曜日　午前・午後　時　分頃		
災害場所	本校：運動場・体育館・武道場・テニスコート・その他（　） 他施設：<施設名　>の運動場・体育館・その他（　）		
けがをした状況	（　）試合・練習試合中 （　）練習中 （　）その他　→（　） けがの仕方を簡単に書いてください。 脳震とうの症状はありましたか？ はい　・　いいえ	部位 けがをした部位を▨で表してください。 左　右	
けがへの対応	（　）救急車で搬送 （　）顧問が病院へ連れて行った （　）保護者が病院へ連れて行った （　）その他　→（　）	保護者への連絡 あり　・　なし	
病院受診	病院名　受診科 診断名 医師からの指示 運動について・・・可能　・　不可（　月　日から再開可） その他の注意事項〔　〕		

保健室から回覧します	校長	教頭	保健主事	養護教諭

項を必ず記載したうえ、担任・体育担当・部活動顧問へと回覧した後に保健室に提出するというルールが徹底された。そして、この『災害状況連絡』が保健室に提出された後はさらに、学校長・教頭・保健主事・養護教諭全員へも回覧されるようになっている。そのため、頭頸部の詳細な受傷状況はもちろん、医師による運動復帰への意見やその他注意事項についても、多くの教職員が情報共有できるようになっている。

これらの取り組みからはS君の事故を教訓とした、学校をあげての強い意志が伝わってくる。このように、学校現場が「隠さない、ごまかさない」という姿勢を貫くことが、やがては被災者を含めた保護者の信頼を得ることにつながるのである。

6) マニュアル作り

　実は、S君の頭部外傷は、たった1度の投げ技が原因ではなかった。S君は柔道部入部後に2度も頭を打ち、頭痛を訴えていたなかで、3度目の頭部打撲を受け、今回の致死的な急性硬膜下血腫を発症したのである。こうした経緯に鑑み、安全指導検討委員会による事故調査において複数の専門家によって、本件受傷は複数回の脳震盪が起因した「セカンド・インパクト症候群」（本節3-3）参照）であったと判断された（名古屋市柔道安全指導検討委員会，2012）。これは、すべての関係者の脳震盪に対する無知と軽視から起きてしまった悲劇であったといえる。

図5　名古屋市教育委員会発行の冊子

　そこで名古屋市教委は、学校現場の柔道指導者に頭部外傷への啓発の目的で、これまで作成していた『柔道の安全指導の手引き』の改編作業を行い、あわせて保護者用の『初心者のための柔道』のリーフレットを作成し、全柔道部員に配布した。さらに2014年春には、運動部活動の指導者に向けて『適切な部活動指導』のマニュアルを作成し、部活動において注意すべき医学的コンディションや救急対応の方法などに加え、脳神経外科学会による脳震盪に関する最新の医学知見と提言を盛り込んだ。

　図5は2015年3月に、新たに名古屋市教委が発行した冊子『これだけは知っておきたい〜安全な運動部活動のために〜』であるが、運動部活動のスポーツ外傷・傷害の実態の発生原因や予防法、適切なトレーニング方法などについて、名古屋市立大学大学院の医学研究科整形外科の監修でわかりやすく解説されているものであり、本節でも大いに参考にさせていただいた。

7) 練習内容の見直しと講習会事業

　柔道部の練習内容は、事故の直後から徹底的に見直され、基礎的な運動や体力づくりに重点がおかれるようになった。さらに事故のあった年の夏休み中には柔道部員の保護者向けに「柔道部練習見学会」を開催し、その後は、県柔道

連盟所属の外部講師が名古屋市内の希望する中学・高校に出向いて「柔道部活動巡回指導」を行う講習会事業をスタートさせている。また、体育教員や武道の部活動顧問を対象にした「武道における安全指導講習会」も、これまでに複数回実施されてきており、筆者も2014年と15年に講師として招いていただいている。

このように、向陽高校および名古屋市教委は「起こってしまった事故」を契機として部活動の安全指導へと熱心に取り組んできており、自治体が自発的に行った部活動安全対策としては他に類をみないほど徹底したものだと評価できる。名古屋市にできたことが、他の自治体にできないはずはない。事故を未然に防ぐための取り組みとして、重大な事故が起こる前に、ぜひ参考にしていただきたいと切に願う。

6●事故への対応

1) 部活動事故の考え方

当然のことであるが、部活動において事故は、起きないことがいちばんである。しかしどのように注意をしていても、事故は「起きてしまう」ものでもある。

図6は、事故はいくつかの要因が偶然つながったときに起こるということを図式化した「スイスチーズモデル」というものである。危険と人との間に防護壁（スライスチーズ）を何枚も重ねると、危険が人に到達する可能性は低くなる。しかし、いかなる防護壁であっても完璧なものはなく、どこかに穴が必ずある。後から考えると、重大事故のほとんどは、さまざまな防護壁の穴をたくみにかいくぐって起きてしまったことがわかる。

部活動の事故においても、「どこか一つの防護壁が完全に機能していれば起きなかった」と思われるケースが少なくない。つまり、

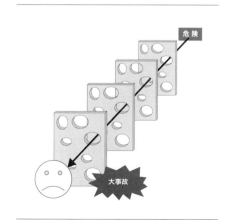

図6　スイスチーズモデル

「複数の要因が重なって起きた事故」は、「どの要因が欠けてもその事故は起きなかった」と考えるべきなのである。それは、被災生徒の体調であったり、器具や運動場のコンディションであったり、保護者や顧問教員の注意であったり、他の部員の「気づき」であったりする。向陽高校の事例では「脳振盪の知識の不足」と「教員間の連絡体制の不備」が防護壁の穴となってしまった。したがって、学校管理者や部活動顧問は、できる限り早期の段階で一つでも多くの「穴」に気づき、事故を防ぐための努力を怠ってはならない。

2) 迅速な救急措置──生徒の命・安全が最優先

　事故が発生した場合、いかなる事情よりも、生徒の安全が最優先されるべきである。部活動顧問は常日頃から、生徒が頭や首、背中などを強打したような場合や、なんらかの異常を覚えたときにはただちに申告するよう、部員たちに徹底しておく必要がある。実は、異常事態をいちばん認識しやすいのは、本人ではなく周囲の仲間たちであるといわれている。したがって顧問は、当該部活動で起こりやすい障害や外傷について部員全員に十分理解させておくべきである。

　異常の申告があった場合、ただちに安全な場所で安静にさせ、慎重に様子をみる必要がある。とくに頭を打ったような場合には、生徒の意識状態や認識度を注意深く査定し、少しでもおかしなところがあればためらうことなく救急車を呼ぶべきである。また、異常が認められないようにみえても、その日の練習は中止させ、自宅で安静にさせるようにする慎重さをもちたい。この場合、保護者に連絡して自宅での経過観察を依頼しておくことが望ましい。

　前述したように、脳震盪を軽視することで、致死的な病態に発展することが少なくないため、部活動指導者は脳震盪に関する正しい知識と対応を知っておくべきである。日本ラグビーフットボール協会が発行し、ホームページでも公開している脳震盪診断ツール「SCAT 2」を参照し、あらかじめ部員にも配布しておくとよいであろう（FIFA, 2012）。

3) 事実確認

　事故に関する事実確認は、できる限り迅速かつ確実に行われなければならない。事故関係者の記憶は、日を空けるごとに薄められ、汚染されてしまうため、できれば事故の直後に、事故の発生した現場で、その現場に居合わせた教員・生徒の全員に対して、「いつ、なにをみたか」「そのときどう思ったか」などに

ついての聴き取りが行われることが望ましい。生徒の動揺が大きかったり、特定の生徒の故意や過失が原因となっていると思われるような場合であっても、管理職や顧問は、できるだけ生徒たちの心情に配慮しながらも、「今後の事故の検証や家族への報告のために必要である」ということを丁寧に説明し、だれかを責めたり、責任を追及することが目的ではないということをしっかりと理解させ、安心させたうえで聴き取り調査を行う必要がある。

　学校側は、保護者の立場に立って、「もし自分の子供が同じ事故に遭ったら、知りたいと思うであろうこと」を、できるだけたくさん情報収集すべきである。もちろんその際に、誘導や圧迫のようなことがあってはならない。学校側に有利であれ、不都合であれ、「事実は事実」と割り切って、真摯な態度で、事故に関係した先生や生徒たちの協力を求めることが、管理職・教員としてのあるべき姿である。

　「何が起こったのか」を、迅速かつ正確に収集し、把握しておくことは、保護者の「知る権利」の充足による対立関係の回避はもとより、事故から年月が経ってからの関係者のたびかさなる呼び出しなど、関係者の負担を最小限にすることができ、事故の原因調査を容易にし、学校にとってもメリットになることは多い。したがって学校は、起きてしまった事故の原因究明に真摯に取り組み、誠実に説明責任を果たすことで、学校への信頼を維持することに努めるべきである。そこには、隠蔽や捏造などの細工が入る余地はない。

4）被災者家族の「知る権利」

　筆者は長年法医学という領域で仕事をしていた。法医学とは、不慮の死を遂げた方々を解剖することで死因の究明を行う医学である。そこで解剖後、遺族の大多数がまず知りたがることは、故人が「なぜ死んだのか」よりも、「死に際して、苦しんだかどうか」なのである。そして苦しまなかったと聞くと、本当にほっとした表情をされるし、苦しんだかもしれないと聞くと、故人が味わったであろう痛みを想像し、打ちひしがれているようにみえる。そうして、ようやく遺族は事実と向き合い始めるのである。

　学校事故の場合でも、自分の手の届かない場所にいるわが子が、事故のときどのような風景をみて、なにを思い、どのような痛みを感じたのかを、家族は知りたいと切実に願う。知ることができてはじめて、そのときのわが子と同じ痛みや苦しみを味わい、自分が代わってあげたかったと心から悔やみ、守ることができなかったことをわが子に詫びたいのだ。それは、つらい事実を受け入

れるための本能的な欲求といえる。

　しかし、学校が家族のそうした心情を汲み取ることができなければ、家族の真実追求は「学校への脅威」とみなされることとなる。学校にとって家族は、学校の落ち度を突いて責任追及すべく、虎視眈々と狙っているように感じられるのである。そのため、学校関係者による情報の改ざんや選別がなされることになる。

　「学校は、子供だけでなく、その子供が学校にいる間の情報をも独占的に所有している」という事実を重く受け止めるべきである。そして「学校」を閉鎖空間にして、親が知りたいと切実に願っている「事故時のわが子の情報」を「学校の情報」とみなし、意のままにできると思い込むことは、家族にとってとてつもなく残酷な仕打ちであり、後々の信頼回復を不可能なまでに破壊する非常に危険なことである。

5）謝罪と法的責任

　運動部活動中の事故の場合、学校側としては、できるだけ「偶発的な事故で、誰にも落ち度はない」という方向にもっていきたいあまり、保護者への「謝罪」を頑なに拒む傾向がある。しかし保護者としては、信じてわが子を預けた学校、部活動で事故が起きたというショックに加えて、学校側が原因究明を怠り、事故状況の説明を曖昧なものにしたとすれば、保護者の不信感はきわめて強いものとならざるを得ない。保護者・被害生徒は、学校によって二重に傷つけられることになるのである。

　そこで事故を起こしてしまった学校側としては、最初に「学校管理下で起きた事故は、原因がどうであれ、学校側に責任がある」と腹をくくることが、こうした悲劇を生まないために重要となってくる。そのように考えることで、学校側は、まずは保護者に対して心からの謝罪をすることができる。向陽高校の事例が示すように、最初にこうした誠実な謝罪があれば、保護者の気持ちはいくらか落ち着くことができ、学校側としても、「事故の原因について可能な限り調査し、事実関係を明確にしたうえで、速やかに保護者に対して報告する」という毅然とした姿勢をとることができる。

　スイスチーズモデルが示すように、ほとんどの場合、事故は単一の原因に帰すことはできない。したがって、事故原因を究明するということは、個人責任を追及することとは大きく異なる。ヒューマン・エラーが前面に出る事故態様であったとしても、そこにいたるまでには多くの人やシステムが関わっている

ものである。それら、事故発生へと寄与したすべての原因を詳らかにすることが、真の意味での事故調査であり、保護者への謝罪と信頼関係の維持は、そうした「適正な」調査の第一歩となるのである。

「学校を信用してお子さんを預けてくださっていたのに、部活動において○○さんが重大なケガを負うことになってしまったことにつきましては、心から申し訳なく思っております。教職員一同、○○さんの一日も早いご回復を心から祈っております。今後は、きちんと事故の状況等につき確認したうえで、包み隠さず、誠意をもってご説明させていただきたいと思います。」

このような慰謝の言葉は、教師の立場であれば自然と出てくるものであるし、後から言質をとられ非難される筋合いのものではない。いかなる理由に基づくものであれ、生徒の身体の安全が損なわれたこと自体が、保護者の信頼を傷つけるに値するのであり、そのことについて謝罪するのは道義的に正しい行為なのである。

学校側が「謝罪」を行うことと、法的責任（損害賠償責任）を認めることは、別の問題である。換言すれば、道義的責任（管理者個人としての結果発生に対する謝罪）と法的責任（学校側の故意または過失と因果関係のある損害の賠償責任）とは同一ではない。確かに、学校側としては、後々の被害者側からの「謝罪したということは、自ら違法行為を認めたということだ」「あのとき非を認めたのだから、法的責任を負え」などの追及を恐れてしまう心情はわからないでもない。

しかし、事故調査すら行われていない事故直後の時点で行った謝罪を根拠として、学校側の違法行為の内容が決まるものではない。むしろ、法的にも「被害者の心情に沿う形でなされた謝罪」「本件事件を防止できなかったことについて申し訳ないと思うこと」は、学校側としては自然なことと評価される。判決においても、教員や教育長などの立場にある者が被害者に対し謝罪の言葉を述べたとの一事をもって、その内容を真実であるとみなければならないということではないと判断されている[1]。

そもそも、損害賠償は、公立学校管理下における事故の場合、国家賠償法によって、国または地方自治体（以下「国・自治体」）がその責任を負うのであり、訴訟となった場合、訴訟当事者は国・自治体となる。事故発生直後から学校側が被害者に対して謝意を表明したとしても、その謝罪内容によって国・自治体が負うべき責任が決まるわけではない。むしろ、学校側が一切の謝罪を避け、かたくなに責任逃れをすることで、保護者らの不信感をあおり慰謝料金額が増

額されたり、説明義務違反による新たな損害賠償請求が発生するリスクは高まるであろう。

　学校関係者においては、なにをおいても「最初に、誠実に謝罪する」ということが、徹底した事故調査と迅速な事情説明が行われるための突破口となり、学校の信頼維持のために不可欠であることを肝に銘じてほしい。

(南部さおり)

注

1)　損害賠償請求控訴事件：札幌高裁平成26年2月27日判決（ウエストロージャパン文献番号：2014WLJPCA02276003）、札幌地裁平成25年6月3日判決（『判例時報』2202号82頁）参照。

引用・参考文献

- FIFA『SCAT2（Sport Concussion Assessment Tool 2）』
  https://www.rugby-japan.jp/about/committee/safe/concussion2012/guideline/SCAT2.pdf
- Gronwall, D. and Wrightson, P. Cumulative effect of concussion. Lancet. 1975 November 22; 2(7943): pp.995-997.
- MacAuley, D. Child Abuse in Sport. Br J Sports Med. 1996 December; 30(4): pp.275-276.
- 名古屋市柔道安全指導検討委員会『名古屋市立向陽高等学校柔道事故調査報告書』2012.
  http://www.city.nagoya.jp/kyoiku/cmsfiles/contents/0000052/52831/houkokusyo.pdf
- 南部さおり『部活動の安全指導―先生方に心がけて頂きたいこと』名古屋市教育委員会スポーツ振興課、2014.
  http://judojiko.net/apps/wp-content/uploads/2010/03/bukatsu_anzen.pdf
- Nielsen, JM. Studies in traumatic amnesia. California Medicine. 1955 April; 82(4): pp.330-331.
- 日本臨床スポーツ医学会『スポーツの安全管理ガイドライン：安全なスポーツ実施に当たって』2005.
  http://www.rinspo.jp/repo_sei.pdf

運動部活動の事故をめぐる法律知識

1 ● 運動部活動中の事故の態様

　運動部活動中の事故というと運動部活動に参加している生徒が被災するというイメージを浮かべる人が多い。確かに、運動部活動に参加している生徒が被災して負傷ないし死亡する事故が多数であるが、運動部活動に参加している生徒が加害者になる場合もある。

　運動部活動中ではないが、小学校6年生が校庭のサッカーゴールをめがけて蹴ったボールが道路に飛び出し、オートバイで走行中の被害者が、これを避けようとして転倒し、受傷したことにより死亡した事案がある。被災者の遺族は、ボールを蹴った小学生が責任能力のないことを前提としてその両親に対して責任無能力者の監督義務者等の責任（民法第714条第1項）を問うた事故である。一審・控訴審は、両親の責任を肯定したが、上告審は、下級審を覆し、責任を否定した（最高裁2015年4月9日判決・裁判所ウェブサイト）。

　運動部活動中で運動部員が加害者側となる事故も少なくない。一例を挙げるならば、高校のグラウンドにおける陸上部の練習において、高校2年生が槍投げの練習をしていた際に、同じ陸上部員の左側頭部に槍が衝突した事案においては、訴訟では指導者の責任のみが問われたが、直接の加害者は運動部員自身である（神戸地裁2002年10月8日判決・裁判所ウェブサイト。指導者の責任を肯定した。過失相殺6割）。

　本節は、運動部活動の指導にあたる教員を対象としているため、被害者が運動部員である場合に限定することなく、指導者として、施設の安全性を確保し、安全な指導を行うためにどのような義務が課せられているかを解説する。

2 ● 学校管理下での事故の発生状況

　被災者が生徒の場合には、学校管理下における事故としては、日本スポーツ

図1　学校管理下の事故（2005〜2014年）

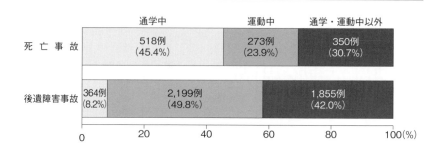

(出典：スポーツ振興センターの統計より作成)

図2　被災者の年齢別分布

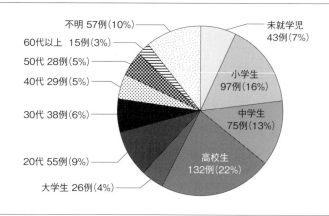

(出典：2016年6月，望月調査)

振興センター（JSC）の災害共済給付が支給される。そのため、災害補償給付請求書に記載された災害の概要を検討すれば、どのような場面で事故が生じているかがわかる。

　とくに予防しなければならない事故は、治療によっても快復しえない後遺障害を残したり、死亡にいたった事案である。JSCは、2005年から災害共済給付の死亡見舞金、障害見舞金を給付した事例をデータベース化して公開している。

　2005（平成17）年から2014（平26成）年までの死亡見舞金、障害見舞金

図3　死亡・重度の障害事故──学校種別・教育活動別割合（1998～2009年度）

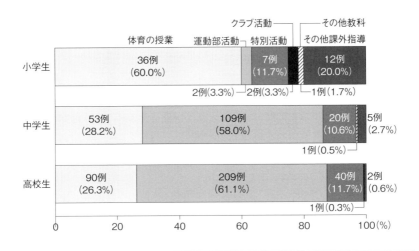

（出典：体育活動中の事故防止に関する調査研究協力者会議『学校における体育活動中の事故防止について（報告書）』p. 6、2012年）

を給付した事例の合計は5,559例（死亡1,141例、後遺障害4,418例）である（図1）。このうち、通学中の災害が882例（死亡518例、後遺障害364例）あり、その余の4,677例（死亡623例、後遺障害4,054例）のうち、運動中の事故として競技名あるいはスポーツの種類が記載されている事故事例は2,472例（死亡273例、後遺障害2,199例）ある。

通学中の災害以外では、運動中の事故が53.0％（死亡43.8％、後遺障害54.2％）を占めており、学校管理下の事故予防のうえで運動中の事故が占める割合が高い。スポーツ事故判例は、被災者が小学生から高校生の事案が51％を占める（図2）。運動部活動がある中学・高校では、運動中の事故は、運動部活動が体育の授業を上回っており、運動部活動における事故の予防活動が重要であることを示している（図3）。

3 ● 運動部活動中の事故に対する2つの誤った意見

運動部活動を含むスポーツにともなう事故が発生し、その再発防止を考えるときに2つの意見の対立が生じる（表1）。

表1　再発防止を考える際の意見の対立

〈猪突猛進型〉		〈石橋叩いても渡らず型〉
事故は避けられない	評価	事故が起こるような危険なこと
恐れずチャレンジしよう	対策	もうやめてしまおう
繰り返される事故	結果	体力の低下・危機回避能力の低下

　一つは、「猪突猛進型」の意見である。「スポーツは危険を内在しており、スポーツにともなう事故を皆無にすることは不可能である」という理由から、「事故を回避できなくてもやむを得ない」と評価し、対策としては「恐れずチャレンジしよう」ということになり、事故を繰り返す。指導者にみられがちな意見である。

　もう一つは、「石橋叩いても渡らず型」の意見である。スポーツ事故が生じると、当該スポーツは「事故が生じるような危険なこと」という評価をし、「そんな危ないことはやめてしまえ」と、スポーツ活動自体を否定する意見である。施設管理者の側にみられがちな傾向である。公園で安全性に欠ける遊具を原因とした事故が発生したときに、個々の遊具の安全性を検討しないまま、公園の遊具を全廃するというような対応は、まさにこの立場である。

　いずれの意見も正しくない。スポーツは、さまざまな身体的な活動をともない、その過程においてスポーツをする者が受傷する事故を完全に避けることはできない。とりわけ、ボクシングに代表されるように相手競技者にダメージを与えることを本質的要素とする格闘技や、競技者同士の身体接触やボールが身体に衝突することが予定されている競技では、スポーツ事故を完全に避けようとするならば、当該スポーツをしないという選択しかない。

　この意味では、スポーツは危険を内在し、事故を皆無にすることは不可能である。競技者は、一定のスポーツ事故については、当該競技に参加することで事故に被災する危険性を認識し、かつ、これを許容して当該競技に参加している。たとえば、野球においてデッドボールを、サッカーにおいて捻挫を、バレーボールにおいて突き指をしても、これらの事故は、競技者が危険性を認識し、かつ、これを許容しているものである。これらの事故は避けられない。これらの事故を完全に防ごうとするなら、野球もサッカーもバレーボールもできない。しかし、これらの事故は避けられなくても法的紛争となることはない。当該スポーツにともなう不可避な危険であり、スポーツをする者は、この危険が現実化した場合にも、その結果を許容したうえで参加をしているからである。

同時に、スポーツに参加した者が事故に被災した場合に、その事故の全てを参加者が許容しているものではない。スポーツに内在する危険でも、当事者がその危険が現実化することを許容していない事故については、不可避な危険とは考えられておらず、事故を回避できなかった場合には、法的紛争となる。野球においてキャッチャーや球審がマスクを着用せずにファウルボールが目に当たって失明する、あるいは、サッカーのゴールが固定されておらず、これが倒れ、下敷きになった者が死亡する等の事故は、回避することは可能であり、また、回避させずに事故を生じさせれば法的紛争となる。

スポーツにともなう事故を皆無にすることは不可能であるが、これはスポーツにともなう事故の全てが回避不能である、ということと同一ではない。「猪突猛進型」の対応では、回避可能な事故を回避することなく、繰り返し生じさせてしまう点において正しくない。

スポーツでの事故を予防するためには、個々のスポーツ事故の原因を分析し、対策を立てることが必要である。

野間口英敏は、危険の予見回避能力の高め方として、①判例から学ぶ、②事故報道から学ぶ、③専門書から学ぶ、④「指導者」から学ぶ、⑤経験・体験から学ぶ、ことを指摘している（野間口，1988）。

4●事故の原因は「無知と無理」

野間口は、「判例から学ぶ」ことを冒頭に挙げているが、判例が存する事案は、判決手続のなかで事故態様が特定され、どの時点でどのような対応をしていれば事故が回避できたかが責任関係の判断のなかで示されているものであり、「失敗から学ぶ」教材としてはもっともすぐれているものの一つである。さらに、「事故報道から学ぶ」こと、「専門書から学ぶ」ことが指摘されているが、私の経験では、これら3点の事故予防策を十分に行っている指導者は少数といわざるをえない。現場の指導者は、「指導者」から学ぶ、「経験・体験から学ぶ」という部分に頼っているというのが現状である。

静岡県の中学校において、2004（平成16）年1月、昼休みに強風で地面に固定されていなかった鉄製のサッカーゴール（横7.5m×縦2.5m×奥行き1.9m）が転倒し、3年生男子生徒がその下敷きになって死亡した。その後に、当該校の校長が自殺をするという二重の痛ましい事故が生じた。この事故の報道のなかで、30年以上の体育教員歴があるという教頭（53歳）は「予想外の出来事だっ

た」「まさか風でゴールが倒れるとは……」とコメントしている[1]。事故が生じた際に語られるキーワードの多くは、「予想外」「想定外」「まさか」である。確かにこの教頭は、風でサッカーゴールが倒れるという事例を知らなかったのであろう。指導者が、知っていなかったということと、客観的に、同種事故が生じていないということはまったく異なる。

　静岡県の中学校の事故が生じる4年前には、和歌山県において同種の負傷事故が生じていることが報じられている。事案は、和歌山市内の中学校で行われた「和歌山県サッカーフェスティバル」において、強風（最大瞬間風速26.5m/秒）で地面に固定されておらず、転倒予防のためのおもしも使用されていなかった鉄製のサッカーのゴール（横7.3m×縦2.4m×奥行き2m）が前方に倒れ、シュート練習中のサッカー部員1年生がゴール上部の枠で後頭部を打ち、負傷したことが報じられている[2]。

　また、1997（平成9）年には、隣接する市（現在は合併により同一の市）において、体育の授業中、中学3年男子生徒が鉄製のハンドボールゴール（横3m×縦2.1m×奥行き不明）にぶら下がっていたところゴールが転倒して死亡する事故が生じていたことが報じられていた[3]。さらに、2000（平成12）年7月4日に、当時は報道はされていなかったが、2004（平成16）年の事故が発生した中学校からわずか5kmしか離れていない同じ市内の中学校で、突風でサッカーゴールが転倒し、中学3年男子生徒が左足を骨折する事故が生じていたことを教育委員会は把握していたのである。

　これらの過去の事故が生じた際に、そのつど、(1)事故態様を明らかにし、(2)事故が生じた原因を分析し、(3)事故を再発する防止策を講じることが重要であるにもかかわらず、これらの対策が実施されることはなく、事故後の対応としては補償問題にしか目がいかないという事案が少なくない。

　失敗から学ぼうとしないために事故が繰り返されている。

　遅きに失した感があるが、文部科学省も2009（平成21）年3月、「学校施設における事故防止の留意点について」[4]を公表して、「サッカーゴール、バスケットボールゴールやテント等が、強風や児童生徒等の力により転倒しないように、杭等により固定したり、十分な重さと数の砂袋等で安定させたりする等、転倒防止のため配慮することが重要である」「サッカーゴール等重量のある移動式の器具の移動時における事故を防止するため、教員等が指導した上で、安全に移動させることが可能な人数を集めることや、経路の安全性を事前に確認する等、配慮することが有効である」(p.63)と注意を喚起した。

運動部活動中の事故に限らないが、事故の原因ないしその背景には、「無知と無理」がある。FIFA（国際サッカー連盟）の競技規則ではサッカーゴールは固定することが定められている。ハンドボールゴールも同様に固定されていることが競技規則で求められている。しかし、学校のグラウンドにおいては、固定式のサッカーゴールやハンドボールゴールが採用されず、移動式のゴールが多数であることは公知の事実である。

　このような現状の背景には、学校のグラウンドは多種類の競技で、多目的に使用されるため、固定式のサッカーゴールやハンドボールゴールは現実の使用方法として無理があるからである。移動式のサッカーゴールやハンドボールゴールを使用せざるをえない現状に対して、固定したり固定を解除する容易な方法を示すのであれば体育館のバレーボールコート用のポールの固定方法等が一つの参考となるであろう。このような方法を示すことなく、「杭等により固定」することを求めるという方法は、学校の現場に「無理」を強いることでしかなく、事故の予防として適切な手段とはいいがたい。

　同様に、「十分な重さと数の砂袋等で安定」させる方法が示されている。現在市販されているサッカーゴールの素材はアルミ製であるが、それでも重量は170kg程度のものが多い。この170kg程度のアルミ製サッカーゴールを安全に使用するためには、平均風速5m/秒、10m/秒、15m/秒の場合に、「5kgの砂袋を使用するとして、いくつの砂袋を、どのように配置しなければならないのか」という質問が、現場の指導者やグラウンド管理者から当然出てくると予想される。しかし、教育委員会あるいは文部科学省のなかで、この質問にエビデンス（根拠）を示して回答できる人はいるのだろうか。私自身も答えをもっていない。私自身、砂袋の総重量、配置の仕方をサッカーゴールと風速との関係で実験を行ったことはなく、エビデンスを示すことができないからである。

　同様に強風による転倒が予想されるため「サッカーゴールの使用を中止する風速はどの程度か」と質問されても、私は同様にエビデンスを示して回答をすることはできない。

　文部科学省は、「サッカーゴール等重量のある移動式の器具の移動時における事故を防止するため、教員等が指導した上で、安全に移動させることが可能な人数を集めること」を指導しているが、それでは、上記の一般的な移動式サッカーゴールを平均的な体格と体力の高校3年男子生徒が移動させるときに、「安全に移動させることが可能な人数」とは何人で、ゴールのどの部分に生徒を配置するのか、移動方向と生徒の向きはどのようにするのか、教員等が指導を求

められている具体的なガイドラインは明確ではない。

　安全対策は具体的な基準を示す必要がある。同じ強風による事故に対しては、労働安全衛生分野では、労働安全衛生法の下で労働安全衛生規則等の多数の規則・省令・通達等により具体的な基準が定められている[5]。労働現場では、強風時で危険が予想されるときは、当該作業に労働者を従事させてはならない（労働安全衛生規則第151条の106外）と定め、強風の定義については、10分間の平均風速が10m/秒を超える場合と具体的に規定している（1959年2月18日・基発101号）。

　運動部活動を含むスポーツにおいては、労働安全衛生と異なり、「安全に注意しよう！」というスローガンだけで、事故を予防するための具体的な基準がない。これが、スポーツにおいて事故を減少させられない要因と考えている。

　文部科学省が2009（平成21）年3月、「学校施設における事故防止の留意点について」を公表した後も強風下での同種事故は発生し続けている。愛媛県の小学校では、2009（平成21）年11月2日、強風（最大瞬間風速14.4m/秒）でサッカーの鉄製ゴールが倒れ、小学4年の男児にあたり重傷を負った。校長は、「サッカー大会を控えて練習をしていて、ゴールを移動させていたため、固定していなかった。事故当時は強風だったが、倒れないと思った。（認識が）甘かった」と述べている。この事故を受けて、町教育委員会は、初めて、同町内の小中学校に対し、強風によるサッカーゴール転倒防止（遊具を含めて）の注意喚起を文書で通達し、今後の対応について、「強風注意報発令の場合等について、（固定する）基準を設けたい」と述べていることが報じられた[6]。

5 ● 運動部活動での事故を予防するための想像力

　ここまでの記述を読んでいて、指導者のなかには「私はサッカーの指導者でもなければハンドボールの指導者でもないから」と他人事のように考えている人がいないだろうか。

　野球部の指導者であれば、サッカーでの強風による事故事例をみて、自身が指導する競技ではどのような事故が生じるだろうか、という発想がないと有効な事故予防はできない。静岡でサッカーゴールが倒れて生徒が死亡し、校長が自殺をした事案は、新聞で全国に大きく報道されたが、愛媛県の小学校では、他県の事例を活かせずに重傷事故が生じている。同じように、他の競技を他人事のように考えていては、事故予防には結びつかない。野球ならば、移動式の

バックネット[7]、防球ネット[8]の強風による転倒事故がすぐに想像できる。さらに、次には固定式バックネットだったらという想像が求められる。鳥取県では、固定式の防球ネットのネット部分の固定が十分でなく県警職員（29歳）が自転車で走行中、風にあおられたグラウンドの防球ネットに接触して転倒、脳挫傷で死亡している[9]。

運動部活動中の事故予防は、過去にどのような事故が生じているのかについて知るところから始まる。危険の予見回避能力の高め方は、「指導者から学ぶ」「経験・体験から学ぶ」だけでは十分ではない。「判例から学ぶ」「事故報道から学ぶ」「専門書から学ぶ」ことが必要不可欠である。

6●紛争になるような事故を防ぐ方法

事故自体を回避できれば紛争ともならない。この方法としては、施設の問題と指導の問題との両面がある（表2）。さらに事故自体が紛争の原因になるのではなく、事故の結果、重大な健康被害が生じることが紛争の原因となる。事故が生じても重大な健康被害を回避できれば紛争は回避可能である。たとえば、水中で溺れる事故は、一瞬で死亡にいたるものではない。「ジャスト４ミニッツ」といわれるが、溺れてから４分間以内に救助して、救命措置を講じることにより90％以上は救命が可能であるといわれている。近時、歯牙欠損の後遺障害が増加しているが、マウスガードの使用により歯牙欠損を回避できる場合があり、歯が抜けた場合等は、迅速に保存液に入れて、歯科での治療を受けることにより、歯牙欠損の後遺障害を回避することも可能である[10]。

さらには、競技ごとに避けられない事故が存在することについて、運動部員およびその保護者との間で認識を共通にする努力も不可欠である。歯牙欠損の後遺障害（2005〜2014年）は、競技別には、１位が野球、２位がソフトボー

表2　事故を回避するための視点

I	事故を生じさせない配慮		
	i　施設	1	危険な施設を放置しない/安全であるようにみせない
		2	施設の使用方法を遵守する
	ii　指導	1	正しい指導方法
		2	関係者の体調・健康状態の把握
II	事故が生じても大ケガなどの重大な結果としないための配慮		
III	避けられない事故を紛争にしない配慮		

ルである。野球・ソフトボールでは、イレギュラーバウンドのボール等が顔面に当たることが原因であるが、グラウンドの整備あるいは練習時には、守備練習を行う部員の技量に相応したノックにする等の注意を尽くしても、イレギュラーバウンドを100％避けることはできない。また、第3位はバスケットボールである。ボールの奪い合いの際に、相手方選手の身体の一部が顔面や顎に当たることにより生じるケースが多い等というように、競技ごとのリスクについての認識を共通にすること、また、適切な事故後の対応（とくに、被災者とその家族に寄り添う気持ちと態度）が、紛争化を避ける要因であることを知っておく必要がある。

(望月浩一郎)

注

1) 「静岡新聞」2004年1月14日。
2) 「読売新聞」2000年12月25日。
3) 「静岡新聞」1997年1月17日。
4) https://www.nier.go.jp/shisetsu/pdf/jikoboushizentai.pdf
5) 『労働安全衛生関係法令集』(平成24年度版・労務行政研究所)は、B6判で2,400頁である。
6) 「毎日新聞」2009年11月5日。
7) 「読売新聞」2010年3月13日を参照。
8) 「読売新聞」2013年5月1日。硬式野球部の監督と助監督が業務上過失致死傷罪で書類送検されている。
9) 時事通信、1997年3月18日。グラウンドを管理していた町が遺族に和解金7,100万円を支払う和解が鳥取地裁で成立。
10) 日本スポーツ振興センター(「学校の管理下における歯・口のけが防止必携」2008年)を参照(http://www.jpnsport.go.jp/anzen/anzen_school//taisaku/tooth/tabid/105/Default.aspx)

引用・参考文献

● 野間口英敏『体育・スポーツ指導の安全』pp.59-72、御茶の水書房、1988.

第4章

運動部活動の指導に活かす スポーツ医科学

1. 児童・生徒の発育発達と練習内容
2. スポーツ医科学の知見を指導に活かす
3. 生徒の悩みに向き合うスポーツカウンセリング
4. 運動部活動に活かすグッドコーチング
5. 生徒の動機づけを高めるコーチング

第4章 1

児童・生徒の発育発達と練習内容

1● 発育発達と指導

　運動部活動の多くの指導者は、チームや部員がいかに高いパフォーマンスを達成するかに主眼を置きながら、トレーニングの内容について日々熟慮していることだろう。その際、トレーニング効果の達成状況については関心が払われているが、それが児童生徒に適切だったかどうか、子供の発育発達のステージがどの程度であるかまでは考慮されていないのではないだろうか。

　学童期から高校生期まで、児童生徒の身体は急激に発育していく。発育は単純にサイズの増加だけではなく、成熟、つまり大人の体の機能を獲得していく時期でもある。また、友人との関係を含めた種々の活動・体験から、一人ひとりの能力も著しく変化・発達する時期でもある。この変化・発達は単純で画一的ではなく、一人ひとりに特徴があるのと同時に、発育の段階によっても全く異なる様相を示す。

　したがって、トレーニングは子供たちの発達の状況にみあった内容を実施するべきである。とくに小学校高学年から中学生の時期にかけては、大人のような体つきをした子供もいれば、まだまだ「子供」と感じるような体つきの子供もいる。そのような児童生徒に対して、画一的なトレーニングは不適切であり、彼らの発育状況や、運動能力の達成状況に対応したトレーニングを施す必要がある。本節では、科学的な知見に基づき児童生徒に最適な練習とはどのようなものであるかを概説していく。

2● 一般的な発育パターン

　最初に体の変化についてみてみよう。子供の身長は一般的には図1に示すような曲線で発育していく。発育速度に注目すると、身長は出生後1年間に

図1 身長の発育パターン

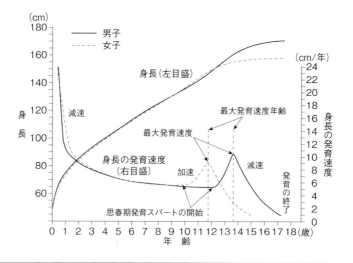

図2 体重の発育パターン

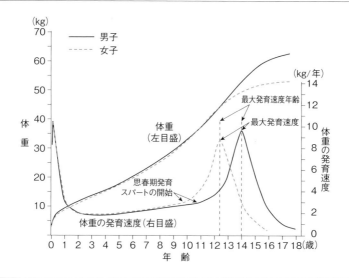

20cmと急激に伸びるが、その後は急激に減速して、3歳以降は年間5〜7cmの伸びとなる。その状態がしばらく続くが、女子では10歳から13歳、男子では13歳から15歳の間に年間発育量がふたたび急激に増加し始める。この急激な増加開始を思春期発育スパートという。またこの時期を発育急進期と呼び、男女の性的成熟も進むことから二次性徴ともいわれる。発育急進期にあらわれる、発育速度の最大値を最大発育速度と呼び、最大発育速度のあらわれる年齢を最大発育速度年齢という。最大発育速度出現後、発育速度は急激に減速をし始め、およそ2〜3年で速度が0に近づく。

　また、図2に示す体重の発育速度曲線をみると身長と類似した傾向を示すが、詳しく観察すると、3歳から思春期発育スパートまでの発育速度は身長では低くなるが、体重では高くなる傾向を示す。その後の思春期発育スパートで体重のピークは身長に比べて若干遅い。

　この一般的な発育のパターンは全ての人には当てはまらないこともある。多くの研究では、発育ピークを明確に確定できる割合を示したものも多く、その率は、少ない場合には40％、多くても80％程度であると報告している。これらの原因として、測定値に含まれる誤差や、測定間隔の問題が含まれている可

図3　身長―体重グラフ

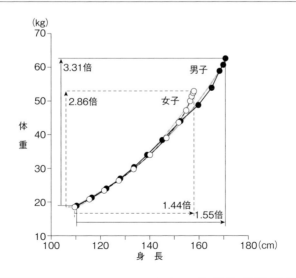

（出典：文部科学省, 2015）

能性がある。これらの誤差を含めた場合でも、一般的な発育パターンに合致しない場合もある。つまり、集団的な資料は個人の発育パターンとは異なる特徴を示すことを理解するとともに、発育の個人差が著しいことを理解する必要がある。

次に身長と体重との関係のグラフ（図3）をみてみよう。5歳では、男子は平均身長110.3cm、平均体重18.9kg、女子は平均身長109.5cm、平均体重18.5kgであるが、身長の伸び以上に体重は増加してゆく。17歳では、男子は平均身長170.7cm、平均体重62.6kg、女子では平均身長157.9cm、平均体重52.9kgとなる。体積は長さの3乗に比例して大きくなるので体重の増加量も同様になる。実際には17歳と5歳を比較すると、男子では、身長は1.55倍、体重は3.31倍、女子では、17歳の身長は5歳の身長のおよそ1.44倍であり、体重は2.86倍になっている。

運動による負荷は、体重をいかに支えるかであるので、この体重増加は運動の質そのものを変えてしまうと考えてもよい。幼児や小学校低学年の子供たちは体重が軽いので2mくらいの高さをなにごともなく飛び降りることもある。しかし、成熟を迎えると体重増加のためにケガのリスクが著しく大きくなってくる。このような変化もトレーニングでは考慮する必要がある。

3●スキャモンの発育曲線にみる部位別の特徴

スキャモンの発育曲線（図4）で知られるように、体の機能の発育発達時期はその部位、機能によって異なる。最初に発育するのは、脳、脊髄、神経回路などの神経系である。脳・神経系は6歳ぐらいで成人の約90％になり、10歳頃にはほぼ完成する。神経細胞の数は、胎児期に著しく増加し、生後の神経系の発達は、神経線維の連絡が増加することによる。また、胸腺、扁桃、リンパ節などのリンパ系器官は12歳前後でその大きさや活動が最大になり、その後は衰えていくという特徴的な発達をする。リンパ系器官は細菌やウイルスから身を守るためにたいへん重要である。骨、筋肉など、体の全体的な発育量は2～3歳ぐらいまで、および思春期において大きい。最後に完成するのは生殖機能である。体の大きさの発育と生殖器の発達は関連性が高く、胎生期に生じる一次性徴期、思春期に生じる二次性徴期の両者とも、体ならびに生殖器の発達が著しい時期である。

図4　スキャモンの発育曲線

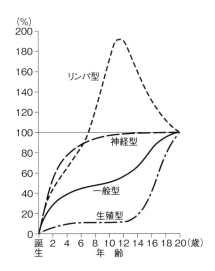

注）誕生から成熟期までの発育量を100％とした割合。

4 ● 神経系の成熟にともなう動きづくりの重要性

　神経系の発達は10歳ぐらいまでにほぼ成人のレベルに達してしまう。したがって、神経支配の高い「動き」や感覚の体得はこの神経系の発達期に培われる必要がある。実際にどのような動きを獲得する必要があるかについては、現在もっとも注目される研究内容であるが、実際には十分な研究成果が挙がっていない。

　しかし、筆者や専門家の中では経験的に紹介されている内容も多い。たとえば、前転、後転や空中回転のように身体の回転する感覚や、フィギュアスケートのスピンなどは日常の生活ではあらわれない運動であり、神経系の発達する時期に体得しておかないと、その後獲得することが難しくなるといわれている。

　運動以外では、リズム感の形成は5～6歳まで、数の「まとまり」の概念形成は幼児期に必要であるなど、能力獲得の至適時期あるいは限界などをさして「臨界期」といわれ、近年では「発達の節目」という言葉も使われるようになってきた。

5 ● 骨や骨格筋の成熟

　私たちの体の発育は、ただ単に骨の長さが伸びるだけでなく、体の諸構造の発達・成熟と連動しながら、成長している。たとえば、手根骨（手のひらの骨）は8個あるが、3歳ではほとんど軟骨であり、レントゲン写真では写らない。しかし発育とともに骨化し、13〜14歳頃までに成熟する（図5）。足根骨（足部の骨）もまた同様である。手根骨や足根骨の骨化の状態を用いて、骨年齢や成熟を評価する方法も開発されている（しかし、あまり普及はしていない）。

　小学生の時期には、手根骨や足根骨は十分に骨化しておらず、やわらかい軟骨である。ここでは特徴的な手根骨や足根骨を例示したが、骨や腱も同様の発育時期である。このような状態では、過度の運動負荷は身体に大きな負担をかけ、ケガのみならず発育不全を起こす可能性もある。

　図5の指の骨をみると末端部分に骨の写らない線状の隙間がみえる。これが骨端線であり、骨が伸びている場所である。この骨端線が閉じる[1]と骨の成長は止まり成熟する。レントゲンで骨端線が明確にみえていると、まだ発育段階であり骨は成熟していない。

　この段階での大きな負荷は適切ではない。骨端線が事故やケガで破壊されると伸長が止まる。他の骨は伸長を続けるので、将来的に骨の長さが異なる場合

図5　年齢別手根骨の成熟の状態

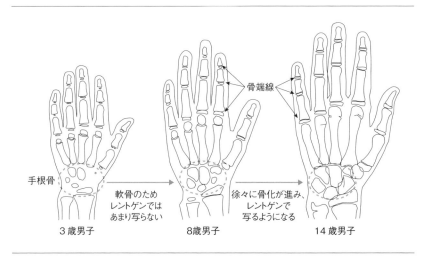

も出てくる。にもかかわらず、日本では早い段階から大きな負荷を与えがちである。たとえば、足根骨の十分に形成されていない時期にバレエのトウシューズをはくことは好ましくない。国際ダンス医科学会によると、12歳以降で解剖学的に適切な水準に達していること（Weissら、2009）を条件としている。しかし、日本では小学生でもトウシューズをはいてコンクールに出ている現状がある。

また、骨格と筋は同じタイミングで発育しない。思春期において骨の縦方向への発育スパートが筋や腱などの縦方向の発育スパートより早い時期に起こる。この時期には、筋腱複合体の両端（骨端）に過剰なストレスがかかると考えられている。この時期にボールを多投することやひねり動作をともなうような運動、たとえば野球で変化球を投げること、あるいはボールを蹴り過ぎることが傷害発生の要因となることは容易に想像できる。

6●発育ステージを考慮した運動機能の発達

身体発育と運動能力の発達の関係をめぐっては、宮下（1986）が示した運動発達の概念図（図6）が有名である。これは、身長発育のスパート以前、すなわち神経系の発達する時期に動作の習得が発達し、身長の発育のピークと同等に起こる呼吸循環系の発達する時期に、粘り強さ（持久力）が発達し、また、身長の発育に少し遅れて発達する骨格筋の発達時期に力強さが発達することを示している。

これらの現状を実証的に明らかにするために、國土（2014a）は体力運動能力テストの結果を用いて、発育至適時期の検討を行った。筋力の代表である握力の発達（図7）は、男女とも最大発育年齢後、半年から1年で最大発達速度に達する。これは宮下の力強さのタイミングと合致している。立ち幅跳び（図8）では2つのピークを示し、最初にあらわれる発達のピークは男女とも5歳ぐらいであり、2回目のピークは最大発育年齢の直後である。立ち幅跳びの特性を考えると、距離を跳ぶためにはパワーが当然必要になるが、前方に力強く飛び出すためには、良好な踏み切り動作の習得が必要である。つまり、5歳の頃にあらわれる最初のピークは動作の発達によって上手に踏み切れるようになるために生じ、最大発育年齢後のピークはパワーの獲得によるものであると解釈できる。反復横跳びの発達（図9）は敏捷性であり、体の調整力と動作の素早い切り替えが必要となる。発達のピークは6〜9歳であり、まさに宮下の動

図6 年齢に応じたスポーツに必要な能力の発達と目的

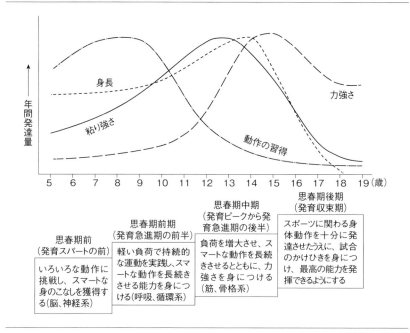

(出典：宮下，1986より一部改変)

図7 握力の発達

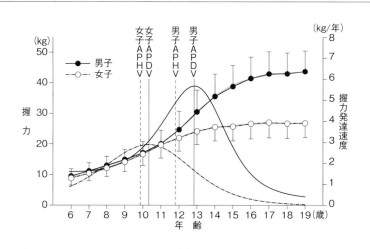

図8　立ち幅跳びの発達

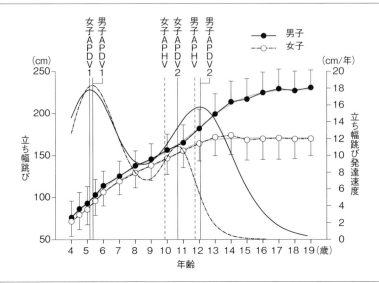

図9　反復横跳びの発達

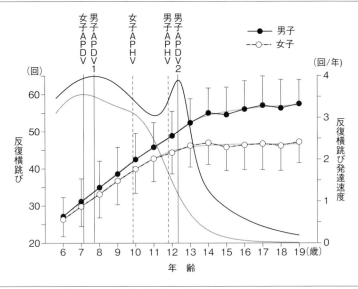

※APHV（Age at Peak Height Velocity）:身長の最大発育速度年齢、APDV（Age at Peak Development Velocity）:能力の最大発達速度年齢、APDV1：初めの能力最大発達速度年齢、APDV2：2度目の能力最大発達速度年齢

図10 各種運動能力の相対発達速度

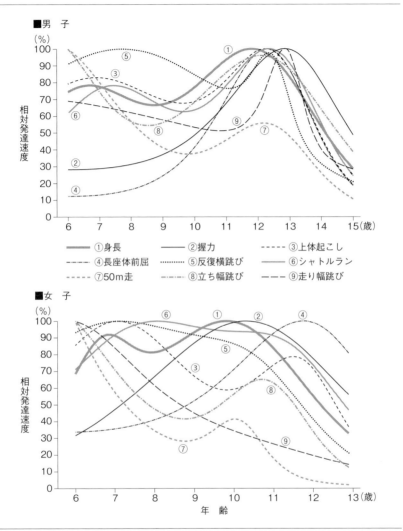

注）最大を100%とする。

作の習得時期にあたる。女子は最大発育年齢以降、発達速度が低下するが、男子では最大発育直後に再度ピークを示し、男女ではグラフの形状が異なっていた。

その他の運動能力の発達速度についても、最大発達速度を100とした相対発

達速度としてあらわしてみよう（図10）。男子においては、ほとんど全ての運動能力の発達速度が身長の最大発育速度年齢の直後にピークを迎える点が特徴的である。一方、女子ではピークは散らばっており、反復横跳びやシャトルランは身長の最大発育速度年齢前にそのピークを迎える。

　男子の特徴は宮下の発達概念図とは異なり、そのピークが一つの年齢に集まっているが、これは中学校での部活動の影響ではないかと推測する。中学校における男子の運動部活動の参加率はおよそ75％であり、女子の53％に比べて高い。このような高い運動部活動の参加率とそれにともなうトレーニング量の増大によって、この時期に最大発達速度を迎える運動能力が多い。

　女子においては中学校での運動部活動参加率が低いことと、運動時間が60分未満の率がおよそ30％（文部科学省, 2010, 2012, 2013）であり、男子に比べて十分なトレーニング量がないために、より自然な発達に近く、宮下の発達パターンを裏付けるような発達速度が得られていると推察される。

　これらの結果から導かれることは、中学生の時期にトレーニングを積めば、発達のパターンを超えてパフォーマンスの発達は促進されるということである。しかし、発育の個人差、過度のトレーニングによるスポーツ傷害のリスクを考慮しつつ、個々人に最適なトレーニングを行うことがもっとも重要なことであると強調したい。

7●一人ひとりの体の発育発達に合わせた部活動

　成人になった後の身長に個人差があるように、発育にも個人差がある。最大発育速度年齢は男女間で平均2〜3歳の差があるが、同じ性別でも3〜4年の個人差がある。それほど個人差は大きい。その発育のピークは明確であり、しかも期間が限定されているが、集団的な資料ではそのピークの出現期の差が原因で、図11のように発育ピークの出現がなめらかとなってしまう。

　発育の一般的なパターンでもわかるように、男女の成熟のタイミングは著しく異なる。したがって、小学校高学年から中学校前半にかけては、男女の活動に若干の違いを必要とする。加えて、同一の性でも個人の差が著しい。たとえば、図11に示すように2人の発育のスパートが異なる場合には、同じ部活動であっても、活動内容は同じとはならない。活動内容は、性差はもちろんのこと個々人の発達段階を評価したうえで決定されるべきである。

図11　身長の発育スパートの違いによってトレーニング内容を考慮する時期

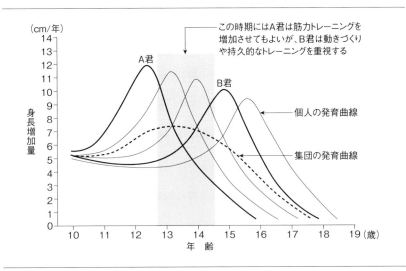

8●学校種別にみた運動部活動

　身体の発育発達との関わりを考慮しつつ、学校種別に運動部活動のあり方について考えてみる。

1）幼児期・小学校低学年における運動経験

　幼児期から小学校低学年の時期は、神経系が急速に発達するため、多様な経験を通じてさまざまな動きと身体感覚を獲得していく時期であり、将来の運動技能向上の基礎となる。獲得したい身体の感覚としては、位置感覚、視覚調整

表1　位置感覚の種類と発達を促進する運動

〈位置感覚の種類〉	〈発達を促進する運動〉
逆さ感覚	鉄棒、ブリッジ、逆立ちなど
高さ感覚	ジャングルジム、跳び箱、トランポリン、登り棒、木登りなど
回転感覚	マット運動、鉄棒など
振りの感覚	うんてい、鉄棒の振りなど
平衡感覚	平均台、大型の積み木など

感覚、聴覚調整感覚などが挙げられる。

　位置感覚は逆さ感覚、高さ感覚、回転感覚、振りの感覚、平衡感覚など自分の姿勢や物体や遊具に対する相対的な位置関係を把握する感覚である。これらの感覚は表1に示すような日常的な遊びの経験により発達させることが期待できる。視覚調整感覚とは、目と手、目と足、目と手足の協応動作をする感覚である。視覚調整感覚は位置感覚より高度な感覚であり、タイミングの概念も追加される。これを高める運動には、ボールつき、ボール蹴り、縄跳びなどがある。また鬼ごっこなどの遊びは、人の位置関係が常に変動しており、より高度な視覚調整感覚の獲得にも有効である。

　特定の運動体験を強調する幼稚園や保育所もあるが、あまり好ましいとはいえない。保護者が逆上がりや水泳が苦手であることが一因となって、自分の子供にはそのような思いをさせたくないという気持ちもわからないではないが、偏った運動経験はその子供の将来の「伸びしろ」を奪ってしまうかもしれない。スポーツを行うことは奨励しつつ、特定の運動種目に偏らないようにすべきである。

　すなわち、「運動遊び」を自由にやらせることによって、いろいろなスポーツ種目の特性やパーツをうまく活用して遊びのなかで多様な経験をさせることが必要である。加えて、よりよい動きや運動感覚を伝えていくことも大切である。このなかには、鬼ごっこやドッジボール、逆立ちや鉄棒遊び、前転や後転など遊びを中心とした運動に親しむことも含まれる。ドッジボールに批判的な意見をもつ研究者もいるが、必要なことは、事前にボールの投げ方、キャッチの仕方を学習することである。運動に含まれる個々の動きが成立しないと、ゲーム自体が楽しいものではなくなる。

　骨格には力学的負荷に弱い軟骨がまだ多く含まれているため、負荷が大き過ぎると軟骨を傷め、成長に支障が及んだり、関節に傷害を残したりするおそれがある。幼少期の傷害予防のためには、体に大きな力が加わるような運動、筋力を必要とするような運動、そして同じ動作の多回数繰り返し、長時間繰り返しは避けるべきである。

2) 小学校中学年以降の運動部活動

　小学校中学年以降は特定のスポーツ活動にも興味をもつ時期である。スポーツ少年団、総合型地域スポーツクラブもしくは民間のスポーツスクールに所属する場合が多い。

「スポーツをすると体と心が鍛えられるから、成長期の子供にはスポーツを経験させたい」と考える保護者や教職員は多い。しかし発達の面から考えると、児童期は神経系が発達する時期であり、体を操作する能力である調整力や巧緻性を高める運動やスポーツに多く取り組むことが求められる。したがって、中学年以降でも一つの種目に偏るよりも複数のスポーツに親しむ方が好ましい。たとえ一つのスポーツでも、そのなかで多様な運動やその他のスポーツを実施することも必要である。また、呼吸循環器系の発達期を考えると、高学年になってから持久的な運動やスポーツを取り入れていくことが望ましい。

小学校中学年では神経系の発達がほぼ完成に近づき、体つきの変化も比較的穏やかな時期であるので、動きの巧みさを身につけるのにもっとも適しており、サッカーではゴールデンエイジ（Golden Age）と呼ぶ。オープンスキルの種目[2]では、指導者は子供たちに、判断をともなう実戦的で正確な技能の基礎を身につけさせることを心がけるべきである。加えて、この時期に難しい技能や動きを達成する喜びを経験させることが必要である。この達成の過程には「できない」ことに直面し、それを不快であると表現する子供もいるが、これも重要な経験である。このような状況では、教師や指導者のサポートが必要といえる。

筋力に関わるトレーニングに際しても、動きづくりや敏捷性、平衡性の内容が豊富であることが好ましい。とくに姿勢変化や非日常的な運動感覚、たとえば、滑る感覚や体の回転する感覚などの体験が大切である。また、高学年でもウエイトトレーニングは避け、体重を負荷としたいろいろな動作を取り入れた動きづくりを中心とするべきである。

呼吸循環器系は、小学校高学年から中学生期に顕著に発達し始め、持久力の向上としてあらわれてくる。身長の伸びが加速されてきたのを目印に、基礎体力づくりのなかで有酸素系運動を重視し、持久力を養成する。また、「全力を出しきる」という体験も必要である。

3）中学校における運動部活動

中学生になると、専門とする種目の選択が行われるのが一般的である。この時期には、発育のピークから発育急進期の後半の思春期中期に該当する生徒が多く、呼吸循環器系の発達に加え、骨格筋系の急速な発達を迎える。スポーツの効果として骨成長、骨量増加、筋量増加、筋肥大等がみられる。その反面、過剰なストレスは骨成長抑制、さらには傷害による変形を生じる可能性もある。

したがって、適正な質と量のトレーニングを行うことが大切である。女子の発育スパート期は小学校高学年で始まっている場合が多いが、男子の場合には発育スパート期以前の生徒と発育急進期を迎えた生徒が混在しており、かつ学年差も著しい。本来なら一人ひとりの発育状況を考慮しつつ、運動内容や練習強度を設定すべきである。

この時期の特徴として、筋・骨格が急速に伸び、体のバランスが今までとは異なってくることが挙げられる。そのために体を使う感覚が狂い、習得した技術が一時的にできなくなったり、上達に時間がかかったりすることもある。このような現象はクラムジーと呼ばれ、新しい技術の習得よりも、今まで身につけた技術を発揮できるような指導が重要となる。

身長の発育が続いている間は、ウエイトトレーニングを課すべきではない。身長発育の著しい時期であるのと同時に呼吸循環器系の発達も著しい時期であるので、持久的な要素を多く含んだトレーニングに取り組む方が好ましい。そして、体重を負荷としたトレーニングで、そのなかでとくに体幹を鍛えるトレーニングを中心とすることが望ましい。

将来のトレーナビリティを確保する点からすると、ウエイトトレーニングの基本的な動作の習得はこの時期に行ってもよいと思われる。とくに挙上姿勢や支持姿勢などの動きづくりは、力の発揮のための好ましい姿勢を学習するうえでも有効であろう。

とくに中学生期は、骨が急成長することに対して筋肉の発育が遅れがちとなり、その結果として傷害が起こりやすくなる。成長期にみられる痛みは成長痛だとして簡単に片づけるには大きな危険が潜んでいる。多くみられるのは、筋肉が骨につく部分の傷害である腱鞘炎、付着部炎、軟骨傷害、剥離骨折などである。そのため、成長期には体の状態のチェックを欠かさないことが重要である。

4) 高校の運動部活動

高校生は思春期後期（発育収束期）に該当し、運動に関与するあらゆる器官の発育速度は低下するものの、機能的にはピークに近づく。とくに男子では男性ホルモンが多くなるため筋肉がつきやすく、この頃から軽度の筋力トレーニング（レジスタンストレーニング）を開始すると筋線維が太くなり、適切なトレーニングによって、筋力、持久力とも向上していく。また、動きの「キレ」も高くなり、今まで培ってきた動きの基礎が大きく発展する時期であるといえ

図12 体力測定値の年齢変化（進学時の体力低下）

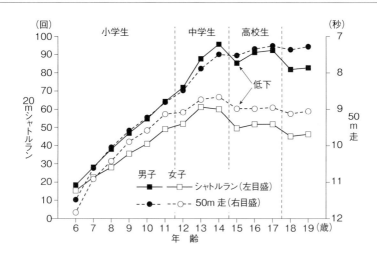

る。したがって、専門的トレーニングの導入とともに、運動強度を管理する必要がある。可能であれば骨端線の閉鎖状況[1]を確認しながら、トレーニング強度を調整する。

注意したいのは、高校進学直後のトレーニングについてであり、受験勉強による運動中止の影響を考慮する必要がある。図12からも読み取れるように高校1年生のシャトルランの回数や50m走のタイムは男女ともに中学3年生の値を下回る。したがって、高校進学時にトレーニングを継続していない場合には、1学期程度を回復トレーニングの期間とすることが好ましい。これは、大学進学でも同様である。

9 ● 発育状況を確認してからのトレーニング

体の発育発達の観点からみた運動部活動のあり方について述べてきた。ここで気になることは、指導者が子供たちの発育状況の確認方法を知っており、確認できるかということである。欧米では、指導者にとって発育の理解は必須とされており、指導者の育成カリキュラムにも組み込まれている。しかし、残念ながら、日本においては発育発達の知識を十分にもっていない指導者も多い。

可能であれば、3ヶ月に一度、身長を正確に計測して発育ステージを確認することが日常のトレーニングの一部となることを望む。

(國土将平)

注

1) 骨端線付近には骨芽細胞と破骨細胞があり、破骨細胞は古い骨を破壊し、骨芽細胞は新しい骨を作る。成長期は骨芽細胞の方が破骨細胞よりも多く働き、新しい骨が作られていくが、加齢とともに骨芽細胞の優位性はなくなっていく。最終的には、骨端線の両側の骨が癒合し骨端線がみえなくなるが、これを「骨端線が閉じる」と表現する。
2) 球技や武道などのように、たえず変化する状況のなかで用いられる技術をオープンスキルという。

引用・参考文献

- Harris, JA., Jackson, CM., Patterson, DG. and Scammon RE. The measurement of man, University of Minnesota Press, pp. 171-215. 1930.
- 國土将平「発育からみた発達至適時期」、『日本体育学会第64回予稿集』pp.42-43、2014a.
- 國土将平「からだの発達と運動部活動」、『体育の科学』64巻4号、pp.231-236、2014b.
- 宮下充正『子どものからだ―科学的な体力づくり』(UP選書)第2版、pp.161-164、東京大学出版会、1986.
- 文部科学省『平成22年度全国体力・運動能力、運動習慣等調査結果報告書』p.98、2010.
- 文部科学省『平成24年度全国体力・運動能力、運動習慣等調査結果報告書』p.96、2012.
- 文部科学省『平成25年度全国体力・運動能力、運動習慣等調査結果報告書』p.70、2013.
- 文部科学省「平成26年度学校保健統計調査」2015.
  http://www.mext.go.jp/b_menu/toukei/chousa05/hoken/kekka/k_detail/1356102.htm(2015.10.19アクセス)
- Tanner, JM., Whitehouse, RH., and Takaishi, M. Standards from Birth to Maturity for Height, Weight, Height Velocity, and Weight Velocity: British Children, 1965 Part I, Arch. Dis. Childh., 41, pp. 454-471. 1966a.
- Tanner, JM., Whitehouse RH., and Takaishi, M. Standards from Birth to Maturity for Height, Weight, Height Velocity, and Weight Velocity: British Children, 1965 Part II, Arch. Dis. Childh., 41, pp. 613-635. 1966b.
- Weiss, DS., Rist, RA., Grossman, G. When Can I Start Pointe Work? Guidelines for Initiating Pointe Training. J Dance Med Sci., 13, pp. 90-92. 2009.

スポーツ医科学の知見を指導に活かす

1 ● 体をつくるための運動と食事、睡眠の働き

　スポーツ選手は筋肉や骨格が発達している。そのため、スポーツによる身体運動が直接的に作用して体はつくられると考えられている。しかし、激しい筋収縮の連続は筋線維を破壊しており、そう考えるとスポーツはそれ自体が直接的に即時に筋肉を発達させるわけではないともいえる。

　また同様に、骨も物理的な衝撃による機械的刺激（mechanical stress）によって微細骨折（micro-crack）が引き起こされ、骨組織内部で破壊が起きている。赤血球は骨と同様な機械的な刺激に加えて、激しい運動によって生じた乳酸による化学的刺激により破壊される。したがって身体運動の後は、筋肉や骨あるいは赤血球などの原材料となるタンパク質やミネラルなどの補給が不可欠である。

　入眠時には睡眠を促すメラトニンが脳の松果体から分泌されるが、その約1時間後には成長ホルモンの分泌もピークに達し、このときにタンパク合成、筋

図1　T高校サッカー部員の血色素、血清鉄、貯蔵鉄（フェリチン）の検査結果

（出典：小沢、1996a）

図2 ウエイトトレーニングによる成長ホルモンの分泌

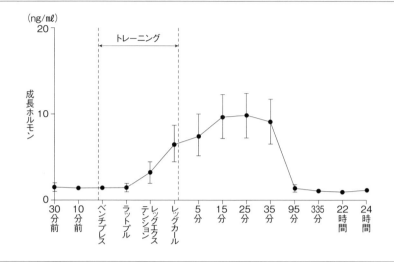

　の再生と骨の形成が進み、また赤血球も効率的に再生されていく。したがって、運動後は食事をして十分に睡眠をとることが身体をつくっていくためにはきわめて大切な生活サイクルといえる。しかし、こうした運動・食事・睡眠の生活習慣が崩れてくると、オーバートレーニング状態になったり、貧血やひどい場合には疲労骨折を起こしたりすることもある。図1は、生活習慣が不適切で、約6割の選手が貧血傾向となった運動部の血液性状の例を示している。
　ヘビーウエイトトレーニングを実施した際にも成長ホルモンの分泌は盛んになる（図2）。したがって、成長ホルモンの分泌の多いときにタイミングよく食事を摂ることが効率のよい体づくりのためには重要であり、部活動の指導者は食事や睡眠の重要性について部員に十分理解させ、生活習慣の適正化を徹底させる必要がある。

2 ● スポーツライフマネジメントとその実際

　約2,000人のジュニアスポーツ選手に対する調査からは、①放課後から夕方にかけてのトレーニング時間が長過ぎる、②帰宅時間が遅過ぎる、③トレーニング終了から夕食までの時間が長過ぎる、④夕食後の自宅学習に集中できず、

学習時間が確保されていない、⑤就寝時刻が遅過ぎる、⑥起床時に疲労感がある、⑦早朝に食欲が出ない、⑧早朝トレーニングがある日に朝食をきちんと食べられない、⑨授業に（午前・午後とも）集中できずに眠ってしまう、⑩間食の摂り方が不合理である、などの問題が指摘されている。体をつくり、体力を上げ、そして競技力を上げるためには運動・スポーツ、トレーニングだけでなく食事や睡眠、入浴や排便などの生活習慣に加え、生徒や学生であれば学習習慣にも気を配った好ましいスポーツライフを送らなければならない。そうしたスポーツライフをマネジメントするうえで効果的な方法は、運動・食事・睡眠を中心とした生活の記録である。そして、生活を記録する有効なツールの一つがQCシート（Quality Control Sheet）である（表1）。スポーツやトレーニング、生活習慣、体調などを記録して自分のスポーツライフとコンディションを良好

表1　QCシート例

QCシート

年　組　番　名前

月　日		目標	/(月)	/(火)	/(水)	/(木)	/(金)	/(土)	/(日)
天候									
有酸素トレーニング		3km							
レジスタンストレーニング	（プッシュアップ）	30回							
	（シットアップ）	30回							
	（スクワット）	50回							
	（その他：部活）	○							
ストレッチング		○							
運動量（10-1）		8							
起床時刻		6:00							
就寝時刻		22:30							
睡眠時間		7+30							
朝食（5-1）		4							
昼食（5-1）		4							
夕食（5-1）		4							
本日(昼間)の調子（5-1）		4							
疲労状態（5-1）		1							
大便の回数		1							
風邪症状（5-1）		0							
学習時間（時間+分）		2+30							

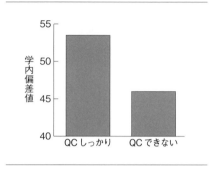

図3　QCシート実施の有無と学力

に調整し管理したい。

　QCシートを上手に活用したチームは体力が上がり学力も向上している（図3）。表1は一般的な高校生を対象としたタイプのQCシート例であるが、トップアスリート用から小学生用まで作成されている。年齢、性、競技レベルなどの特性を考慮してチーム独自のシートを作成することもできる。

3●コントロールテストの活用

　どんなスポーツであっても、走・跳・投などの能力を定期的に測定し、その結果からトレーニングや練習の課題をみつけていく必要がある。測定（テスト）は多項目にわたって行われるのが理想であるが、テストの実施には時間と労力を必要以上に消費したくないので、簡便で正確に測定できるものを選んで実施したい。ここではそのいくつかを紹介する。

○30m走：2つのセーフティコーンを用い、選手は自分でスタートライン上のコーンのヘッドをたたいてからダッシュする。ゴールコーンを駆け抜けるまでのタイムを測定。参考タイムとしては、男子ならチームの平均が4.3秒を切れば県大会レベル、Jリーガーは3秒台後半で走る。女子サッカー日本代表クラスは4.2秒台と、高校男子レベルである。コースを複数作って効率よくやれば、50人の部員でも測り終えるのに3分もかからない。

○立ち5段跳び：両足でスタートラインに立ち、そこから両足で踏み切ってジャンプし、以後は片足ずつ交互に連続して5回跳躍し、最後はまた両足で着地して到達した距離を測定する。球技などではボールに触れるまでのスピードや相手への寄せの速さなどに関係する体のキレや能力を測ることができる。高校男子なら10m以上、県大会レベルなら12m以上、トップアスリートは15mに達する選手もいるので、目標にしたい。メジャーをおいて測定すれば正確でよいが、伸び縮みの少ないロープを購入して専用のメジャーを何本か用意しておくのも簡便な方法である。

図4　30m走タイムの記録の変化──受験準備期でも体力は伸びる

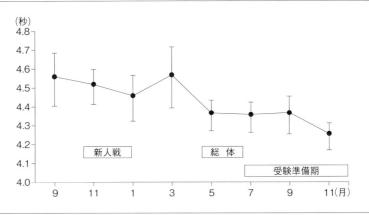

(出典：小沢, 1997)

○その他、メディシンボール投げや、自転車エルゴメーターを用いたパワー測定、専門技能（キック力や投力）をはじめ、場合によっては学校で広く行われている新体力テストを活用して、部独自のテストを行ってもよい。

　図4は記録の伸びを年間で示したものであるが、大会に合わせてスピードが上がり、3月（春）にはトレーニングによる筋重量の増加によるタイムの一時的低下があるが、高校3年生の受験準備期に入っても体育の授業や家庭でのトレーニングの継続の効果により、記録が伸びていることがわかる。

4●セルフメディカルチェック

　食生活や水分補給、科学的なトレーニング、安全に配慮した部活動を実施しても体調不良やケガなどを完全に防ぐことは難しいが、ある程度は未然に防いだり、ケガの程度を軽くすませたりすることは可能である。そのためには、自分の体の変調に早く気がつき、早めのケアをすることが大切である。本項では整形外科的な変調を自分自身でチェックする方法を紹介する。

　図5は、チェックする全身のポイントであり、スポーツによって比較的問題が起こりやすい部位を示している。親指と人差し指で耳たぶをつまんで少し痛いと感じるくらいの力の入れ方で各部をつまんだり押したりしてポイント化する。たとえば、アキレス腱部をつまんでかなり痛ければ「5」、痛くなければ「1」

図5 セルフチェックマニュアル

●使いすぎ症候群が現れやすい場所のチェックです。
●セルフチェックは自分の体のコンディショニングのチェックです。
●耳たぶを強くつまんで痛みを感じるくらいの強さで押したりつまんだりしてみましょう。痛みがなければ1点、強ければ5点。

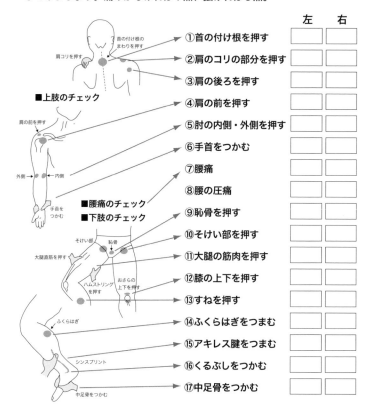

（出典：渡会・小沢, 1998）

とする。両アキレス腱が同じように痛むよりも片方が痛いというように左右差があることが少なくない。このチャートにしたがって、練習が少ない日（オフの日）の風呂上がりにチェックするなどの方法で自己管理を行う。個人情報であるので、本人の同意が得られて可能であればチーム全体の値を数値化することも活用の一法である。練習の強度とセルフチェックの得点を記録していると、

練習の強度が上がるのと並行してセルフチェックのポイントが上がっていくのがわかることがある。このようなケースではその結果から練習の量を少し減らしてチームのコンディショニングを行い、パフォーマンスを低下させないことが可能である。

〈実践的活用方法〉
・チェックの方法を全員に説明し教育する必要がある。
・年間を通じて実施できればよいが、大会の2〜3ヶ月前から実施、合宿中に実施など、長期利用と短期利用に分けて適宜利用するのもよい。
・QCシートと組み合わせたタイプのものを用いてもよい。
・サッカーでは下半身、野球やテニスなどでは上半身にも重点を置くなど、スポーツ種目に応じて作成するとなお効果的である。
・プリントだけ渡すとなくしやすいので、できればクリアファイルなどに5週間分などのようにはさんで渡すとよい。

5●ウォームアップの生理学的な意義とその実際

適切なウォームアップにより筋温は上昇し、結合組織のコラーゲンがゲル状に変化するため筋の柔軟性は高まる。また、発生した熱により筋の内部抵抗が

図6　筋温と柔軟性

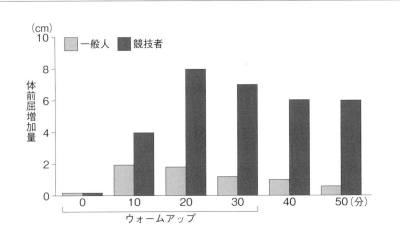

図7 筋温と最高心拍数、最大酸素摂取量

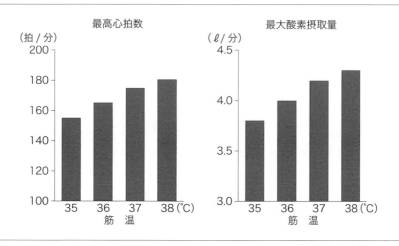

(出典：小澤・西端、2014)

減少し筋の伸長が滑らかになり、筋の収縮速度も上がる。しかし、ウォームアップを30分間行った場合でも、競技者と一般人とでは柔軟性の増加における結果は著しく異なる（図6）。競技者は軽いジョギングからストレッチ、少しずつスピードを上げるようなステップワークドリル、再び念入りなストレッチ、さらにスピードを上げた動きづくりからダイナミックストレッチ、そして主運動に近い形態の運動によるウォームアップへと続けていく。

競技者では、競技において十分力が発揮できるように体を適切な方法で効率よく準備しているため、柔軟性が高まる。一般に準備体操を行う場合には、足・腕・首・体側・胴体の順に行われるが、ウォームアップの方法の正解は一通りではなく、その選手の体調だけでなく気象条件、行うスポーツ種目などによって異なる。

ウォームアップによって、筋温が約38℃に上昇した状態では最高心拍数も高く、最大酸素摂取量も多い（図7）。図8は、ウォームアップによる筋温上昇にともない競技力が向上する結果を示している。自転車エルゴメーターをこいで、ある作業量に達するまでの時間（たとえば、100m走のタイムと置き換えて考えてもよい）をウォームアップなしのときと行ったときとを比べた実験の結果であるが、なしのときは13秒8もかかっているが、アップを15分間行い筋温も十分に上昇したコンディションでは12秒6と、1秒以上もタイムが縮まっ

図8　筋温と運動タイム

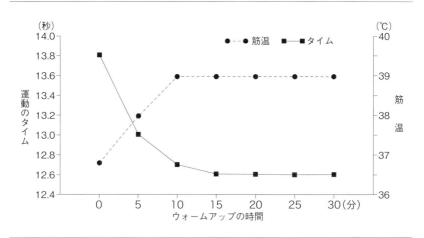

（出典：小澤・西端，2014）

ている。

　このように競技力に対してもウォームアップは重要な意味をもっているが、同時に障害防止のためにも不可欠である。不測の体勢となっても筋の動きが滑らかで、しかも関節の可動域も広がっているため自分の身を守りやすい。また、長距離走などの走運動中の突然死の発生はゴールの直前と直後に7割が集中しているが、スタート直後でも約15%発生しており、この点でもウォームアップは欠かせず、部活動では専門種目に応じた運動プログラムを準備しておきたい。

6 ● クーリングダウンの生理学的意義とその実際

　安静時の心拍出量は成人で4〜5ℓ/分、最大運動時には約20ℓ/分に達し、血液を拍出する心臓のポンプ作用はきわめて大きく強い。ただし心臓の循環機能は拍出作用にあり、静脈血の吸引作用は小さい。静脈は弁を有し、その

図9　ミルキングアクション

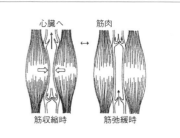

（出典：小澤・西端，2014）

図10　クーリングダウンによる乳酸除去

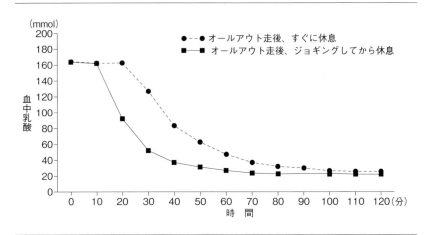

(出典：小澤・西端, 2014)

働きにより、走る・跳ぶなどの大筋群活動で用いられた血液は一方向に移動する。また静脈の周囲にある筋肉の活動によって、静脈の血管は圧迫され、弁の働きとあいまって血液はあたかも搾り出されるように心臓方向に流れる。この筋肉による血液の移動現象をミルキングアクション（搾乳運動）と呼び、その働きを筋ポンプ作用という（図9）。また、こうした静脈血の血流現象を静脈還流と呼ぶ。

　激しい大筋群活動により発生した乳酸は、酸素により分解されエネルギー源としても再利用される。そのためには十分な血流が確保されなければならず、筋活動によるミルキングアクションを盛んにし、筋ポンプを働かせる必要がある。激しい運動後は、ジョギングなどの軽運動を行うことによって血流は確保され、安静にしているより乳酸の分解は促進される（図10）。激しい運動後にミルキングアクションをともなわない休息をとった場合には、心臓への静脈還流が減少し、結果的に脳をはじめとして全身の酸素不足を起こすために、乳酸の除去が進まないだけでなく吐き気や嘔吐などの体調不良を起こすことがある。クールダウンの意義の一つはこうした体調の復元にあり、このような方法は積極的休息法（Active Rest：アクティブレスト）の一つである、

7 ● 水分補給と競技力、熱中症予防

　熱けいれんでは、手足や胸・腹部などにけいれんが起こる。熱疲労では、全身の脱力感、冷や汗、顔面蒼白、めまい・悪心、あるいは徐脈・血圧の低下があらわれ、ときには失神もともなう。熱中症では、さらに症状は強く、ショック症状、40℃以上の体温上昇、意識障害、多臓器不全をも引き起こし死にいたる場合もある。熱中症と思われたらしかるべき医療機関への連絡・移送が必要になるが、応急処置としては、まず涼しい場所に移送して安静を保つことである。体を冷やす場合には、アイスバッグを首やわきの下、ももの付け根の動脈に当てるのも有効である。また0.1％程度の濃度の食塩水の補給も血液の電解質濃度を保つためにも効果的である。

　夏の暑い日に休憩をとらずに何時間もスポーツや運動を続ければ、熱中症になる確率が高くなる。したがって、最低でも１時間に１回くらいの休憩はとるべきである。そのためには運動を適宜中断して、水分補給の時間を確保することである。真夏の大会で試合前のウォームアップを炎天下で30分も続け、すぐゲームに臨むチームをみかけるが、これでは後半のコンディションが保てない。運動時の筋温は38〜39℃が酸素摂取効率も心拍数応答も、また筋収縮スピードや関節可動域を広げるためにもよい。この筋温を保ちつつ、かつ上昇し過ぎないようにタイムアウトやハーフタイム時に、あるいは練習の合間に水分補給や、頭や頚部だけでなく脚部や腕などにも水をかけることが必要である。また、日差しの強い日の練習には帽子を利用するのも一つの方法であろう。

　ウイークデーの練習が定期的にできない場合、日曜日や夏休みに朝から１日かけて練習や試合を行うケースが多くみられるが、家に帰ってから具合が悪くなる場合もあり、指導者はそのとき、その日がよければよいのではなく、終了後のコンディションについても念頭に入れておく必要がある。

　ただし、人間の体には適応性や順応性があるので、あまり神経質になり過ぎてもこの能力を高めることができない。たとえば、約200万〜500万個程度の汗腺も、平常時は180万〜280万個ほどしか機能していないが、暑いところでトレーニングをしていると働く汗腺（能動汗腺）の数が増えてくる。これは耐暑性が向上したとみることができ、そのためには多少の暑さは我慢しなければならない。したがって、ある程度の熱さの中で運動を行いつつも、熱中症を回避するために適宜休憩をとる指導が重要である。また、人のその日のコンディションは一様でなく、また参加者全員の状態を事前に100％把握しておくこと

は困難であるので、万が一熱中症になりかかった人がいたらそれをいち早く発見する"目"が指導者には求められる。

体重の約3％の水分を失うと血液濃縮が起こり始め、脱水症状による機能低下と異状症状が出現してくる。脱水症を起こさないためには、運動中でもときどき水分補給をすることが必要である。補給水は温かいものより冷たいほうが吸収率がよいので、冷水を用意する。マラソンの吸水所の水は約15℃であるが、実験的にはそれよりもっと低い温度の水の方が吸収率はよいことが確かめられており、世界的トップランナーには0℃の水を愛用している人たちもいる。また腸内での吸収力にも限界があり、しかも激しく運動しているときほど吸収力は低下するので、運動中における1回の水分補給はコップ1杯程度にとどめ、回数多く補給する。1時間程度のサッカーの試合で飲料を使う場合には、味が濃いめ、つまりブドウ糖や砂糖が多いと、そのため体脂肪の分解を抑えて、筋肉におけるグリコーゲン分解が促進され乳酸が生成されやすくなるので、水で2倍程度に薄めてから使用するとよい。

8 ● 運動部活動における指導の成功例と失敗例

1）ケースA

A子さんは柔道に打ち込む県内でも注目の中学2年生の女子選手。体格もよく、次は全国大会の出場をめざし毎日頑張っていて、本人はもちろんのこと保護者も指導者も将来を期待するジュニア選手の一人である。

教育委員会の依頼で、生徒の生活習慣とヘモグロビンと骨密度の調査を行った。A子さんは競技成績の優秀な選手であるので、生活習慣もよく血液も骨密度も良好と思われた。実際、これまでの調査では、柔道選手の骨密度は高く（図11）、全国の強豪大学でもあるT大学の柔道選手にも血液に問題のある女子学生はほとんどいない。ところが、A子さんのヘモグロビン値は低く、骨密度も低かった。

その原因を調べてみたところ、柔道の練習は学校の部活動ではなく町の道場で行われていて、その指導者が熱血で夜遅くまで激しい練習をしており、子供たちは疲れ切っているとのことであった。A子さんも指導者も、オーバートレーニング、オーバーユースシンドロームについて知らず、またスポーツライフマネジメントも知らない今のままでは、競技成績が伸びないどころか、体調が悪いだけでなくそのうち疲労骨折などの傷害に悩まされることになる可能性もあ

図11 スポーツと骨密度（女性）

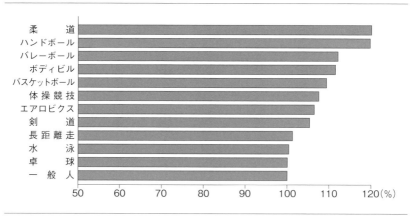

注）被測定者の同年齢における骨密度を100%としたときの骨密度。　　　　　（出典：小沢，1998）

る。スポーツ医科学が進み、科学的な指導が広がっている現在でも、こうした指導現場があり、啓蒙活動が必要といえる。

2) ケースB

T大学女子バレー部員の血中ヘモグロビン測定をしたところ基準値を下回った者が25人中21人と、約8割の選手が貧血の可能性があることが判明した。その年にチームはリーグ戦で最下位となり下位リーグに降格となった。

そこで、食事、トレーニング、休養を見直し、鉄分やたんぱく質を十分に摂ることを指導したところ、1ヶ月後には半数の部員が基準値を超え、3ヶ月後には全員が基準値以上となり、下位リーグ戦も上位通過で1部リーグに返り咲き、翌年には1部リーグでも優勝するまでになった。こうした成功例は多くあり、科学的知見や方法に基づいてPDCAサイクルを機能させることが確実に競技力を上げてくれる。

＊

本項で紹介した内容や方法以外にも、血中乳酸値や心拍数測定からトレーニング強度をプログラミングしたり、映像遅延装置を用いてフォームチェックを行ったり、パスやアタックの成功率や選手の移動量などの様相をパソコンで分析して試合中にフィードバックしたりと、近年はさまざまな科学的な指導が増えつつある。またトレーニングも、旧来からの伝統的なタイプに加えてさまざ

まな新しいタイプのトレーニング法が開発されている。施設、指導者の資質、部員のレベル、スポーツ種目など各運動部の実情を考慮して、これらの手法を適切に応用した部員も保護者も納得するような部独自の活動が現代は求められている。

(小澤治夫)

引用・参考文献

- 小沢治夫「ジュニア期のスポーツライフに関する研究(第2報)」、『平成7年度日本体育協会スポーツ医・科学研究報告Ⅵ』pp.34-42、1996a.
- 小沢治夫「成長期におけるスポーツと食事の配慮」、『臨床スポーツ医学』13、pp.231-234、1996b.
- 小沢治夫「ジュニア期のスポーツライフに関する研究(第3報)」、『平成8年度日本体育協会スポーツ医・科学研究報告Ⅶ』pp.106-125、1997.
- 小沢治夫「骨密度と運動―人の調査結果を中心に―」、『柔道整復・接骨医学』6巻4号、pp.237-238、1998.
- 小沢治夫ほか「スポーツ部活動における健康管理システムの試み」、『筑波大学附属駒場中・高等学校研究報告』37集、pp.301-313、1998.
- 小沢治夫「筋と抵抗のバイオメカニクス」、『フィジーク』5巻3号、pp.26-28、1999.
- 小澤治夫・西端泉『フィットネスハンディノーツ』日本フィットネス協会、2009.
- 小澤治夫・西端泉『最新フィットネス基礎理論』日本フィットネス協会、2014.
- 鈴木正成ほか『ガイドブック／ジュニア期のスポーツライフマネジメント』日本体育協会スポーツ医・科学研究所、1997.
- 渡会公治『自分で見つけるスポーツ障害』pp.1-20、ナップ、1997.
- 渡会公治・小沢治夫「セルフチェックマニュアル」、小沢治夫監修『MY HEALTH―健康なからだづくりプログラムをスタートさせる前に―』竹井機器工業、1998.

生徒の悩みに向き合うスポーツカウンセリング

1 ● 運動部活動と生徒の悩み

　運動部活動で生徒は、より高い水準の技能や記録に挑戦するなかで、あるいは学級活動とは異なる運動部内の人間関係のなかで、さまざまな悩みに直面する。部活動でのつまずきがきっかけで、不登校などの問題へと発展させてしまう場合も少なくない。したがって運動部顧問は、これらの悩みに寄り添い、生徒が解決する過程を見守り、適切に援助する必要がある。本節では、生徒の悩みにどう向き合うべきか、スポーツカウンセリングの知見を紹介する。

1) 運動部活動にまつわる生徒の悩み

　部活動にまつわる生徒の悩みはさまざまなものがあり、その深刻度もさまざまである。それらの悩みを生み出す出来事をストレッサーととらえて調査を行った研究によると、中学生が部活動で体験するストレッサーは大きく4つに分類されることがわかっている。すなわち「活動の制限」「学業への影響」「試合・発表会」および「部員との関係」である（手塚ほか，2003）。

　「活動の制限」は、「学校が休みの日も部活動があった」「練習で疲れがたまった」「遊ぶ時間が減った」といった事柄である。「学業への影響」には「勉強する時間が減った」「部活動と勉強の両立が難しくなった」「成績が下がった」などがあり、主として学業へのネガティブな影響が示されている。「試合・発表会」は、「試合（発表会）で思い通りのことができなかった」「試合に負けた（満足のいく結果が出せなかった）」「試合（発表会）のことで頭がいっぱいになった」などがあり、もっとも楽しいはずの試合や発表もストレスになりうることを示している。さらに「部員との関係」には「先輩にえこひいきされた」「先輩に怒られた」「他の部員との仲が悪くなった」のような項目があり、運動部内での人間関係の難しさ、所属運動部への不適応が心配される。

上記のストレッサーは、運動部だけでなく文化部に所属する生徒も同様に経験することがわかっているが、これによって生じるストレス反応については異なる特徴が認められる。たとえば、運動部活動の場合、「部員との関係」に苦戦している生徒は、「不機嫌・怒り」「抑うつ・不安」「身体反応」「無気力」といったすべてのストレス反応を示しやすい。部活動において他の部員や先輩との人間関係でつまずくことは大きなストレスになりうるが、文化部に比べ運動部の方がその傾向の強いことが特徴である。運動部活動における対人関係の濃密さは、特筆しておくべき事柄である。

2) ライフスキルの獲得

　中学生が部活動で直面するストレッサーは、おもに4つに分類できることを紹介したが、実際の悩みはそれほど単純ではなく、いくつかの出来事が複雑に絡み合っている場合もある。たとえば、「部活動で時間が割かれた結果、学業成績が下がり、そのため試合に集中できずにミスをしてしまい、部員からも非難される……」のように、ストレッサーが相互に関連し合った悩みを抱えることも少なくない。また中学生に比べ、高校生年代では運動部活動がより高度化、専門化されることが多く、上記のストレッサーに加えて、「指導者との関係」「身体的不調」「家族からの期待」「進路選択や将来への不安」のような内容へと発展する可能性も高い。

　これらの経験は、心身に不快なストレス反応を起こしうる脅威であるが、同時に対処するスキルを身につける絶好の機会でもある。WHO（世界保健機構）は、身体的健康、精神的健康、社会的健康の維持増進に役立つライフスキルとして、表1に示した10のスキルを掲げている（1997）。部活動を通じてライフ

表1　ライフスキルの具体例

意思決定	生活に関する決定を建設的、かつ主体的に行う
問題解決	重要な問題を未解決のままにせず、適切に処理する
創造的思考	毎日の生活に適応的に、また柔軟に対応する
批判的思考	情報や経験を客観的に分析する
効果的コミュニケーション	言語的・非言語的に自分を表現する
対人関係スキル	社会的健康を維持するために重要な対人関係を築き、維持する
自己意識	自分の長所や短所、自分の性格などを知る
共感性	他人の状況や生き方について理解し、思いやりをもってかかわる
情動への対処	情動が行動にどのように影響するかを知り、適切に対処する
ストレスへの対処	生活上のストレッサーを認識し、ストレスレベルをコントロールする

（出典：WHO, 1997）

スキルを学ぶことができれば、運動部活動はさらに有意義なものになるだろう。上野・中込（1998）によれば、運動部活動に参加している生徒は、参加していない生徒に比べて、ライフスキルが高いことを見出している。運動部活動がライフスキル獲得に役立つ可能性を示唆する知見である。

とくに現在の運動部活動は、「学校教育活動の一環」として位置づけられており、運動部活動で直面する悩みにどう向き合うか、そしてどのようなライフスキルを身につけることができるかは、こころの成長や、社会性の発達という点においても、ますます重要となっている。

3）悩みとこころの成長

このように考えると、運動部活動で直面する悩みは、生徒にとっては自身を危機に陥れる脅威の経験であるが、見方を変えればこれまでの対処行動を見直したり、新たに対処スキルを身につける絶好の機会である。したがって、彼らが悩みに向き合い、解決に向けて取り組めるよう援助することは、生徒の個性の伸長や人格の形成に有益な教育の機会とみることもできる。

たとえば表1に示したライフスキルのなかには、「ストレスへの対処」が含まれている。これは、ストレッサーの性質を正しく認識し、ストレスの悪影響を緩和する（コントロールする）スキルのことである。生徒のなかには、「悩みはどんなときも努力して解決すべきである」と強く信じている者がいる。しかし集団で行う運動部活動では自分の努力だけでは解決できない悩みが少なくない。そのときに上記の考え方だけで対処しようとすると、うまくいかず、結果として心身の健康状態を崩してしまうことが懸念される。このときに、問題焦点型の対処行動だけでなく、情動焦点型の対処行動を学ぶことができれば、ストレスレベルをコントロールすることができるかもしれない。具体的には「それほど深刻ではないと考え直す」「困難のなかにも自分にとって意味あることだととらえ直す」のような、自身の考え方や気持ち（情動）に焦点を移して対処する方法が有効である。悩みの元となっているストレッサーはすぐに解決できなくても、自身の感じるストレス度は低く抑えることができ、その結果、その先により望ましい解決法（例：チームメイトに相談して解決する）がみつかる場合も少なくない。このような経験を経ることで、生徒は悩みに直面したときに、そのストレッサーの性質によって、問題焦点型の対処行動がよいのか、情動焦点型の対処行動がよいのかを正しく認識できるようになる。

スポーツ選手の心理相談（スポーツカウンセリング）を専門とする中込

(1993) は、さまざまな選手の悩みや心理相談の事例を示しながら、スポーツにおいて経験される危機事象への対処行動の取り組みが、彼らの心理社会的発達課題の乗り越え方と類似していることを実証した。彼は、悩みについて、「競技生活に関わる広い意味での危機（Crisis）であり、それは見方を変えれば自分を良い方向に変化（Change）させることができる一つの好機（Chance）であり、さらにそれに挑戦（Challenge）することがカウンセリングの効果につながる」と述べている。この4つのC（危機、変化、好機、挑戦）は、悩みに直面している生徒への援助においても、その基本的な考え方として、きわめて重要な示唆を含んでいる。すなわち、部活動で直面する悩みをきっかけに、生徒は成長する可能性を秘めており、顧問はただ単に悩みの解決を促すだけでなく、生徒のこころの発達をも援助することができると考えられる。

2 ● スポーツカウンセリングの技法

　スポーツカウンセリングは、スポーツを通じて直面するさまざまな課題や悩みの解決に困難を抱えている選手や指導者に対して、おもにスポーツ心理学やカウンセリング心理学の知見に基づき、情報提供や助言、心理相談を行うことである（土屋, 2011）。その技法のうち、運動部顧問が知っておくべきものには、傾聴、共感、受容の3つがある。これは心理教育や心理援助（カウンセリング）において、基本的態度と呼ばれているものであるが、以下では土屋（2011）に基づき、部活動の文脈で具体的な相談事例に即して紹介する。

1) 傾聴

　傾聴は文字通り、耳を傾けて生徒の話を聞くことである。ただしその聞き方には特徴がある。たとえば、ある生徒は、「一生懸命練習してきたのに負けてしまった。お父さんは練習態度が悪いからだという。僕は自分なりに頑張ったと思うけど、でも試合では力が出せなかった。もう部活をやめたいと思う」のように訴えたとしよう。日常的な聞き方では「どうして力が出せなかったのか」とか「どんなふうに練習してきたのか」のようなことに注意や関心が向くかもしれない。他には「どんな練習態度なのか」「やはり練習態度が悪かったのではないか」のようなことに焦点を当てる聞き方もある。

　最初の聞き方は、聞き手（顧問）が問題にしていることに注意が向けられている。2つ目の聞き方は生徒の関係者（この場合は父親）が問題にしているこ

とに関心が向けられている。それに対して、カウンセリング技法としての傾聴では、話している生徒自身が問題にしていることに焦点を当てて聞く。つまり「一生懸命やったのに負けてしまって、もう部活をやめたいと思っている」ことに関心をもって聞いていくのである。傾聴とはこのようなモードで聞くこと、すなわち「生徒の立場で聞く」ことに他ならない。とくに運動部活動の場合、「わかっていてもできない」ことは非常に多い。本人の立場に立って、その気持ちに耳を傾けることが傾聴である。

　なお、顧問が傾聴を心がけていると、生徒自身が本来望むあり方、あるべき姿に気づく場合がある。上の例であれば、生徒自身が「弱音を吐いている場合じゃない。やっぱり僕は部活が好きなので、今度の試合こそ力が出せるよう頑張ります」と宣言する場合もある。顧問が初めからそのように諭すよりも、傾聴を心がけることで、生徒自身が「答え」をみつけ出す場合も少なくない。

2）共感

　共感は生徒の立場に立って、生徒の目線で物事をとらえ、感じようとすることである。たとえば「今でも中学校の頃のことを思うと……」といって涙を流した高校生がいるとする。彼女は当時、部活動内でいじめを受けていたと語っていた。このとき、共感するとはどのようなことであろうか。多くの場合、涙を流していると悲しんでいると受け取りがちだが、そのように短絡的に考えず、「今彼女はどんな気持ちでいるのだろうか」と一生懸命感じようとするのが共感である。当時を思い出し悔しくて泣いているのかもしれない。あるいは当時なにもできなかった自分が情けなくて泣いているのかもしれないし、高校生となった今は、顧問やチームメイトにも恵まれて、ほっとして泣いているのかもしれない。自分の固定観念で決めつけず、目の前の生徒に向かい合い「どのような気持ちでいるのだろうか」と教師が自分自身に問い続けることこそ共感である。

　運動部活動においては、顧問もその種目の経験がある場合、ついつい生徒の気持ちがわかったと勘違いしてしまう場合が少なくない。ひと言でいえば同情であり、共感とは違う。たとえば「スランプで辛い」という生徒に対して、顧問もかつてスランプの経験があるような場合、「その気持ちはよくわかる！」と思いがちである（同情）。共感は目の前の生徒が「どのような気持ちでいるのだろうか」と自分自身に問い続けることであり、自身の固定観念で決め付けてはいけない。自身の経験は共感のヒントにはなるが、生徒の気持ちがわかったと思った時点で、共感的な態度が閉じられてしまうので注意が必要である。

3)受容

　受容は受け入れることである。そうせざるを得なかった生徒の気持ちや考えを受け入れるのである。仮に指導すべき問題行動（嘘をつく、後輩をいじめるなど）があったとしても、その行動の背景には、きっとその生徒なりの事情があるはずである。その事情を理解し受け入れることが受容である。

　だからといって問題行動が許されるというわけではない。とくに運動部活動では、チーム目標達成のために生徒個人が果たすべき役割があるはずである。また、他の部員も部活動に楽しく参加する権利がある。それを乱す問題行動については、顧問として厳然とした態度で指導をする必要がある。しかしその指導のなかにも、そうせざるを得なかった、この生徒なりの理由があるはずだ、と考えるのが受容である。教師自身がその生徒のおかれた状況で、その生徒の見方・考え方に立てば、たとえば「嘘をつく」「後輩をいじめたくなる」のもよく理解できるというのが受容である。

　このように教師が生徒を理解しようと努めている間に、生徒の問題行動が自然に改善される場合も少なくない。問題行動の背景にあった気持ちが教師に受け入れられることで、問題行動への衝動がおさまるからである。カウンセリングでは「させようとするな、わかろうとせよ」が基本姿勢であるといわれるが、運動部指導においても同様である。なかなか改善できない問題行動を指導しようとするときには、まずはそうせざるを得ない生徒の事情を理解するよう心がけることが重要である。

3 ● スポーツカウンセリングの理論

　傾聴、共感、受容は生徒の悩みに向き合ううえで重要な技法であるが、実際の向き合い方は、教師が生徒のこころの成長過程をどのようにとらえるかによって異なってくる。スポーツカウンセリングは、大きく分けて「行動理論（学習理論を含む）」「自己理論」「深層心理学理論」の3つの代表的な理論に分けられる。それぞれの特徴を図示したものが図1である（土屋，2011）。図1に基づき、それぞれの理論に依拠する教師像を描くと以下のようになる。

1)行動理論（学習理論を含む）

　行動理論に立つ教師は、人間は基本的に学習によって行動が変わると考えており、生徒の悩みに対して一定の答え（知識・技術）を提供することが多くな

図1　スポーツカウンセリングにおける代表的な3つの理論

（出典：土屋，2011）

る。たとえば、「部活動には行きたいと思っているのに朝になると緊張して行けなくなる」といった悩みの場合、その不適切な緊張状態（ストレス反応）を軽減するために、リラクセーションスキルを教えることが中心的な活動になるかもしれない。もちろん、生徒の悩みを理解するうえで傾聴、共感、受容を心がけることには変わりないが、行動理論に立つ教師は、生徒の行動は学習によって変わると考えているので、生徒の悩みの解決に役立ちそうな情報提供や助言を積極的に行うであろう。生徒は、このような教師に対して「頼れる顧問」「適切なアドバイスをしてくれる顧問」といった印象をもつだろう。

2）自己理論

　自己理論は、心理学者カール・ロジャースの来談者中心療法を基盤にした理論であり、クライアントの自己への気づきと洞察によって自己のあり方が確立されていくという考え方である。この理論を拠り所とする教師は、生徒の主体性を尊重し、彼（彼女）自身のなかから納得できる答えが出てくるまで、訴えに寄り添って耳を傾けようとする。たとえば、「受験のことを考えると本当にこのまま部活動を続けていくべきなのか」と悩んでいる生徒がいたとしよう。この悩みに対して、教師側に「部活は続けた方がいい」とか「部活はやめて受験勉強をした方がいい」といった正解があるわけではない。正解は生徒本人のなかからしか生まれないわけであるから、教師は生徒と一緒に考えていくことになる。したがって先の行動理論では、アドバイスや情報提供が多くなるが、自己理論に根ざす教師はむしろ生徒の話に耳を傾ける、傾聴の度合いが多くなるだろう。生徒は、このような教師に対して「自分を理解してくれる顧問」「生徒の自主性を尊重してくれる顧問」といった印象をもつだろう。

3) 深層心理学理論

　深層心理学の理論は、無意識の存在を肯定し、人格の変容（成長・成熟）をめざす理論である。行動理論や自己理論が目標にしているのは、基本的には行動の変容であるので、この点が大きく異なる。先の例に挙げた「部活を続けるべきかどうかについて迷う生徒」に、もし深層心理学的な見方をする教師が会ったとすると、単に問題となっている日常や競技場面の課題解決のみに注意を向けるのではなく、こころの内面の流れを汲み取ろうとするであろう。部活動のなかでは人間関係がたいへんそうであるし、受験や将来の悩みは非常に大事であることもわかる。しかしその一方で、「なぜこの時期にこういった対人関係のトラブルや将来に対する不安が彼（彼女）に発生するのだろうか」といったことに注目して悩みを聞いていくことになる。このような事例では、相談の過程で転機（思わぬ出会いや発想の転換等）が訪れ、当初は八方塞がり（はっぽうふさ）にみえた状況が大きく展開する例がしばしば見受けられる。生徒は、このような教師に対して「なんでもわかってくれる顧問」といった印象をもつだろう。

4 ● カウンセリング・マインドをもった運動部顧問

1) 教師とカウンセラー

　スポーツカウンセリングの技法や理論を紹介したが、運動部顧問がカウンセラーのように振る舞うことを推奨しているわけではない。カウンセラーとはカウンセリングの専門的な訓練を受けた者のことであり、訓練の内容によって「臨床心理士」「認定カウンセラー」「スポーツメンタルトレーニング指導士」などの資格がある。他方、教師は、教員免許という資格をもった教育の専門家である。つまりカウンセラーと教師は、いずれも生徒の悩み相談を行うが、それぞれ別のプロフェッショナル（専門職）であり、したがって生徒の悩みに対して対応の仕方が異なるのは当然である。

　最近、教師にもカウンセリング・マインドが必要であるといわれている。カウンセラーと同様に、教師も生徒の悩みに向き合う役割を担うので、前述のカウンセリングの技法、すなわち傾聴、共感、受容はきわめて有効である。このような接し方のできる教師が、カウンセリング・マインドをもった教師である。しかしそれは教師がカウンセラーの真似をするという意味ではない。教師には教師にしかできない役割や生徒との関わり方があるので、それを放棄してカウンセラーの役割をしたり、カウンセラーのような振る舞いをするのはプロの教

師ではない。教科指導や生活指導、運動部指導などはカウンセラーではなく、教師の役割である。とくに運動部活動では、生徒はさまざまな悩みに直面するが、それは成長の機会である。その機会にカウンセリング・マインドをもって生徒に接し、生徒と信頼関係を育み、またそれをきっかけにして生徒の個性を伸長し、成長を促すのが教師の役割である。

2) 育てるカウンセリングの必要性

　教師に必要なカウンセリング・マインドとは、言い換えれば教師にしかできない生徒との関わり、あるいは教師であるがゆえに効果の上がる生徒の悩み相談の仕方のことである。一言でいえば「人生誰もが遭遇する問題の解決に苦労している人を援助し（問題解決的）、これからも自分で主体的に解決できるよう転ばぬ先の杖を与え（予防的）、問題解決を機縁に成長を促す（開発的）関わり」である（國分,1998）。

　カウンセラーの行う心理相談が不登校への対処などの「治すカウンセリング」であるのに対し、上述の教師の生徒への関わりを「育てるカウンセリング」と呼ぶ場合がある（國分,1998）。カウンセラーは専門的訓練のなかで臨床心理学や心理療法などを学び、問題行動の治療原理などに精通している。一方教師は、教育の原理・原則に精通し、効果的な指導法に関する訓練を受けている。また、カウンセラーに比べて、学校生活のさまざまな場面で生徒と交流することができるので、問題を未然に防ぐ、あるいは生徒の問題解決能力を高めるような予防的、開発的な関わりができるはずである。運動部活動は、そのような育てるカウンセリングを実践できる絶好の場である。

3) 育てるカウンセリングの実際例

　運動部活動のなかで実践できる育てるカウンセリングの具体例には、以下のものがある。まず、ストレスマネジメント教育を実施し、生徒が自分の力でストレスをうまく調整できるようにするための心理教育を行うことができる。たとえば、クールダウンのときを利用して、呼吸法、漸進的筋弛緩法、自己統制法（自律訓練法の簡易法）などを紹介するとよい。力を発揮するだけでなく、力を抜く（リラックスする）スキルを身につけさせることで、試合場面で直面するプレッシャーや心理ストレスに効果的に対処することが可能となる。

　試合で実力発揮を促すための方法は、現在スポーツメンタルトレーニングの技法として体系化されており（日本スポーツ心理学会,2005）、運動部活動に

取り入れる顧問が増えている。このうち、目標設定やイメージトレーニングは、スポーツにおける実力発揮だけでなく、学校生活のさまざまな場面でも活用できるスキルと考えられる。最近では、出場メンバーや試合での戦術を生徒に決めさせる、ボトムアップ理論を用いたチーム運営を行う顧問もいる（畑、2013）。生徒の自主性を尊重し、意思決定を任せることで、生徒は問題解決スキルや創造的思考、批判的思考を身につけることができる。もちろん、責任感を育てることにも役立っている。

またチームビルディングも育てるカウンセリングの一つである。前述の通り、運動部活動は文化部の活動に比べて、人間関係の濃密なことが特徴である。スポーツが身体表現をともなうので、非言語的交流が生じやすいことがその理由であろう。一言でいえばごまかしが利かないのである。それゆえ、安全な形で本音と本音の交流を促す、構成的グループ・エンカウンターと呼ばれる心理教育プログラムを通じて、効果的なコミュニケーションを学ぶことができる。この方法は、運動部内でサポートし合う風土が生まれ、燃え尽き現象の予防と同時に、チームワークの向上に役立つことも示されている（土屋、2012）。

（土屋裕睦）

引用・参考文献

- 畑喜美夫『子どもが自ら考えて行動する力を引き出す魔法のサッカーコーチング―ボトムアップ理論で自立心を養う』カンゼン、2013．
- 國分康孝『カウンセリング心理学入門』PHP研究所、1998．
- 中込四郎『危機と人格形成―スポーツ競技者の同一性形成』道和書院、1993．
- 日本スポーツ心理学会編『スポーツメンタルトレーニング教本―改訂増補版』大修館書店、2005．
- 手塚洋介・上地広昭・児玉昌久「中学生のストレス反応とストレッサーとしての部活動との関係」、『健康心理学研究』16巻2号、pp.77-85、2003．
- 土屋裕睦「スポーツカウンセリング」、荒木雅信編著『これから学ぶスポーツ心理学』pp.94-103、大修館書店、2011．
- 土屋裕睦『ソーシャルサポートを活用したスポーツカウンセリング―大学生アスリートのバーンアウト予防のためのチームビルディング―』風間書房、2012．
- WHO編、川畑徹朗・髙石昌弘・西岡伸紀・石川哲也監訳、JKYB研究会訳『WHO・ライフスキル教育プログラム』大修館書店、1997．
- 上野耕平・中込四郎「運動部活動への参加による生徒のライフスキル獲得に関する研究」、『体育学研究』43、pp.33-42、1998．

第4章

運動部活動に活かすグッドコーチング

1 ● 運動部活動の指導とコーチング

　本節では運動部活動におけるスポーツ指導をコーチング学の立場から考えてみる。その前提として、コーチングという用語をこの場でどのような意味で用いるかを明確にしておく。

　近年ではビジネスコーチングが広まり、"ティーチング"に対する用語として"コーチング"が用いられることが多い。しかし、ここではビジネス界で用いられる方法論としてのコーチングではなく、「あるスポーツにおいて、各発達段階に応じた向上と発達を導くプロセス」(ICCE〈国際コーチングエクセレンス評議会〉ら，2013)、あるいは、「競技者やチームを育成し、目標達成のために最大限のサポートをする活動全体」(文部科学省スポーツ指導者の資質能力向上のための有識者会議，2013) といったように、ある目的を達成するためにコーチとアスリートを中心に起こる相互作用全体をさし示すものとしてコーチングを扱っていく。

　運動部活動の指導者に活動目的を尋ねると、「部活動は教育の場であるので人間的成長を優先する」「スポーツで勝つための活動を通じて人間的成長を促す」といった意見をよく耳にする。また、我々が紹介するコーチング学の知識に対して、「日本には伝統的に違ったやり方がある」という声も少なからず聞く。

　しかし現在、コーチング学領域で国際的に議論されている効果的なコーチングのあり方は、日本の運動部活動がめざしてきたものとほとんど一致すると筆者は感じている。また、効果的なコーチングはパフォーマンスもしくは心理的な幸福度の向上を導くとされており (Horn，2008)、競技力の向上だけがコーチングの狙いではないことを最初に指摘しておきたい。

2 ● 効果的なコーチング

では、効果的なコーチングがどのようにとらえられているのか、コーチング学の知見をみていこう。Côté & Gilbert（2009）は膨大なコーチングに関する先行研究をレビューし、「コーチングの有効性と卓越性の統合的定義」という論文を発表した。この論文の中で彼らは、効果的なコーチングは、「あるコーチングの状況において、一貫して専門的知識、対他者の知識、対自己の知識を駆使し、アスリートの有能さ、自信、関係性、人間性を向上させる」と述べている。

運動部活動でコーチングが行われる状況はとても複雑で動的である。対象とする生徒の年齢や性別、身体的特徴とその発育発達段階、家庭環境、スポーツ参加の目的などに加え、その地域の文化的特性や学校の方針、利用可能な施設や用具、人的資源など、多種多様な因子が複雑に影響し合っているため、一見同じように思えても、全く同じコーチングの状況は二度とあらわれない。

効果的なコーチングを可能にするためには、さまざまな情報を集め、状況を読み、分析、判断して行動に移していく必要がある。時々刻々と変化する状況に適切な対応をしていかなくてはならない運動部活動の指導は、音楽家がその場の雰囲気に合わせて調べを奏でる即興演奏と類似している。すぐれたコーチは、さまざまな学びを通して得た知識を使いこなすことで構造化された即興演奏（Cushion, 2007）を行い、アスリートを好ましい成果へと導いている。

コーチングの目的は対象者が目的を達成することを支援することである。しかし、スポーツを行う意義を考えたとき、ただ単に「勝利」という目的を達成させてやるだけではスポーツの価値を失いかねない。スポーツはあくまでも社会的活動の一つであり、コーチはアスリートたちにそのスポーツに取り組むことの意義を伝えていく責任をも負っている。Côté & Gilbert（2009）はコーチングを通してアスリートにもたらすべき結果として、有能さ、自信、関係性、人間性を挙げている。これらは英語でそれぞれcompetence、confidence、connection、characterと表記され、全ての頭文字がcであることから4C's（フォーシーズ）と呼ばれている。

①4C's──有能さの向上

アスリートの有能さは、できなかったことをできるようにしていくこと、すでにできていたパフォーマンスの質をさらに高めることを意味している。有能

さを高めることで勝利する可能性が高くなる。しかし、勝敗の全てがアスリート自らの制御下にあるわけではなく、その時々の対戦相手との相対的な力関係や運などによって決まる。コーチやアスリートにとってできることは、勝つ可能性を上げるために有能さを高めることである。つまり、重要なことは勝つこと自体ではなく、勝つために全力を尽くして練習をし、試合に臨むことであろう。

②4C's——自信を育む

　有能さを高める過程において、生徒が自分の能力を信じ、前向きに取り組んでいける力を養っていくことも重要である。部活動においてコーチは生徒の自己効力感を奪い取ってしまう言動や行動をとらないように、自らをモニタリングする必要がある。とくに、失敗した際の対応について、生徒本人が再度挑戦したいと思えるような働きかけを意識すべきである。

③4C's——関係性を高める

　運動部活動は生徒たちが社会性を身につけるために重要な役割を果たす。個人種目であったとしても、チーム単位で活動していることがほとんどであり、クラスや学年を超えた交流の機会も多い。また、対外試合を通じて他校の生徒とのつながりができ、遠征や合宿などで学校外の社会との接点が生まれ、さまざまな人間関係を経験することで、対人関係を円滑に構築していく力を養っていくことができる。コーチには生徒たちの人間関係構築のロールモデルとしてのふるまいが期待される。

④4C's——人間性の発達

　最後の要素は人間性の向上である。スポーツは人格形成のツールとして大きな期待を寄せられている。運動部活動を通して、フェアプレイ精神やモラル、タフネス、他人への思いやりを身につけていくことが期待されている。しかし、残念なことにスポーツを実施することだけで、このような力が身につくわけではない。問題はどのようにスポーツを実施するかという点にある。関係性の場合と同様に、コーチのふるまいや声かけは生徒たちの人間性の発達に大きな影響を与える。コーチの審判に対する言動、練習や試合中の生徒に対する態度や声かけ、部活動以外での立ちふるまいも含め、生徒たちは意識的であれ無意識的であれコーチから多くのことを学び取っている。

3●コーチに必要とされる知識

　効果的なコーチングを行うコーチは、自らがおかれた状況の中で、アスリートの4C'sを高めていくことに成功している。そのためにコーチに必要とされるのが、"専門的知識""対他者の知識""対自己の知識"の3つの知識である。

1) 専門的知識

　"専門的知識"とは有能さを高めるために重要となる知識で、スポーツ種目そのものの知識やトレーニング科学、バイオメカニクス、スポーツ生理学、スポーツ心理学等に関する知識のことである。発育発達期の生徒を対象とするため、身体的、心理的な発育発達に関する知識はとくに重要となる。
　近年ではインターネットの発達の恩恵を受け、だれでも容易に最新のスポーツ科学の情報へアクセスできるようになってきたが、一方で、日進月歩で発展しているスポーツ科学の情報は日々増加しており、新しい知識を正しく得るためには多くの時間を費やす必要が出てきている。専門的知識が、コーチにとって必要な知識であることは周知の事実であり、これまで多くのコーチ教育プログラムが専門的知識の伝達に重点をおいてきた。しかしながら、この専門的知識と同等か、むしろそれ以上に重要であると考えられている知識がある。それが"対他者の知識"と"対自己の知識"である。

2) 対他者の知識

　運動部活動にはさまざまな人間関係が存在している。具体的にはコーチと生徒、生徒同士、生徒と保護者、コーチと保護者など多岐にわたり、指導の状況を複雑で動的なものにしている。コーチはこうした関係を適切なものにしていくために、効果的なコミュニケーションをとっていく必要がある。このような社会的相互作用に関する知識を"対他者の知識"と呼んでいる。
　さまざまな人間関係のなかでも、とくにコーチとアスリート間の関係の良し悪しがパフォーマンスに影響することが報告されており、両者は好ましい関係を意図的に構築していくべきである。そのためには双方向性の対話が重要であるが、残念ながら一方向性の伝達になってしまっている場合が多い。たとえば、コーチが一時的にアスリートの言葉に耳を傾けることがあったとしても、結局は最後にコーチの言いたいことだけを伝え、アスリート本人は黙って聞いているだけのこともある。この場合、「結局、自分の話を理解しようとしてくれず、

コーチの考えを押しつけてくるだけだ」とアスリートは思うようになり、心を開いてくれなくなることもある。

対話を適切に成立させるためには、まずアスリートが考えていることを理解しようと努め、心の奥底にある思いを感じ取り、受け入れることが重要となる。さまざまな情報をみたり聞いたりする場合には、少なからず主観が影響を与えているものであり、自分が無意識でみている世界は、自分のこれまでの経験から形作られた色眼鏡を通して映し出された像である。観察や傾聴によって情報を収集するときには、意図的に違った視点から物事をみることを意識する必要があるだろう。

また、他者とよい関係を築いていくためには感情をコントロールする能力も重要となる。自己や他者の感情を正確に認識し、それぞれの感情がもたらすであろう結果を予測し、感情を操作して適切な意思決定と行動を選択する力（感情知性）を養っていくことも重要である。

3）対自己の知識

"専門的知識"や"対他者の知識"を獲得し、コーチとしてのスキルを向上させていこうと努力することは、すぐれたコーチになるために欠かせない。このように自らのコーチとしての力を磨いていく知識を"対自己の知識"と呼んでいる。適切な自己認識は、自分のものの見方の先入観（バイアス）に気づかせてくれたり、自分の改善点についての洞察を与えてくれたりする。そのためには、自分が受けてきた教育やスポーツ指導などについて振り返り、それらが現在の自分の考え方や行動にどのような影響を与えたのかを考えてみることも重要である。

また、コーチや教員が実践力を向上させるためにはセルフモニタリングや省察が重要であると指摘されている。コーチの省察は、コーチングの出来事、ロールフレーム（役割認識）、課題設定、戦略生成、試行、評価の6つの要素で構成されていると報告されている（Gilbert & Trudel, 2001）。部活動の現場ではさまざまな事柄が起きているが、その全てが省察の対象になるわけではなく、2つ目の要素である「ロールフレーム」によって省察の対象となるかどうかが決定されている。

ロールフレームは、コーチが自らの役割をどのように認識しているのかという概念であり、フィルターのような役目を果たしている。ロールフレームは経験や価値観に影響を受け、異なるロールフレームをもった別々のコーチは同じ

出来事に対しても省察の対象と判断したり、しなかったりする。ロールフレームというフィルターを抜け、省察ループ（省察の循環）に入ってきた出来事は課題として設定され、課題解決に向けた処理が開始される。省察対話と呼ばれる省察ループ内の処理過程は、他者に相談できるかどうかや、学習段階、課題の性質、環境などの影響を受ける。この過程において生成された改善の戦略は実際に、またはバーチャルに試行・評価が行われ、課題が解決すると省察対話から抜け、省察が終わりとなる。しかし、課題が解決されない場合には引き続き何度も省察対話が繰り返されることになる。省察が行われるタイミングもいくつかが報告されている。

4 ● ジュニアスポーツのコーチング

　生徒たちの部活動への参加目的は多岐にわたる。コーチの指導の目的と生徒たちの参加の目的が一致していないと、部活の円滑な運営が妨げられることは容易に想像できる。ただ、スポーツを行う者が上達を拒むことはほとんど考えられない。コーチは可能な限り生徒たちの技能を向上させるようにコーチングを行うべきであるが、合わせてスポーツ実施の意義などを伝え、4C'sの全てを向上させていく努力をしていく必要がある。

　音楽やスポーツなどをはじめ、さまざまな領域でエキスパートの域にまでパフォーマンスを向上させていくには10年もしくは10,000時間のデリバレット・プラクティスが必要であるとされている（Ericssonら，1993）。デリバレット・プラクティスとは意図的、計画的、高度に構造化された練習で、必ずしも楽しみをともなわない、多大な努力と集中力を必要とする練習のことである。このような考えのもと、早期にタレントを発掘し、計画的に育成していこうという動きがさまざまな国や組織で行われてきた。

　ある種目に対して早期に専門化させ競技者として育成を進めていくことで、エリートパフォーマンスに到達することは確かにある。しかし一方で、子供に対して身体的あるいは精神的な負の影響を与えてしまい、そのスポーツから離脱させてしまう、いわゆるバーンアウトを多く引き起こしてしまうという批判も少なくない。運動部活動の場面に置き換えて考えてみると、中学校であまりにも楽しみの少ない練習を行うことで、高校や大学、または実業団、プロになるまで身体やモチベーションがもたなくなってしまう危険性がある。高校の部活動にも同様のことがいえる。

また、エリートアスリートになることができた人とそうでなかった人とを比較した研究によると、エリートパフォーマンスにつなげていくためには、デリバレット・プラクティスだけでなく、プレイの要素が重要であると指摘されている（Fordら，2009）。我々大人は、子供たちに大人が考えた練習環境を与えることでエリートパフォーマンスの達成を実現できると考えがちであるが、子供たちが自由な発想でプレイすることが将来のパフォーマンスによい影響を与えることが示されている。教員やコーチは「教える」ことによって生徒たちが「学ぶ」と考えている者が多いと思われるが、実際には順序が逆で、生徒たちが「学んだ」ときにようやく教員やコーチは「教えた」ことになる。むしろ、ガリレオ・ガリレイの言葉にあるように「人にものを教えることはできず、自ら気づく手助けができるだけ」といった方が正しいのかもしれない。運動部活動においても、生徒たちの学びを考えれば、主体的な活動を促し、彼ら自身が目標と現状のギャップを理解し、自発的にニーズを満たしていけるような環境を設定していくことが重要なポイントとなる。

　しかし、現状をみると、コーチがアスリートの行動を制御しようとしている場面をよく目にする。コーチが用いる制御行動についてまとめた研究（Bartholomewら，2009）によると、具体的には次の6つに分類できる。すなわち、①有形の報酬、②制御的フィードバック、③過度な個人制御、④脅迫的なふるまい、⑤自我関与の促進、⑥条件つきの報酬、の6つである。

　自らの興味で始めたスポーツで、なにかのたびに有形の報酬を与えられると、いつのまにか動機が報酬に移ってしまい、もはや自らの興味でスポーツを行えなくなってしまうことがある。生徒の主体的な活動ではなく、制御するような行動や脅迫的なふるまいをコーチがとったり、プライベートまでも過度に制御しようとすることも好ましくない。また、他者との比較を通して優劣を評価し続けることで、相対的に相手に勝てばよいという意識をもたせてしまい、自らを改善していくという内的目標を持ちづらくしてしまう危険性がある。また、コーチを喜ばせたときだけ誉めたり報酬を与えることで、コーチを喜ばせることが動機になってしまうこともあるので注意が必要である。

　これらの制御行動とは逆に、生徒たちの自律性を支援する行動に関する報告もある（Mageau & Vallerand，2003）。次に挙げる7項目はコーチの自律性支援行動と呼ばれるもので、生徒たちの主体的な取り組みを促すための行動として参考になる。

　①ルール、制限の中で選択肢を与える

②課題や制限についての根拠を提示する
③他の人の感情や観点を認める
④アスリートが主体的かつ自主的に行動する機会を与える
⑤選択肢のないフィードバックを避ける
⑥制御する行動を避ける
　　──あからさまな制御を避ける
　　──非難や制御するような発言を避ける
　　──魅力的な課題に対して報酬を与えない
⑦選手の自我関与を防ぐ

　コーチが生徒たちの主体的な活動を支援し学びの手助けをするためには、自律を支援すると同時に、安心できる状態をつくり、失敗から学ぶことができる雰囲気を作り出すことが必要である。新しいことに挑戦したり、さらに質を高めるための挑戦をすれば、当然失敗の確率は高くなる。

　そこで、もしもコーチが挑戦による失敗に対して怒鳴りつけるようなことをしていれば、その生徒は新しい挑戦を躊躇するようになるだろう。その結果、ミスは少なくなるかもしれないが、新しいスキルは身につかず、パフォーマンスのレベルは頭打ちになってしまうだろう。失敗に対して必要なのは、適切なフィードバックと挑戦を続けられるポジティブな声かけである。

　クエスチョニング（問いかけ）も生徒たちの自律を支援するために重要なスキルである。クエスチョニングをされることで、生徒たちは自らの頭で解答を考えなくてはならず、現在答えられなくとも、クエスチョニングを続けることで、自らの頭で考え、主体的に行動するようになることが期待できる。クエスチョニングを行う際に気をつけるべき事項は以下の通りである。

・オープンクエスチョンを用いる
・アスリートの応答を推賞し認める
・誘導質問を避ける
・上位と下位の質問を使い分ける
・刺激と探索を用いる

　オープンクエスチョンは「ハイ」や「イイエ」で答えられない質問で、回答者側がよく考えて答えなくてはならない質問である。回答者が考えて答えることで、気づきを促すことができる。逆に「ハイ」や「イイエ」で答えられるような、回答が限定されるような質問をクローズドクエスチョンと呼び、このタイプの質問が用いられることが多い現状がある。

「さっきのは〇〇だろう。わかったか？」という場合の「わかったか？」に対して、生徒は反射的に「ハイ」と答える。本当に生徒が理解したかどうかを確かめるためには「さっきの場合はどうするべきだったと思うか？」といったオープンクエスチョンを投げかけるほうがよい。クエスチョニングを行うときには、生徒からの応答を推賞し、得られた回答を認める必要がある。生徒の回答を否定することが続けば、生徒は回答をしなくなる。

誘導質問は質問の中に答えが既に含まれている質問であり、これも多用すると質問ではなく指示の意味合いが強くなるので注意が必要である。質問には上位と下位の質問があり、上位の質問は概念や理由、方法などを尋ねるもので、下位の質問は特定のアイデアやコンセプトを学ぶ必要があるときなどに用いることができる。

上位の質問の例は「さっきのプレイで、相手のディフェンスの意図はなんだと思った？」、下位の質問の例は「ボールを打ったときには、手のどこに当たった？」などである。アスリートが答えに困っている場合は、考えるきっかけとなるような質問をすることも効果的である。アスリートの思考を深めたり、幅を広げたりするには探索の質問を投げかける。コーチがアスリートの回答の意図をより正しく理解したいときにも探索の質問が有効である。

5●コーチの職務

これまで、コーチングに役立つ知識やスキルについて具体例を交えて解説してきたが、ここではそれらのスキルを活かしてどのような職務をコーチが行うべきなのかについて述べていく。国際コーチングエクセレンス評議会が2013年に発行した国際スポーツコーチング枠組み（ICCEら，2013）のなかに、コーチが行う職務がまとめられている。それらは、①ビジョンと戦略の設定、②環境の整備、③人間関係の構築、④練習での指導と競技会への準備、⑤現場に対する理解と対応、⑥学習と振り返り、の6つである。

まず、運動部活動を指導するに当たって、ビジョンと戦略の設定を行う。もちろん、コーチ単独の思いに依存したビジョンと戦略の設定ではなく、地域性や学校の方針、そしてなによりも部活動の主体である生徒たちの参加目的を把握し、全体像を理解したうえで行っていく必要がある。その際には、関係各所の調整と場合によっては統制が必要となる。まずはニーズの分析、そしてビジョンの設定、戦略の構築といった能力が必要とされる。

ビジョンと戦略が設定されれば、それに基づいて環境の整備を行っていく。行動計画作成、選手・スタッフ・資源の確認と採用、参加者の安全確保と人権保護、育成指標の構築等が含まれる。また、コーチは必要に応じて適切な人間関係構築のためのリーダーシップをとっていく。

コーチの役割としてもっとも想像しやすいのが、練習の指導と競技会への準備であろう。これには日常的な練習の指導、適切な教授法の選択、適切な競技会の選択とエントリー等が含まれる。現場に対する理解と対応には観察、意思決定と調整、記録と評価といった能力が必要であり、学習と振り返りでは1回の練習とプログラム全体の評価、内省とセルフモニタリング（自己観察）、専門家としての成長意欲、イノベーション（革新）が求められる。

6●コーチとしての学び

コーチの職務の一つとして「学習と振り返り」があり、さらに効果的なコーチングを行うために必要な知識の一つとして"対自己の知識"があった。これらを実現するためには、コーチが学び続け、自らの専門能力を向上させていく必要がある。時代は流れ、指導する対象者の特性は大きく変化してきている。さらにスポーツ科学や用具の技術革新などにより、スポーツも進化し、新しい知識や技術が世の中に次々とあらわれてきている。過去の経験だけにたよって同じ指導を行うことは相対的に指導法が退化していることを意味する。そして、インターネットの発達により、さまざまなスポーツに関する新しい情報を生徒や保護者も得ることが可能になっている現状を考えると、運動部活動のコーチが質の高い学びをしていくことの必要性に気づく。

コーチとしての学びはさまざまな形で起こる。一つにはコーチ資格プログラムや大学、大学院での公的な学びの場で起こるものがある。また、セミナーや講演といった機会を利用して学びを深めていく方法もある。これらは基本的に他者との直接的な関わりを介しての学びであり、媒介学習と呼ばれている。

それに対し、コーチがコーチング現場などで自発的に行う学習を非媒介学習といい、コーチの学びに関する多くの先行研究によると、媒介学習よりもむしろ非媒介学習の貢献度が高いことが報告されている。非媒介学習で主役となるのが先に述べた省察であるが、近年ではこの省察を第三者からの評価を得ながら行っていく取り組みが始まっている。

新しい学びを得るためには、自らの心地よいゾーンから出ることも重要であ

り、それを可能にするのは他者や書籍など、自分以外のものとの関わりであることが多い。コーチング実践コミュニティを形成したり、SNSなどを活用したネットワークを構築し、コーチとしての学びを進めていく環境を整えるのも、現代のコーチに必要とされる能力といえる。

　運動部活動は生徒たちがスポーツを学び、また、スポーツを通して人生を力強く生き抜く力を養う場である。と同時に、運動部活動の指導者は生徒たちへの指導を通して、自らが成長する機会を得ている。運動部活動は生徒の学びの場であると同時に指導者の学びの場でもあるのだ。互いに学びのパートナーとしての活動を意識しつつ、運動部活動をさらに発展させていくことが、現場の指導者に求められていることではないだろうか。

（伊藤雅充）

引用・参考文献

- Bartholomew, K. J., Ntoumanis, N., & Thøgersen-Ntoumani, C., A review of controlling motivational strategies from a self-determination theory perspective: implications for sports coaches. International Review of Sport and Exercise Psychology, 2(2), pp. 215-233. doi: 10.1080/17509840903235330. 2009.
- Côté, J., & Gilbert, W., An Integrative Definition of Coaching Effectiveness and Expertise. International Journal of Sports Science and Coaching, 4(3), pp. 307-323. 2009.
- Cushion, C., . Modelling the Complexity of the Coaching Process. International Journal of Sports Science & Coaching, 2(4), pp. 427-433. 2007.
- Ericsson, K. A., Krampe, R. T., & Tesch-Römer, C., The role of deliberate practice in the acquisition of expert performance. Psychological Review, 100(3), pp. 363-406. 1993.
- Ford, P. R., Ward, P., Hodges, N. J., & Williams, A. M., The role of deliberate practice and play in career progression in sport: the early engagement hypothesis. High Ability Studies, 20(1), pp. 65-75. doi: 10.1080/13598130902860721. 2009.
- Gilbert, W., & Trudel, P., Learning to Coach Through Experience: Reflection in Model Youth Sport Coaches. Journal of Teaching in Physical Education, 21, pp. 16-34. 2001.
- Horn, T. S., Coaching Effectiveness in the Sport Domain, in: Horn, T.S., ed., Advances in Sport Psychology, 3rd ed., Human Kinetics, Champaign, IL, pp. 239-267. 2008.

- International Council for Coach Education, Association of Summer Olympic Internationals Federations, & Leeds Metropolitan University., International Sport Coaching Framework Version 1.2. Champaign, IL: Human Kinetics. 2013.
- Mageau, G. A., & Vallerand, R. J., The coach-athlete relationship: a motivational model. J Sports Sci, 21(11), pp. 883-904. 2003.
- 文部科学省スポーツ指導者の資質能力向上のための有識者会議(タスクフォース)『スポーツ指導者の資質能力向上のための有識者会議(タスクフォース)報告書　私たちは未来から「スポーツ」を託されている─新しい時代にふさわしいコーチング─』2013.

第4章 — 5 生徒の動機づけを高めるコーチング

1 ● なぜ動機づけを理解しなければならないのか

　青少年のスポーツ活動の意義は広く人間形成にあるといえ、とりわけ運動部活動において期待されている。また、中央教育審議会（2008）は次代を担う子供は「生きる力」を備えることが重要であるとしている。すなわち、主体的に関わりながら問題をよりよく解決していく資質・能力、自己コントロールしながら他者とも効果的に関わり思いやることができる豊かな人間性、これらを備えた人材育成が求められている。したがって、学校教育の一環として行われる運動部活動も、このような観点から人間形成をとらえて指導を行っていく必要がある。

　ところで、「生きる力」の育成は、運動部活動で得られる心理社会的効果と考えることもできる。西田ら（2014）は生徒が運動部活動の心理社会的効果を得るうえで、活動に意欲的に取り組むことや新しいことに挑戦する経験が重要であることを指摘している。ここから考えられることは、単に運動部活動に参加してさえいれば「生きる力」が備わるわけではなく、意欲的に取り組むことによってそれが可能になるということである。したがって、これからの指導者は動機づけに関して正しく理解したうえで、適切な指導を行うことが重要になってくる。

2 ● 生徒の「やる気」をいかにして高め、引き出すか

1）動機づけとは

　動機づけという言葉は、日常語の「やる気」や「意欲」とほぼ同じ意味で使用され、学術的には「行動を喚起し、その行動を一定の目標に方向づけ、持続させる心的過程」を総称するものである。すなわち、動機づけは人に行動を起

こさせ、行動を選択させ、持続させる働きをする。動機づけの大きさを行動の側面からとらえると、たとえば、ある生徒は休日に自主練習をするのか、それともコンピュータゲームをして過ごすのか（選択）、また自主練習で素振りを行う場合には、それを10回で終えるのか、それとも100回行うのか（強さ）、さらに自主練習をどのくらいの期間続けられるのか（持続性）ということが関係する。このように、生徒の行動は動機づけの影響を大きく受けている。

2）外発的動機づけと内発的動機づけ

　動機づけは、外発的動機づけと内発的動機づけに大別される。どちらのタイプの動機づけも生徒の行動に影響を及ぼすが、その行動の質的な部分に大きな違いがある。図1は、外発的動機づけと内発的動機づけの特徴を示したものである。どちらの動機づけもなんらかの「動機」によって「行動」が生じる。しかし、これら2つの動機づけの明確な違いは「行動」と「目標」との関係である。外発的動機づけの場合は、両者は矢印で結ばれる。これは「行動は目標のための手段」という関係をあらわしている。つまり、外発的動機づけでは、行動と直接的に関係のない外的報酬を得るための手段として行動が生じる。そのため、他の活動で動機が満たされたり、動機と結びついていた特定の刺激がなくなったりしてしまうと、その行動は弱まるか消滅してしまうという特徴がある。外発的動機づけに基づく行動の例としては、指導者に怒られたくない（目標）からランニングをする（行動）、お小遣いをもらいたい（目標）から読書をする（行動）というものが該当する。

　一方、内発的動機づけの場合は、行動と目標はイコールの関係である。これは行動そのものから得られる満足が報酬となって行動が生じていることをあら

図1　外発的動機づけと内発的動機づけの違い

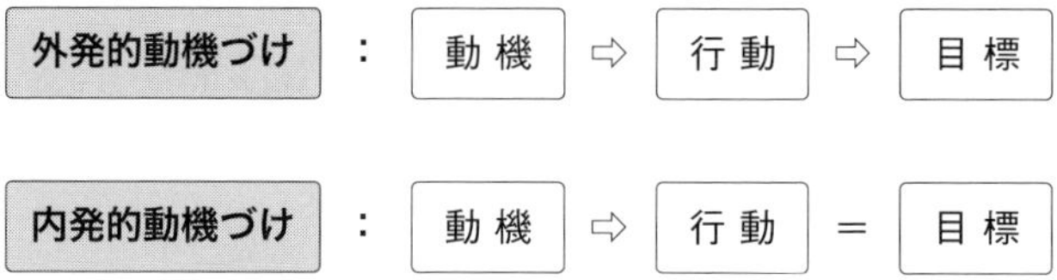

外発的動機づけ ： 動機 ⇨ 行動 ⇨ 目標

内発的動機づけ ： 動機 ⇨ 行動 ＝ 目標

（出典：杉原，2003より作成）

わしている。「行動それ自体が目標」になっているので、行動は自己目的的に生起する。たとえば、走ることの爽快感を味わいたいからランニングをする、物語のストーリーを楽しみたいから読書をするというものが該当する。どちらもランニングや読書で味わえる「楽しさ」が行動の原動力となっている。「なぜそれをするのか」と問われれば、「それがしたいから」と答えられるのが内発的動機づけの特徴である。

3) 生徒の主体性を導く指導とは

　運動部活動指導での体罰の弊害を動機づけの観点から考えてみたい。体罰は生徒にとって脅威であり、だれもが避けたいと願うものである。したがって、体罰を避けることは生徒の行動の原動力になると考えられることから、体罰を用いた指導は外発的動機づけの典型といってよい。体罰を用いることの効果は、生徒の行動を指導者の思うように変化させられることである。指示の通りに生徒を動かしたい場合には、安易で即効性のある体罰は指導者が用いてしまいがちな方法なのかもしれない。

　しかし、体罰を用いた指導には大きな弊害がある。罰が行動の原動力になっているのであるから、生徒は指導者の目を気にして行動するようになってしまう。その結果、指導者の指示や意図に沿うことが行動の基準になってしまい、生徒の行動は消極的にならざるを得ない。これでは生徒が自分らしく主体的に活動することは困難になってしまう。挑戦的な課題を避けて練習や試合に取り組むようになり、技能の向上においても妨げになってしまう。さらに、運動部活動の意義でもある人間形成の側面においても弊害はある。たとえば、指導者の指示や意図に沿うことに慣れてしまうことによって、生徒が自ら考えることをやめてしまうことにもつながる。その結果、指示を出せばある程度はうまく動けるが、その反面、自分で考えて行動することができない生徒が育ってしまう。この他、罰がないと行動を起こせなくなってしまったり、多くの罰を受けることによって学習性無力感に陥ってしまったりする場合もある。運動部活動は生徒の興味や関心に基づいて参加するものであり、そこでは自発的・自主的な活動が求められている。また、人間形成を図ることも期待されている。外発的動機づけの典型である体罰を用いる指導は、こうした運動部活動の趣旨から大きく逸脱する。

　そもそも生徒はスポーツを楽しみたいという期待をもって運動部に入部してくるものである。そのような動機を存分に活かした指導を行うことによって、

生徒の意欲的な活動を導くことは可能である。杉原（2003）は、体育授業で内発的動機づけがあらわれる例として、新規な刺激やより複雑な活動を追求する「好奇動機」、活発に力いっぱい身体を動かしたいという「活動性動機」、新しい能力の獲得や能力を最大限に発揮したいという「イフェクタンス動機」を取り上げている。これらの動機は運動部活動の「楽しさ」と大きく関係するものである。スポーツの「楽しさ」を味わうことは運動部活動の価値にも通じるものであり、このような観点から内発的動機づけをとらえることによって、生徒の意欲を引き出すことが期待される。

4) 自己決定理論

　運動部活動が生徒の興味や関心に基づいて行われる活動であるからといって、生徒が面白いと感じる内容だけでよいわけではない。「基礎トレーニングは退屈だからやりたくない」「用具の片づけは面倒だから下級生にやらせておけばよい」。生徒のなかにはこのような考えをもつ者もいるだろう。しかし、そのような活動のなかにこそ、生徒の上達や成長につながる経験が含まれていることも事実である。ではどのようにすれば、生徒を面白みに欠けるような活動に取り組ませることができるのか。このような疑問に対して指導のヒントを与えてくれるのが、ライアンとデシ（Ryan and Deci, 2002）が提唱する自己決定理論である。

　従来の外発的動機づけと内発的動機づけを対照的に位置づける見方では、外発的動機づけは望ましくない動機づけととらえられてきた。しかし、自己決定理論では外発的に動機づけられる場合であっても、自己決定が低い場合もあれば高い場合もあると仮定する。そして、自分でやっているという感覚が高い（自己決定が高い）場合には、そうではない場合よりも動機づけは強いと考える。図2で具体的に説明すると、自己決定理論では外発的動機づけを自己決定の程度によって4つの段階（調整スタイル）に分類している。それらは、外部からの強制や圧力によって行動する「外的調整」、課題の価値は認めているものの義務感が強い状態で行動する「取り入れ的調整」、課題の価値を積極的に認めて行動する「同一視的調整」、課題の価値の内在化がもっとも進み自ら進んで行動する「統合的調整」の各段階である。これに全く行動をするつもりがない「非動機づけ」と、行動そのものが目標と一致する「内発的動機づけ」を両端に加えて、動機づけを「非動機づけ⇔外発的動機づけ⇔内発的動機づけ」の連続体として位置づけている。

図2　動機づけの連続体

（出典：Ryan and Deci, 2002より作成）

　外発的動機づけの連続体を、基礎トレーニングを行う生徒をモデルに例示しよう。「非動機づけ」の段階では、生徒は基礎トレーニングをするつもりは全くないので実際の行動も生じない。「外的調整」の段階では、基礎トレーニングをしないと指導者から怒られるので仕方なく行っている。「取り入れ的調整」の段階になると基礎トレーニングを行うことの価値が少しはわかるようになる。しかし、「基礎トレーニングをさぼると自分だけがチームから遅れをとってしまい惨めだから」というようにまだ消極的な気持ちで取り組んでいる。「同一視的調整」の段階では、基礎トレーニングは自分やチームの目標達成のために必要だからという意識をもつようになり、基礎トレーニングへの取り組みに積極性がみられるようになる。そして、「統合的調整」の段階では、自分が基礎トレーニングを行うのは当たり前で自然にそれを行っているという状態になる。このように、たとえ基礎トレーニングに関わる姿勢が外発的に動機づけられていたとしても、自己決定の程度によって生徒の行動の強さや持続性に違いが出ることが理解できる。

　以上のことから、指導者が生徒の意欲的な活動を導くためには、自己決定的な動機づけが重要になる。生徒の意識を「意味もわからずに仕方なく行っている」という段階から、「自分にとって大切なことだから当たり前のように行う」という段階にもっていきたい。このような価値の内在化は生徒の心がけや意識のもち方の問題のようであるが、自己決定理論では生徒の基本的欲求を満たすことによって価値の内在化が促進されると考える。すなわち、自分は有能であると感じたい「有能さへの欲求」、自らが自らの行動の原因でありたい「自律性の欲求」、そして、他者と良好な結びつきをもちたい「関係性への欲求」を充足させられるとよい。

①有能さへの欲求

　最初に「有能さへの欲求」の点からは、自分はうまくなっている、あるいは上手にプレイしていると生徒に感じさせることである。指導者は生徒の上達を的確にとらえて、それを生徒に指摘できるとよい。とくに、競技力が低い生徒の場合には、他の生徒と比較することで自らのプレイに否定的な評価を与えがちである。しかし、そうした生徒でも、過去の自分と比較すれば現在のプレイで上達しているところはいくつも指摘できる。そうした点を本人に気づかせてあげることが大切である。

②自律性の欲求

　「自律性の欲求」の点からは、人にいわれてやらされるのではなく、自分の意思でやっているという感覚を生徒にもたせることである。多くの指示を出して生徒にそれをさせることで満足していては生徒の自律性は育まれない。生徒の「自分でやっている感」を育てる指導を心がけていきたい。たとえば、チームの目標設定の過程に生徒を参加させたり、その日の練習メニューを計画させたりすることなどが考えられる。

③関係性への欲求

　最後に「関係性への欲求」の点からは、自分は周囲の人に認められていると生徒自身が感じられるようにすることである。運動部活動ではスポーツ集団の特性を十分に活かし、チームメイトとの協力関係を構築したり、コミュニケーションを図ったりする機会を十分に設けて、仲間と結びつきがもてるよう導くことが重要である。また、生徒にとって重要な他者でもある指導者自身が、生徒の存在を積極的に認めて交流を図ることも大切である。

5) 自己効力感

　身体的に負荷の高いトレーニングへの参加を要求された生徒が「こんなきつい練習は自分にはできないよ」と思ったとしよう。はたして、この生徒はきつい練習に参加してやりとげることができるだろうか。少なくとも、「きつそうだけど、この練習なら自分にはできそうだ」と思える生徒の方が、実際にその練習に取り組む可能性は高そうである。両者の違いは「自分にはできるんだ」という感覚のもちようである。この「自分にはできる」という感覚を自己効力感と呼び、人の行動を決定する要因として注目されている。

自己効力感はバンデューラ（Bandura, A.）の社会的学習理論の中で提起された概念である。以下では、その基本的な考え方を紹介する。

人がある行動をとる可能性が高くなる条件は2つある。1つ目は、結果予期と呼ばれるもので、「その行動が望ましい結果をもたらす」と思えることである。これは、行動と結果との関係に関わる期待であり、たとえば「毎日ジョギングで通学すれば、体力がつく」と感じられることが該当する。2つ目は、効力予期と呼ばれるもので、「その行動をうまくやることができる」と思えることである。これは、人と行動との関係に関わる期待であり、たとえば「自分は毎日ジョギングで通学することができる」と感じられることが該当する。この効力予期のことを自己効力感と呼んでいる。

具体的には、指導者が生徒の行動を導こうとするうえで、「この練習をすればこういう結果につながる」（結果予期）という感覚とともに「自分はこの練習をしっかりと行うことができる」（効力予期）という感覚を高めることが重要である。結果予期を高めるためにはミーティングなどの機会を利用して、練習内容とその効果について生徒の理解を得ることが効果的である。ここで、指導者として悩ましいのは、結果予期を高くもたせたとしても行動がともなわない生徒が出てくることである。そのような生徒には自己効力感を高くもてるようにすることで行動促進を図ることができる。自己効力感には4つの情報源がある。指導者はこれを利用することで、生徒の自己効力感を高める方法を編み出すことができる。

①遂行行動の達成

自己効力感の情報源の1つ目は、遂行行動の達成である。これは過去に同じかそれと似たような成功体験があるということである。実際の指導としては、類似した課題の過去の成功体験を想起させたり、比較的容易な課題で成功体験を積ませたりすることが効果的である。

②代理的経験

2つ目は代理的経験である。これは実際に自分が体験するわけではないが、自分と境遇の似た人がうまくやるのをみて、自分もできそうだと思えることである。逆に、失敗する場面を観察すると自信が弱まることもある。指導者は、チームメイトやライバル選手の挑戦や努力がよい結果をもたらしている様子を生徒に見聞きさせるとよい。

③言語的説得

3つ目は言語的説得である。ある行動を客観的に判断できる人から「あなたならうまくできる」と激励してもらうことである。信頼のおける指導者からの励ましは自己効力感を高める大きな力になる。ただし、指導者の言葉に信憑性がない場合には効果は低くなるので、根拠を示しながら説明できることが大切である。一方、叱責や無視は生徒の自己効力感を低下させてしまう。生徒を発奮させる意図で叱責したとしても、それがやる気につながらないのであれば効果的な指導とはいえない。

④生理的・情動的喚起

4つ目は生理的・情動的喚起である。ある行動を起こす際に落ち着きや不安を感じることも、自己効力感に影響を及ぼす。挑戦的な課題を前にして不安を感じるのではなく、気持ちの落ち着きを感じられるようであれば「うまくできる」という感覚は高まる。そのような心身の状態を導くためにリラクセーションやイメージ技法を用いることは効果的であろう。指導者の指導行動にも生徒の情動に働きかける要素は多くあるので、その点を十分に注意したい。

3●集団の意欲を高めるリーダーシップ

1) 指導者のタイプ

リーダーシップとは「目標を達成することに向けた個人と集団に影響を与える過程」のことである。運動部の中でリーダーシップを発揮することができるのは指導者だけではない。もちろん、監督やキャプテンといったチームの制度上のリーダーがリーダーシップを発揮することもあるが、それ以外のメンバーでもチームの目標達成に向かう個人や集団に推進力となるような影響を与えるようであれば、それはリーダーシップを発揮したということになる。いずれにしても、リーダーシップのあり方が集団の構成員であるメンバーの意欲に影響を及ぼすことは知られている。

たとえば、レヴィン（Lewin, K.）らは、専制的なリーダーのもとではメンバーの作業成績は高いが意欲は低いことを、放任的なリーダーのもとではそれらのどちらも低いことを、そして、民主的なリーダーのもとではどちらも高いことをそれぞれ報告している。この研究からは、運動部活動指導の効果を練習の効率性や競技成績に焦点を当てるのであれば、威圧的に指示を与え、やらせるこ

とを志向する専制的なリーダーシップスタイルがある程度は評価されるのかもしれない。しかし、運動部活動の意義は広く生徒の人間形成に寄与することであり、そこではスポーツへの主体的参加とそれを支える生徒の意欲が重要となる。このような、生徒の意欲を重視する運動部活動では、指導者は民主的なリーダーシップを実践することが求められるといえる。

2）リーダーシップの機能

　リーダーは、集団を活発にするためにさまざまな行動を起こしている。そうしたリーダーのどのような行動が、集団を効果的にするのであろうか。リーダー行動の機能に焦点を当ててその効果を検討した代表的な研究として、三隅（1984）のPM理論がある。PM理論では、リーダーシップの機能をP機能（目標達成機能：performance）とM機能（集団維持機能：maintenance）の2側面からとらえている。ここで、P機能とはチームの目標を設定したり練習計画の立案や練習の指揮をとったりするなど、目標の達成に向けて機能することである。一方、M機能はメンバー同士が話しやすい雰囲気を作ったりチームを明るく居心地のよい集団にしたりするなど、人間関係を良好にすることに向けて機能することである。PM理論ではこれらの機能の組み合わせから、リーダーシップを、①目標達成に向けた働きかけと人間関係への配慮がともに高いタイプ（PM型）、②目標達成に向けた働きかけが強いタイプ（Pm型）、③人間関係への配慮が強いタイプ（pM型）、④目標達成に向けた働きかけと人間関係への配慮がともに弱いタイプ（pm型）、の4つのタイプに分類している。

　これらのリーダーシップのタイプが集団に及ぼす影響を検討したところ、集団の生産性とメンバーの満足感のどちらに対しても、PM型がもっとも効果が高くpm型が最も低いということであった。私たちは、チームの競技会での勝利に必要なリーダーシップ行動としてP機能だけを発揮していればよいと考えがちである。しかし、上記の報告を踏まえると、そうした場合であっても、指導者は単に目標達成に向かうP機能だけを発揮すればよいというわけではない。生徒の居心地のよさに配慮するなどといった集団維持を志向するM機能もバランスよく備えることによって、集団を活発にすることができるといえる。

3）チームの成長に応じたリーダーシップ

　リーダーシップの効果は集団のおかれた状況や集団の特性によって異なるという考え方がある。そのなかでもハーシーとブランチャード（Hersey and

図3 SL理論による効果的なリーダーシップ

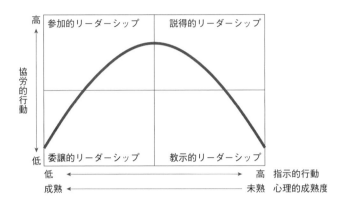

(出典：Harsey, P. and Blanchard, K. H., 1977より作成)

Blanchard, 1977）は、最適なリーダーシップはメンバーの心理的成熟度によって異なるという考えを示している。彼らが提唱するSL理論（Situational Leadership Theory）では、メンバーの心理的成熟度は彼らが有する技能や知識の習熟度、熟達度などの観点からとらえて、集団の発達段階を4段階に区分している。また、リーダーシップの機能を、目的や役割を明示するなどの課題遂行を志向する指示的行動と、意思の疎通を図るなどの関係維持を志向する協労的行動の2軸でとらえて、各機能の強さの組み合わせによって4タイプのリーダーシップの型を想定している。図3は、集団の発達段階に応じたリーダーシップの適合性を示したものである。最適なリーダーシップは、メンバーの心理的成熟度が最も低い段階では「教示的リーダーシップ」（具体的に指示を出して行動を促す）がもっとも効果的であり、メンバーの心理的成熟度の高まりに応じて、「説得的リーダーシップ」（考えを説明して疑問に答える）、「参加的リーダーシップ」（主体性を促して激励する）、「委譲的リーダーシップ」（責任をもたせて委ねる）へと移行していく。

運動部集団も学年の進行等にともない、心理的成熟度は大きく変化する。入部後間もない集団形成の初期段階では、スポーツに関わる知識や技能が育っていないのはもちろんのこと、メンバー同士のコミュニケーションも未熟である。このようなときに、指導者の働きかけとしては生徒が動きやすくなるように具体的に指示を与えることが効果的であろう。やがて、集団が発達していくにし

たがって、指導者の働きかけは、指導者自身の考えを生徒に説明することや生徒の意見を積極的に取り入れていくことを経て、最終的には生徒が主体的にさまざまな決定を行えるように導いていけるとよい。このように、個々の生徒と同じように、運動部集団もさまざまな経験を通じて成長をとげており、指導者には集団の発達段階を考慮して適切なリーダーシップを発揮することが求められる。いつまでも事細かに指示を出して、それに生徒をしたがわせているようでは集団としての成長は見込めない。指導者にとっては勇気がいることかもしれないが、指導者の関与を徐々に少なくして活動の自由度をもたせていくことで、生徒も集団も成長していくことが期待できる。チームが目標達成に自立的に取り組むことができるたくましい集団を育成することは、これからの時代に求められる指導上の大きな課題といえるであろう。

4 ● 言葉がけでやる気が変わる

　実際の運動部活動では、指導者は生徒と言葉を交わしながら指導行動を展開していく。過去の研究（たとえば、Black and Weiss, 1992）からは、言葉がけの中でも称賛や激励は選手の内発的動機づけと関連性が高いのに対して、批判や叱責はやる気を阻害する要因になっていることがわかっている。また、西田（2004）によれば、体育で高い学習意欲を示すクラスの体育教師は、能力の向上を期待させる言葉がけや、課題に取り組む楽しさや喜びの感情を高める言葉がけを多く行っていることを指摘している。このように、指導者からの言葉がけが生徒の意欲に影響を及ぼすことは、経験的な理解も含めて疑いのないところである。

　指導者の言葉がけに少し工夫を加えるだけで、生徒の意欲を引き出すことも可能である。たとえば、指導場面ではこのような言葉がけをよく耳にする。

　「それだからダメなんだ！」「だらだらするな！」「ぼけっとするな！」

　これらはマイナスのイメージを強化する表現である。しかし、たとえ同じ意味内容の言葉であっても、表現を前向きに変えるだけで、生徒が受け取る言葉の印象をずいぶん変化させることができる。実際に、先の言葉を次のように変えてみよう。

　「こうすれば上手くいくよ！」「きびきびいこう！」「集中していこう！」

　このように、物事をよりよい方向に改善する表現を用いることで、生徒は指導者の言葉がけからやる気を高めることができる。

ところで、運動部活動で生徒が誤った行動をしたときなどには、その行動を正すことも重要である。ただし、そうした際にも言葉がけには気をつけたい。威圧的な言葉がけによって生徒を萎縮させてしまっては、動機づけの点からは大きな損失である。まずは、誤りを正すことの目的はどこにあるのかを考えてほしい。それは、指導者の怒りの感情を生徒にぶつけることにあるのではなく、生徒の誤った行動を修正し、その体験から生徒の成長を導くことにある。以下は、指導者が生徒の誤りを正す際の言葉がけの留意点である。①行為を行った「人」が悪いわけではないので「行動」に焦点を絞って話をする、②感情的にならず普通の口調で説明する、③簡潔かつ明確に伝える。

　これまでのスポーツ指導はとかく生徒の失敗や未熟な部分に着目して、それを修正することを中心としてきた。確かにスポーツ指導において、そうした側面が重要なこともある。しかし、動機づけの観点から、これからの時代に求められる指導について言及するならば、生徒の成長、進歩、熟達した部分に注目し、それらを称賛したり激励したりすることで、生徒の意欲的な行動を導く指導を推奨したい。

（渋倉崇行）

引用・参考文献

- Black, J. S. and Weiss, M. R. "age-group-swimming; adolescent; athlete; child; motivation; coaching; behaviour; leadership" Journal of Sport & Exercise Psychology, 14, pp. 309-325, 1992.
- 中央教育審議会「幼稚園、小学校、中学校、高等学校及び特別支援学校の学習指導要領等の改善について(答申)」2008.
- Hersey, P. and Blanchard, K. H., "Management of organizational behavior (3rd Ed.)" Prentice-Hall, 1977.
- 三隅二不二『リーダーシップ行動の科学(改訂版)』有斐閣、1984.
- 西田保『期待・感情モデルによる体育における学習意欲の喚起に関する研究』杏林書院、2004.
- 西田保・佐々木万丈・北村勝朗・磯貝博久・渋倉崇行「スポーツ活動における心理社会的効果の日常生活への般化」、『総合保健体育科学』371号、pp. 1-11、2014.
- Ryan, R.M., and Deci, E. L., "Overview of Self-determination theory: An organismic dialectical perspective" In E. L. Deci and R.M. Ryan (Eds.), Handbook of self-determination research. The University of Rochester Press, pp. 3-33, 2002.
- 杉原隆『運動指導の心理学──運動学習とモチベーションからの接近』大修館書店、2003.

第5章

運動部活動を豊かにする
マネジメント

1. 運動部活動に求められるマネジメントとは
2. 運動部活動の指導を振り返る複眼的な視点
3. 教員に求められる運動部活動の知識とスキル
4. 威嚇的な言葉の指導から生徒の尊厳を高める言葉の指導へ

運動部活動に求められるマネジメントとは

1 ●マネジメントとは

1) マネジメントの定義

　2013（平成25）年5月に公表された「運動部活動での指導のガイドライン」（以下、ガイドラインとする）によれば、運動部活動の指導者は、スポーツ種目の技術等とともに、運動部のマネジメント力を含めた多様な指導力を身につけ、向上させることが望まれている。

　ところで、「マネジメント」という用語は、最近になって多様な文脈のなかで、さまざまな意味を込めて多用されるようになってきている。しかし、この用語が日常会話のなかで使われる場合、それがなにを意味しているのかについては、必ずしも共通理解がなされているわけではない。たとえば、調整・運営・統率・企画等、そのときどきの雰囲気によって使い分けられる、まことに「使い勝手のよい用語」の一つともいえよう。

　マネジメントの和訳は、「管理」（マネジャー＝管理者）になるが、管理という日本語のニュアンスでマネジメントの正しい意味内容を読み取ることは難しい。このことが、マネジメントを和訳することなくそのまま使用する機会が増えてきていることの原因となっている。そこでまず、マネジメントとはなにかについて簡潔に概説しておこう。

　マネジメントという用語を定義する場合、次の2点がポイントとなる。一つは、自分ではなく他者になんらかの活動をさせるための技術や職能をさしているということである。「人を通して物事をなしとげる機能」（getting things done through people）というクーンツとオドンネルの古典的な定義がそのことを明快にあらわしている。運動部活動に即してみると、部員たちは日頃、おもにスポーツ種目の練習や試合を行い、顧問や指導者たちは、技術・戦術面や生活面などさまざまな指導を行う。マネジメントは、こうした外から観察可能な直接

表1　運動部活動のインプットとアウトプット

投入される経営資源 （インプット）	人的資源	生徒、顧問教員、保護者、外部指導者、OB・OGなど
	物的資源	運動施設、用具、学習機器（PC、ビデオカメラ）など
	財務的資源	学校から支給される部活動経費、部費、後援会やOB・OG会からの支援金
	情報資源	練習・指導に必要な情報、運動部の運営に必要な情報
産出される成果 （アウトプット・アウトカム）		運動部加入率、運動部への満足度、競技成績
		競技能力、スポーツへの関心、身体的・精神的効果、学校への愛着・一体感など

的な活動ではなく、部員のスポーツ活動や指導者のスポーツ指導を、部活動の目的・目標を達成するために方向づけたり、調整したりする間接的な活動だということである。

　第二のポイントは、目的達成の「効率性」（目的合理性）を高める働き、つまり物事を効率的に進めるための機能であることである。「効率的」とは、活動に投入される資源（インプット：ヒト・モノ・カネ・情報・時間・労力など）と活動の結果産出される成果（アウトプット）の比率（アウトプット／インプット）が高いということである。つまり、ムダ・ムリ・ムラを除き、できるだけ少ない資源（コスト）で、大きな成果を作り出すことがマネジメントの使命なのである。表1は、運動部活動のインプットとアウトプットを示したものである。運動部活動のマネジメント（以下、部活マネジメントとする）とは、このような諸資源を幅広く調達し、それらを合理的・効率的に活用して教育的・体育的成果を高める働きであるといえよう。

2）マネジメントの3大機能

　さて、物事を効率的に進めるための間接的な働きとしてのマネジメントには、3つの機能がある。第一は、「計画化」の機能であり、それは諸活動に入る前に、進むべき方向を決め（目的設定）、そこに到達するための道筋（計画策定）を意思決定しておくことである。

　第二の機能は「組織化」であり、それは、メンバー個々の力を上手く引き出し、組織全体として一定の目的に向かっていけるような協力の仕組みをつくる働きである。組織化には、①目的達成に必要な役割分担と人員配置、②組織目的に対するメンバーの協働意欲を高める動機づけが含まれる。

　第三は、活動中および事後において、事前に決定されている目的・目標や計

画を基準として、進行状況や実施結果をチェック・診断し、問題がみつかれば適切な修正・改善を施す評価・統制の機能である。

　以上の3つのマネジメント機能を確実に循環させることによって、運動部活動の目的を効果的・効率的に達成することが可能となる。

3）学校運動部に関わる2つのマネジメント

　部活マネジメントには、大きく分けて2つのレベルが考えられる。一つは、野球部の運営、バスケットボール部の運営といった単位運動部内のマネジメントであり、もう一つは、学校の運動部活動全体のマネジメント（クラブ経営）である。前者のマネジメントには、各運動部をめぐる対内的・対外的事項を企画・調整し、個別運動部の目標をよりよく達成するために行われるもろもろの営み（計画化、組織化、評価・統制）が含まれる。一方後者は、学校としての運動部活動の位置づけと目標・方針を明らかにし、運動部活動が全体として生徒たちの要求に応え、さまざまな教育的・体育的効果を上げられるように推進していくための条件を整備していく営みである。

　この2つのレベルの部活マネジメントは、全体としての部活動経営方針に沿って単位運動部のマネジメントがなされるとともに、各運動部の抱える運営上の諸問題や要求事項を常に吸収し、学校部活動全体の問題として対応するという相互関係にある。単位運動部のマネジメントについては後に述べることとして、ここでは学校のクラブ経営（全ての運動部に関わるマネジメント）について、先に確認した3つのマネジメント機能のうち、とくに計画化と組織化について具体的に考えてみたい。

2●運動部活動のトータル・マネジメント①──計画化

1）「学校教育の一環」としての運動部活動

　運動部活動は、長い間、「学校教育の一環」として位置づけられてきた。つまり運動部活動は、ただ単に生徒たちが、余暇時間に自分の好きなスポーツの技能を高めたり、スポーツを楽しんだりするだけのスポーツクラブではない。しかしながら、学校教育の一環とはどのような意味なのかについて、詳細かつ明快に説明されてきたわけではない。そこでまず、運動部活動における目的設定の前提として、「学校教育の一環」としての運動部活動のあり方について、以下の3点を確認しておくことにしよう。

まず第一に、責任の所在が、学校にあるということである。近年では、地域の指導者に技術指導を委ねたり、地域スポーツクラブと連携や協働するケースも増えてきているが、その円滑で効果的な運営に対する管理責任と教育成果に関わる結果責任は、いうまでもなく学校が負うことになる。

　第二に、運動部活動は、学校の教育目標を達成するための重要な一教育領域として位置づけられなければならない。教育とは、人格の完成と社会の形成者の育成を期して行われる営みである（教育基本法第1条）。つまり、学校体育の立場からは、生涯スポーツ社会の形成者を育成することがめざされることになる。また、学校教育は、自ら進んで学習や運動に取り組む意欲を高めることを重視して行われなければならない（教育基本法第6条）。運動部活動もこの教育的役割に貢献するように目的化される。さらに、学習指導要領の総則に記されているように、部活動は教育課程との関連を図るように留意することが求められている。とくに運動部活動については、教科保健体育との関連を緊密にすることが重要であり、したがって、運動部活動も教科体育と同じく生涯スポーツの実践者・主体者の育成を目的とするスポーツ教育の機会であるとの立場を明確にしておくことが大切である。

　第三に、運動部活動は学校教育の特質を堅持してマネジメントされなければならない。まず、公教育としての学校教育は、全ての生徒に公平・平等に教育成果を保障する使命があり、決して一部のエリートや選ばれた者だけに利益が供される活動であってはならない。さらに、家庭や地域の教育とは異なり、計画的・体系的な教育を組織することに特徴がある（教育基本法第6条）。すなわち、単位運動部の運営や指導は、顧問教員や指導者の個人的な教育観・スポーツ観や指導能力に過度に依存してワンマンプレイ（指導者による私物化）に陥ってはならず、学校としての統一的な共通目的・方針に沿って組織的に営まれることが肝要である。

2）学校の体育経営と運動部活動の目的設定
①運動部活動における共通目的の意義と必要性

　運動部活動の共通目的の設定にとってとくに重要なのは、「ガイドライン」でも強調されているように上記の2番目に指摘した学校教育目標との関連性を図ることである。計画的・組織的に運動部活動を運営するということは、学校として共通の方向性を確認し、統一的に部活動の運営および活動を展開することといってもよい。

そして、そのような共通の目的に沿って単位運動部が運営されるためには、まずもって、各部の運営を直接担うことになる顧問同士がコミュニケーションを定期的に図り、一定の教育目的についてコンセンサスを得ておく必要がある。つまり、「我が校の（運動）部活動では、どのような資質能力や態度を生徒に身につけさせたいのか」「そのためにはどんな活動が展開されればよいのか」について学校としてのビジョンを共有しておかなければならない。
　しかし現実には、顧問の考え方や生徒の要求などが異なるためか、同じ学校の運動部活動であっても、それぞれの部によって、活動の行われ方が著しく異なるケースも多々みられる。たとえば、野球部では、生徒の意見や要望などには耳も貸さず、ひたすら対外試合での勝利をめざして顧問主導のスパルタ練習が休日もなく続き、レギュラー以外は球拾いとランニングに明け暮れる。一方、サッカー部は生徒が意見を出し合ってみんなが平等に活動できる練習内容や試合の参加方法を決め、週に必ず休養日をとって休みのときはサッカー以外の活動も楽しむ。
　これほど極端とはいわないまでも、学校としての運動部のビジョンがみえない現実は意外に多い。しかも教員たちは、他の部の顧問教員に対してはなにもいわない、もしくはいえない雰囲気が支配している。もちろん、単位運動部のマネジメントに顧問の個性を活かすこと自体は否定すべきでないが、それはあくまで学校の共通目的をめざす範囲内でのことである。顧問への「任せきり」と顧問による部活動の"囲い込み""私物化""セクト主義"は、批判の的であり、公的教育機関としての学校では避けなければならない。

②カリキュラム・マネジメントと運動部活動

　次に、体育経営におけるカリキュラム・マネジメントの観点から、その第一ステップである運動部活動における目的設定の手順と基本的内容について考える。
　学校で提供されるスポーツの機会には、運動部活動の他に、体育授業、体育的行事、業間運動などがある。これら多様な運動の機会や場（体育事業）を計画的・組織的に提供することが体育経営である。体育経営では、個々の体育事業のあり方を考える前に、学校体育全体としてどんな方向に向かったらよいのか、どんな力を育てるのか（学校の体育目標）をまず考える。そしてその次に、各体育事業が学校体育目標を達成するためにどんな役割を担い、各体育事業間では互いにどんな関連性をもてばよいのかを意思決定する。

図1 学校における体育事業の構造的把握(1)

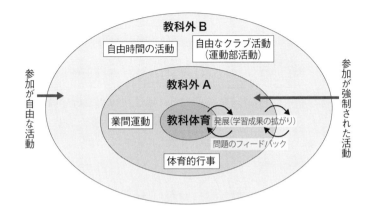

(出典:宇土正彦『体育科教育法』p. 297、大修館書店、1978をもとに筆者作成)

図2 学校における体育事業の構造的把握(2)

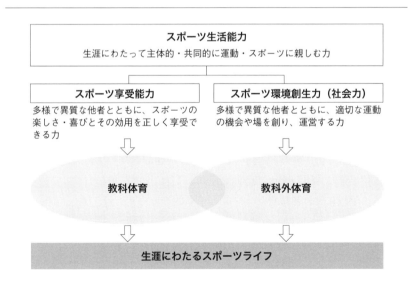

(出典:清水紀宏「公教育の変容と学校体育システム」、『日本体育学会第58回大会体育経営管理専門分科会シンポジウム報告書』2007)

これがカリキュラム・マネジメントの基本手順である。このような学校体育の総合的・構造的な見方の必要性が、「教育課程との関連を図る」という指導要領の文言の中に含意されている。生涯スポーツの実践者・主体者を育てるという学校体育の目的は、さまざまな体育的活動を有機的に関連づけることで相乗効果が生まれ、効果的な達成が可能となる。カリキュラム・マネジメントが機能していれば、教科と部活動の理念や目的にずれが生じることはない。授業では、生徒の自ら学ぶ意欲を引き出し自発的・主体的学習を重視していながら、部活動になると顧問や指導者が一方的に引っ張り、生徒側はただしたがうだけという現実があるとすれば、その学校ではマネジメント機能が働いていないといわざるを得ない。では、全ての体育事業に共通する目的とはどのように考えたらよいのだろうか。

　2011（平成23）年に制定されたスポーツ基本法（以下、基本法とする）では、その序文に「スポーツを通じて幸福で豊かな生活を営むことは、全ての人々の権利」と謳われた。今や、スポーツはだれもが享有する権利の一つとなったが、せっかく保障された権利もそのことを自覚し、他者と協力しながら責任をもって権利を行使しなければ、スポーツを通じて幸せで豊かな生活を営むことはできない。

　よって、学校体育では、基本法に規定された権利としてのスポーツを生涯にわたって日常生活のなかで親しむことを可能とする「スポーツ生活能力（スポーツリテラシー）」の育成が共通目的となるであろう。そしてこの能力は、スポーツに高い関心と意欲のある生徒だけでなく、すべての生徒に育むことが大切である。したがって、生徒の自発的参加を前提としながらも運動部に加入する生徒の割合（運動部加入率）を向上させることを目標とすることが、学校教育の一環としての運動部活動にあっては重要となる。

　さて、学校体育共通の方向性（ビジョン）を定めたら、次に、運動部活動と他の体育事業に共通の役割と運動部活動に固有の役割を明らかにしておく必要がある。学校における体育事業全体の構造的なとらえ方は、図1、2に示すように2つある。図1では、教科としての体育を学校体育の中核におき、参加の自由度や活動の自主性が高い教科外体育（体育的行事や運動部活動）を外に配置している。そして、教科外体育は、教科体育の学習成果（運動技能、運動への関心や態度、思考判断力など）を発展させる場として位置づけられている。

　しかしこのとらえ方では、運動部活動に固有の目的や意義は必ずしも明確ではなく、"なぜ教科の体育以外に運動部活動を学校教育の中に設けるのか"に

ついての積極的な根拠が示されていない。対して図2では、まず、学校体育の目的をスポーツ生活能力の育成とし、この能力はさらに「スポーツ享受能力」と「スポーツ環境創生力[1)]」という相異なる力からなるものと考える。そして、教科の体育は、主として前者の育成を担い、運動部活動などの教科外体育は、後者のスポーツ環境創生力を育てることを固有の役割とする。

　体育授業では、いかに生徒の主体的な学習を基本とし、彼らの選択の幅を広げようとしても、教育目標や内容が法的に定められている教科という枠組の制約があり、生徒の自己決定権の保障には一定の限界がある。たとえば、授業の場合には何曜日の何時から、何時間ぐらい運動するかを生徒が決めるなどということは考えられない。だれとどの施設を使ってどんな運動をするか、どんな相手と試合をするか、だれに教えてもらうかなども生徒が選べる選択肢は限られている。

　しかし、自治を基本とする部活動は、生徒が自ら決定すべき事柄も多く、裁量の幅も広い。つまり、スポーツ環境やスポーツ組織の自治能力を育むのに相応しい教育の機会である。このようにとらえることによって、運動部活動の学校教育における位置づけと必要性が明確になる。

3) 多様な生徒のニーズに応える運動部の設置

　運動部活動の理念・目的を達成し、その教育成果をできるだけ多くの生徒たちに保障するためには、まずは、運動部への加入率を高めることが必要となる。しかも、強制や義務によるのではなく、生徒の自発的・主体的参加を促進・支援する方策を考えなければならない。

　「部活動の盛んな学校」という表現があるが、それはどんな学校をさしているだろうか。特定の運動部が全国大会常連校であったり、競技成績の高い運動部が多い学校であろうか。しかし、特待生制度を活用して選手を集め、遠征や合宿に多額の経費を投入し、全国大会を駆け上る学校だけが部活動の盛んな学校なのではない。真に部活動が盛んな学校とは、自主的・自発的に部活動に参加する生徒が多数を占め（できれば全ての生徒）、生徒自らが自治的・組織的に部を運営し、学業等の生活諸活動とのバランスを図りながら、だれもが平等・公平にスポーツの楽しさ・喜びを享受して人間的にも成長し、彼らの生活の充実と学校構成員としての誇りを強く抱いているような学校である。

　そのような学校にするためには、生徒たちが入部してみたいと魅力を感じる運動部が用意されることがなによりも大切である。しかし、現実には中学・高

表2 運動部に入らない理由（複数回答）

項目		回答率
1	高校では他にやりたいことがあるから	57.9%
2	自分の時間がなくなるから	57.0%
3	部活にしばられたくないから	51.8%
4	レベルが高くてついていけそうにないから	50.7%
5	入りたい運動部がないから	43.2%
⋮	⋮	⋮
10	スポーツを一生懸命しても意味がないから	10.6%

表3 運動部活動に関連した国の体育政策──運動部活動の形態

保健体育審議会答申（1997）	〈活動形態及び内容の改善事項〉 　児童生徒期に多様なスポーツ活動の機会を確保する見地から、健康・交流志向や競技志向など志向の違いに対する配慮や、シーズン制、複数種目制など、児童生徒の志向に対応した活動内容の多様化を図ることも考えられる。
	〈豊かなスポーツライフの指針：青年期前期（中学・高校期）〉"シーズンに応じスポーツを" 　多様なスポーツを体験し、スポーツの楽しさや喜びを体感し、スポーツに主体的に取り組む態度を育成する。
スポーツ振興基本計画（2000）	〈運動部活動の運営の改善〉 　次の事項に配慮しながら運動部活動の運営の見直しを図り、学校教育活動の一環として一層その充実を図ることについて、各学校の取組を促す。 　スポーツに関する多様なニーズに応える観点からは、例えば、競技志向や楽しみ志向などの志向の違いに対応した運営や、一人の児童生徒が複数の運動部に所属することを認めるなど、柔軟な運営に努めること。
日本学術会議健康・スポーツ科学分科会（2011）	〈運動・スポーツを指導する際の留意点〉 　多様な動きをつくる遊び・運動・スポーツを積極的に行わせる。 　小学校では、基礎的な動作に関わる動きづくりを様々な遊びを通して自立的・自発的に行わせ、中学生以上では、できる限り多くの種類のスポーツや身体活動を経験すること。
スポーツ基本計画（2012）	〈学校の体育に関する活動の充実〉 ○国は、生徒のスポーツに関する多様なニーズに応えた中学校及び高等学校の運動部活動の充実を促進し、生徒の運動部活動への参加機会を充実させるため、複数校による合同実施やシーズン制等による複数種目実施、総合型地域スポーツクラブとの連携等運動部活動における先導的な取組を支援する。 ○地方公共団体においては、運動部活動の充実のため、児童生徒のスポーツに関する多様なニーズに応える柔軟な運営等を行う取り組みを一層促進することが期待される。

校に設置されている運動部は、1つの種目だけを選んで、約3年間、週に5〜7日、試合での成績を目標に活動する単一種目型競技的運動部という画一的な形態のものが大半を占めている。このため、競技・勝利志向を望まず、複数種目を行いたいといった多様なスポーツライフスタイルを求める生徒たちには参加機会が与えられず、クラブライフを断念せざるを得ない。また、最近では、生徒数の減少によって部の活動が維持できず、やむなく廃部に追い込まれることもある。このような生徒に対して部活動に自主的に参加できる"うつわ"をどのように用意するかは学校としての対応を迫られる問題である。

　筆者らが、とくに入部率が低い高校生女子の運動部非加入者を対象に行った調査結果[2]によれば、運動部に入っていない理由の上位5項目は、表2に示す通りであった。さまざまな経験を積むことで成長する高校生期に、現在のような画一的な運動部に加入することは、その他の生活諸活動・諸経験の可能性を大きく制限する。生徒たちは、決してスポーツが嫌いで入らないのではなく、そうした生活諸活動と両立できる多様な形態の運動部がないため、結果として「入りたい運動部がないから」入らない、もしくは入れない状況にあると考えられる。このような現状を踏まえると、どのような運動部を設置するかを検討し計画することは、運動部活動の目的を効果的に達成するためにもっとも重要な意思決定事項である。

図3　日本人のクラブ加入率

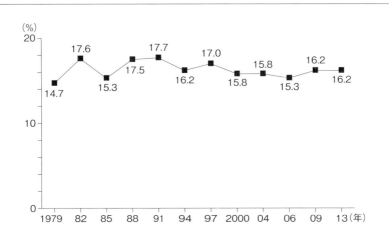

（出典：文部科学省「体力・スポーツに関する世論調査」より）

表3は、1990年以降の運動部活動に関わる国のスポーツ政策をまとめたものである。まず、保健体育審議会答申（1997年）では、生涯にわたるスポーツライフの指針を提示し、中学・高校生世代では多様なスポーツを体験することが大切なライフステージだとしている。また、日本学術会議「子どもを元気にする運動・スポーツの適正実施」（2011年）においても、運動・スポーツを指導する際の留意点として同様の指摘がなされている。

　こうした発達段階・ライフステージに応じたスポーツライフを保障するためにも、幅広い選択肢を用意することが求められる。運動部には、その目的によって、競技的クラブ以外にもレクリエーション的クラブ（運動の多様な楽しさを求めるクラブ）やトレーニング的クラブ（健康増進や体力つくりを求めるクラブ）などがある。また、単一種目型以外に、シーズン制や多種目併行型などの複数種目型クラブがある。さらに、一つの運動部の中に志向の異なる複数の集団が内包された総合クラブもある。

　これらは、従来の学校運動部では経験することが不可能な運動部であり、このことが学校卒業後のスポーツおよびクラブからの離脱を招き、我が国全体のクラブ加入率（図3）を長期にわたって低迷させる一因となっていると考えられる。運動部活動のすぐれた教育的価値を多くの生徒たちに保障し、学校卒業後の生涯スポーツに必要な資質・能力を培うためにも、今後はいっそう多様な選択肢を用意することが求められる。

3 ● 運動部活動のトータル・マネジメント② ── 組織化

1) 部活動運営組織の任務

　顧問教員個人の独断的なマネジメントを払拭することが必要な一方で、運動部の運営や指導に自信がもてなかったり、さまざまな疑問を抱えながら日々苦悩している教員たちも存在する。初めて顧問になった場合や、自分自身が専門ではない部の顧問を引き受けざるを得なかった場合などである。こうした教員たちが疑問や悩みを一人で抱え込むのではなく、同僚教員たちがアイデアや知恵を出し合い協力しながら対処していくための仕組みを整えていくことも部活マネジメントにとって大切である。

　共通のビジョンをもって単位運動部の運営や指導にあたり、その過程で生じた悩みや情報を顧問同士で交流しあうとともに、多くの生徒に開かれた運動部活動にしていくためには、顧問間のコミュニケーションを活性化しなければな

らず、そのための公的な組織を確立する必要がある。

　部活動を運営するための組織には、学校（教員）側の組織と生徒側の組織があるが、「部活動運営委員会」（Club Service Committee：以下CSCとする）とは、学校側の組織であり、顧問教員を主要メンバーとする。よって、「顧問会議」などとも呼ばれる。CSCの基本的な任務は、一つひとつの運動部が円滑かつ効果的に活動できるよう、必要な援助・指導・統制を行うことである。運動部の設置、運動部数の調整、指導者や経費等の資源問題など運動部が単独では解決できない問題を扱い、運動部全体の教育目的を側面から支援し、その活発な活動を促進するために作られる組織である。運動部の顧問が集まる指導者会議等の組織を設置している学校は8割以上にのぼるといわれるが、先に述べたような事柄について実質的な議論がなされている場合は少ないのではなかろうか。そこで、CSCの具体的任務を以下に挙げてみよう。

①部活動をめぐる生徒の実態把握

　部活動運営に関する学校としてのビジョンを描くためには、生徒の実態が正しく把握されていなければならない。部活動入部者の特性や活動状況（練習参加状態や満足・不満の実態など）、運動部に参加していない生徒の理由を解明するための資料や情報をキャッチしておき、CSCでの議論の素材とする。

②部活動の目標と運営方針の検討・決定

　部活動を設置する意義と目標を決め、顧問間で共通理解を図る。この際、学校教育目標との関係や教科体育・体育的行事など他の体育的活動との関連性についても検討する。

　また運営方針とは、目標を達成するために組織のメンバーがとるべき行動や方策のことである。具体的には、①クラブの設置（数と種類）に関わる事項、②部活動の目標を実現するために必要な顧問の役割や部員との役割分担の仕方、③部活動の運営基準に関わる事項（学期中の練習日・練習時間の基準、長期休業中の活動基準、対外試合への参加に関わる方針や手続き、新入生の部活動加入に関する事項、合宿に関する基準、部活動予算の配分方針等についての統一的なスタンダード）などを明確にしておく。

③顧問間の各種情報交換と研修会の企画・実施

　各顧問教員が担当している部における生徒の様子や問題点およびその変化、

各顧問が抱えている指導上の悩みや疑問点について自由に情報交換を行うとともに、顧問教員全員のための研修会を定期的に開き、最新の指導法を学習する機会を設ける。

④広報活動

部活動が効果的に運営されていくためには、保護者、OB・OG、地域社会の人たちの理解と協力を得なければならない。そのためには、学校側から、CSCで話し合われ決められた事柄や、日頃の活動の様子、試合での結果など、多様な情報を発信することが求められる。

⑤事故・安全対策

部活動においては、事故や傷害の発生する危険性はきわめて高い。このような危険を未然に防ぐと同時に、事故発生後の対処に関する校内体制（養護教諭・保健主任の対応）と校外への連絡システムを整備しておく。

⑥地域との交流、地域施設の利用、外部指導者の活用に関する検討

部活動をより活性化させると同時に、生徒の多様なニーズに応えるためには、地域社会にある豊富なスポーツ資源を積極的に活用していくことが望まれる。こうした地域社会と関わりのある事項について、学校としての方針を検討しておく。

⑦体育的行事・施設用具の管理に関する部員の関わり方の検討

部活動に参加する部員たちは、試合や練習以外に、学校全体の行事運営に協力したり、施設や用具を維持管理することも将来のクラブライフにとって貴重な経験となる。このような諸経験をどのように積ませたらいいかについて検討しておくことも大切である。

⑧部活動の経営評価

年度の終わりには、部活動の成果（目標の達成度）と運営状況について診断・評価し、次年度に向けた課題を明確にする。

⑨CSCの年間スケジュールの作成

上記のような事項を討議し、顧問全員が共通理解を図るためには、会議を定

期的に設けることが必要となる。およそ月に1回ぐらいのペースで、いつどんなことを決めておくかを見通した年間計画を作成しておく。

2) 部活動運営組織の留意点

　CSCの組織を作る際に考慮すべきことは、第一に構成メンバー、第二に学校組織におけるCSCの位置づけ、第三に生徒の組織との関係の3点である。

　まず、CSCの構成メンバーは、原則的には運動部の全顧問教員で構成されるのが望ましいが、大規模な学校の場合には委員を選出して構成することもある。この他、学校の代表者（校長・教頭）や体育主任、養護教諭、生徒の代表者、PTAの代表や地域の外部指導者、スクールドクター等も加え、多方面からの意見を採り入れられる構成にすることが望ましい。

　これらのメンバーの中で、重要な役割を担うのが、体育主任をはじめとする体育教員たちである。先に示したようなCSCの任務を遂行していくためには、体育・スポーツに関する専門的な識見と先見性が必要となる。たとえば、運動部活動の基本的な目標や方針を検討するにあたっては、先述のように教科体育との有機的な関連性を考えたり、生涯スポーツに向けて生徒たちにどんな力を身につけさせなければならないかを明確におさえておかなければならない。

　また、スポーツの科学的・合理的な練習の仕方やスポーツ障害等に関する知識がなければ、適切な練習日数・時間の基準設定もできない。顧問教員を対象とした実技研修会を企画しようとすれば、講師の招聘にあたり体育教員の幅広い人的ネットワークを活用することが必要となる。このように、CSCの運営においては、体育教員のリーダーシップに期待するところが大である。

　一方で、運動部活動の運営は、学校教員全員の協力がなければ効果を上げることはできない。しかしながら、顧問の担当に消極的で、ときには拒否する教員たちがいることも予想される。このような教員たちを含めた全ての顧問に、体育教員は、部活動をなぜ教員みんなの協力体制によって推進しなければならないのかを、学校教育目標との関係や生徒の多面的な成長の観点から、説得的コミュニケーションを働かせなければならない。

　この際、部活動の顧問を担当することの意味についても、基本的な理解を求めることが必要であろう。スポーツの専門的な技術指導を要求し、顧問が中心になって技術・戦術を教えなければならないと考え過ぎるのではなく、生徒の自治的活動を教育的専門性の立場から支援し、スポーツを通じて生徒たちとの緊密な関係性を築くなかで、生徒理解を深めていく、そして、不安や問題点は

CSCにおいて、組織的に対応していくことを確認しておきたい。

次は、学校組織におけるCSCの位置づけについてである。学校組織の中で、CSCをどう位置づけるかは、その学校がCSCの機能や役割をどの程度重くみているかの指標にもなる。CSCで扱われる問題が、学校全体の問題であると意識されるためには、はっきりした位置をもったものでなければならないであろう。つまり、単に部活動に熱心な少数の教員たちがときおり集まる座談会程度の扱いではなく、校務分掌組織の中の一部局として位置づけることがまず必要である。

さて、運動部活動の組織化は、学校（教員）側の組織、つまりCSCを確立するだけでは十分でない。生徒（部員）側の組織も同時に必要であり、両組織が協力しながら生徒と教員が一体となって運営されることが望ましい。とくにこれからの運動部活動のあり方を考えると、内容によっては生徒側の組織が主導権を握り、CSCは必要に応じてアドバイスをしたり、生徒が考える際の参考資料や情報を提供するなど、支援者としての立場をとることが求められる場合もあるだろう。

生徒の自発性・自主性を基本として部活動が展開されることを前提にすれば、単に学校側にお膳立てされたサービスの"受け手"になるのではなく、生徒たちが自治的に部活動を創り上げていくことは、きわめて重要な行為である。自分の所属する部のことだけでなく、全ての部、全ての生徒がともにスポーツを存分に楽しめるような学校づくりをめざし、部活動全体のあり方や進め方について、生徒自らが考え、判断する体験の機会をぜひもたせたいものである。

さらに、生徒側の組織の確立は、CSCにとっても大きなメリットがある。部活マネジメントには生徒のニーズを把握することが必須となるが、生徒の組織が確立していれば有力な情報源となる。また、CSCから部員への情報提供も生徒の組織を通じて効率的に行える。要するに、学校側と生徒側の双方向のコミュニケーションが活発になる。そのためには、学校側の組織と生徒側の組織が協議を行う機会が設定されることも必要である。

（清水紀宏）

注

1) スポーツ環境創生力とは、表2に示したように、多様で異質な他者とともに適切な運動の機会や場を創り、運営する力である。それは、「社会をつくり、つくった社会を運営しつつ、その社会を絶えずより良くつくり変えていくために必要な資質や能力」（門脇, 2002）と定義

される社会力のスポーツ版であり、スポーツ社会力と言い換えることもできる。
2) 本調査は、秋田県内の高校生女子で運動部に加入していない生徒を対象に2013(平成25)年11月に実施された。有効回答は266名であった。「スポーツを見るのもするのも好き」53.8%、「するのも見るのも好きではない」7.8%と、運動部非加入者であってもスポーツに嫌悪感を抱いている者はきわめて少数であった。しかし、最近3ヶ月間の運動時間が「ほとんどなし」と回答した者が40%を超えており、運動部に加入しないことはスポーツと無縁な生活を余儀なくされることであることがわかった。

引用・参考文献

- 門脇厚司『学校の社会力』pp.8-18、朝日新聞社、2002.
- 清水紀宏「週五日制時代の学校体育への提言　体育経営に対して」、『体育科教育』46巻4号、pp.35-38、1998.
- 清水紀宏「体育・スポーツ経営とは」、八代勉・中村平編著『体育・スポーツ経営学講義』pp.16-39、大修館書店、2002.
- 清水紀宏「総合型地域スポーツクラブの育成と学校体育の改革」、日本体育・スポーツ経営学会編『テキスト　総合型地域スポーツクラブ』pp.78-90、大修館書店、2002.
- 土屋守章・二村敏子他編『現代経営学説の系譜』pp.67-79、有斐閣、1989.
- 運動部活動の在り方に関する調査研究協力者会議『運動部活動の在り方に関する調査研究報告書——一人一人の生徒が輝く運動部活動を目指して』2013.

第5章-2

運動部活動の指導を振り返る複眼的な視点

1●部活動の指導に組織的に取り組む必要性

　部活動はその特性上、競技力の向上に大きな関心が払われがちで取り組みは専門的になるため、指導は各部に委ねられやすく、指導者も相互に干渉を受けづらい状況になる。スポーツ系、文化系、科学系などの部活動であっても、閉鎖性が高まる余地を多分に有しており、部外者が部内の問題状況を素早く把握できるとは限らない。

　その対策として、個々の指導者の努力や心がけに頼るだけでは限界がある。そのため、生徒の常日頃の活動や適応の状況、そして教育的側面からの学びの姿といった、学校として共有すべき情報は、組織的に共有できる仕組みを構築しておく必要がある。それが不十分であれば、生徒の不適応や指導者の逸脱的指導・体罰、生徒相互の人間関係上のトラブルを招き、なおかつ問題が当該部内にとどまり放置されたままになりやすいことは、想像に難くない。

　では、こうした課題に学校組織として意図的・計画的に取り組むためにはどうすればよいのか。ここでは、部活動の状況や指導を検討する視点に焦点を当てて論述していく。

2●部活動を振り返る視点を全教職員で共有する

　部活動が部内だけで完結する閉鎖的な存在ではなく、開放的で透明性の高い存在となるためには、部活動を取り巻くすべての方向から各部の状況および問題・課題を検討してみる必要がある。

　表1は、その際の「視点」を提供してくれる。部活動の活動状況をチェックする表1のような複眼的な視点を設定し、その視点の重要性を全教職員で共有することが重要になる。なぜなら、視点からの視線を常に意識して部活動指導

表1 部活動状況を検討する視点

視点1	視点2	視点3		
		(ア)期待内容	(イ)懸念・課題内容	(ア)(イ)への対策
生徒	(1)一般の生徒	①	②	③
校内教員	(2)学級担任・学年教員	④	⑤	⑥
	(3)他の顧問教員	⑦	⑧	⑨
	(4)管理職	⑩	⑪	⑫
校外	(5)保護者	⑬	⑭	⑮
	(6)地域	⑯	⑰	⑱
教育課程	(7)教科・授業・学力	⑲	⑳	㉑
	(8)他の教育計画	㉒	㉓	㉔
その他	(9)その他	㉕	㉖	㉗

に携わるよう指導者に働きかけるとともに、学校全体で部活動の状況を各視点から点検評価する組織的な取り組みによって、開放的で透明性の高い部活動運営が期待できるからである。

　表1の見方として、たとえば(2)は学級担任・学年教員からみて、「④期待していること」と「⑤懸念していること」を明確にしながら、「⑥抽出したニーズや課題について対策を講じる」となる。各部活動に所属する生徒は学級や学年の生徒でもある。(2)の視点からの期待や懸念に留意することは、顧問教員として当然のことであろう。学校の教育活動全体を通じて生徒を育てるわけであり、その教育活動の一つが部活動である。あえてこの視点から教職員同士で再確認することが、閉鎖的思考や逸脱指導の予防にも有効に作用すると考えられる。

　また、(1)は学校内の一般生徒たちからみた部活動の状況を検討する視点である。部活動においてある生徒が受ける影響は、学校内の他の一般生徒たちにも少なからず影響を与える。一般生徒からみえる部活動のあり方についても、顧問教員は意識する必要がある。

　現行の中学・高校の学習指導要領総則には、「生徒の自主的、自発的な参加により行われる部活動については、スポーツや文化及び科学等に親しませ、学習意欲の向上や責任感、連帯感の涵養等に資するものであり、学校教育の一環として、教育課程との関連が図られるよう留意すること。その際、地域や学校の実態に応じ、地域の人々の協力、社会教育施設や社会教育団体等の各種団体

表2　懸念・課題例（表1の視点から）

視点2	視点3(イ)懸念・課題例
(1)一般の生徒	②特定の部活動の生徒が、部活動指導者以外には態度が悪く、不快である。
(2)学級担任・学年教員	⑤学級担任としてクラスの生徒の部活動状況が気になるが、顧問教員に相談しにくい。
(3)他の顧問教員	⑧校内の顧問教員同士で、「あの部活動、あの顧問にだけは負けるな」という声がある。
(4)管理職	⑪部活動以外の仕事や役割を果たさず、学校全体をみることなく、部活動指導に励む顧問教員がいる。
(5)保護者	⑭外部指導者の指導姿勢や高圧的な言動を学校は把握していない。
(6)地域	⑰部活動を理由に地域行事への参加が全くない。
(7)教科・授業・学力	⑳練習の時間や量を理由に、宿題提出状況が悪く、授業中には居眠りが目立ち、授業や学力向上にマイナスになっている。
(8)他の教育計画	㉓部活動優先で生徒会役割への協力状況が悪い。
(9)その他	㉖他の学校チーム関係者から特定の部の生徒マナーについて厳しい指摘がある。

との連携などの運営上の工夫を行うようにすること」と部活動の意義とともに、学校教育の一環として教育課程との関連に留意する必要性についても規定されている。(7)(8)はそれに関連する視点である。

　なお、ある教員研修会において表1の視点を取り上げた際、参加者が「懸念・課題」について記述した内容例を参考までにあげると、表2に示す通りである。

3 ● 部活動の教育目標を設定する

　「もし学校内で、どの部活動にも共通する教育目標を設定するとしたら、どのような目標を学校全体に対して提案しますか」

　筆者は、部活動における目標設定として、教員研修会ではこのような働きかけをしている。つまり、各部活動が有する専門性の違いをいったん脇におき、陸上競技部、吹奏楽部、科学部など、学校内のすべての部活動に共通する目標はなにかについて考えるのである。そのような目標を設定するためには、部活動を通じて「生徒が○○をできるようにする」「生徒が○○を身につけるようにする」「生徒が○○をするようにする」などに当てはまる教育的側面の成長をさし示す内容が中心になるだろう。

学校の実態に応じた目標を立てることになるが、参考までに実際例を挙げると、「場、時、状況などに応じたあいさつができるようにする」「自分の目標と毎日の練習内容がつながるように、自分で練習計画を立てることができるようにする」「部活動での取り組みや頑張りが、級友や学校から参考にされるようにする」「悩んだり、困ったりしているチームメートには、進んで声をかけ相談にのることができようにする」「上達するために、陰ながらの努力ができるようにする」などがみられる。

　また、「目標設定・取り組み・評価」を一体として進める場合の手続きのポイントは、次の5点に集約される。

①すべての部活動に共通する教育目標を学校全体で具体的に設定する。
②それぞれの部活動を通じて、教育目標の達成に取り組む。
③教育目標に対する到達度を把握する点検評価（生徒による自己評価）を定期的に学校全体で実施する。
④点検評価の結果を全教職員で共有し、部活動全体と各部活動の状況を把握する。
⑤部活動全体および各部活動の改善点に向けた対策を全教職員で共有する。

　なお、①〜⑤に生徒の参画（可能なところを生徒会が主導する等）があれば、生徒の当事者意識や取り組みの意欲が高まるであろう。また、この取り組みが実を結ぶうえで重要なポイントは、教育目標と評価（教育目標への到達度評価）を一体として、③に示す評価活動を学校全体で実施するところにある。教育目標に対する到達度の評価結果からは、各部活動における生徒の学びや成長の状況を把握できる。その結果を教員間で共有すれば、各部活動の教育的成果や課題を他部との比較を通して理解できるとともに、相互に各部活動や生徒個々人を支援するきっかけが生まれる。

　たとえば、学級担任が生徒の自己評価の結果という資料をもとに、部活動指導者と協力してクラスの生徒に働きかけができるようになる。そのような協力体制が機能する状況が生まれれば、同じ学校内の別の部活動がどのような活動状況になっているのか指導者以外は知らない、あるいは他の部活動には口出しできる雰囲気にない、といった閉ざされた部活動状況を組織的に予防できるようになる。部活動で問題となっている諸課題への対策として、こうした仕組みを各学校で整えておきたいところである。

　学校教育のなかで教育目標を生徒と共有せず、評価活動を教育計画に位置づけていない教育活動は、例外といえるだろう。しかしながら、部活動に限って

いえば、学校内で共通する教育目標や到達度評価を設定し、それを生徒と共有して教育の充実を組織的に推進している学校はどのくらい存在するだろうか。学校全体で共通目標を設定できる状況が整っていない場合には、先行して実行できるチームや指導者から始めるとよい。これを"はじめの一歩"として、徐々に他の部活動に広げていくのである。

実際のところ、教員研修会では、教育目標として「あいさつ」に関する内容を挙げる指導者が多くみられる。たとえば、学校内のどの部活動でも共通にする教育目標を「自分から進んであいさつをする」「時、場所、状況等に応じたあいさつを身につける」に設定したとすると、それらの教育目標への到達度評価の項目は、目標の末尾を評価用の文言にして、「自分から進んであいさつをしているか」「時、場所、状況等に応じたあいさつが身についているか」のように設定することができる。生徒が評価項目に対して、自分のことについて4件法（4：とてもあてはまる、3：少しあてはまる、2：あまりあてはまらない、1：まったくあてはまらない）で数字を選択する回答方法を実施すれば、各評価項目の回答結果は、教育目標への到達度をみる数値資料として参考にすることができる。

また、その集計結果をみれば、学校全体、あるいは各部活動の状況を把握できることになる。主体者である生徒の実感が反映された教育目標への到達度評価結果は、部活動における生徒の学びや成長の状況を具体的に示すため、部活動指導の課題や成果を理解するうえで有益な資料になると考えられる。

4●生徒個人の目標設定（4観点の活用）

図1に示す①〜⑫は、陸上競技部に所属する中学3年生の女子生徒が、年度初めに、地区大会（県大会出場の予選会）に向けて設定した目標である。また、その下に示す重点目標の設定（文章化例）は、図1の様式を活用し12個の目標を書き出した後に、その中からより重点をおく内容を選択し、重点目標として文章にしたものである。

図1の横軸は、「自分」と「他者、集団、社会等（おもに自分以外）」の観点、縦軸は「有形的な内容」と「無形的な内容」の観点からなる。この横軸と縦軸からなる2軸4象限は、図2に示す(ア)〜(エ)に整理でき、それらに応じて図1の目標は立てられている。したがって、図1の①②③は、「おもに自分」と「おもに有形的な内容」を対象に立てた目標である。同様に、④⑤⑥は「おもに

図1　4観点を活用した目標設定（中学生女子、陸上競技部、地区大会に向けた目標）

おもに有形的な内容

おもに他者、社会等を対象

⑦祖父母が、私の競技をみて笑顔になるようにする。
⑧同種目に取り組む後輩のBさんが、自己ベスト記録（15秒4以上）を出させるように支援する。
⑨チームの県大会出場者数が、前年度の24名を上回るようにする。

⑩家族や応援してくださる方々が、取り組みや競技をみて感心するようにする。
⑪後輩が、「努力は報われる」「やればできる」と感じるようにする。
⑫校内の他の部活動の生徒が、陸上競技部の取り組みを理想にしたいと思うようにする。

おもに自分を対象

①私は、100mハードル走で14秒4のタイムで優勝する。
②私は、100mハードル走の専門的知識を収集・勉強して、自分で練習計画を作成できるようにする。
③私は、4×100mリレー走で第2走者を担い、49秒9の大会新記録で優勝する。

④私は、陰ながら練習できる自主性を高める。
⑤私は、練習日誌を毎日ていねいに書く粘り強さを身につける。
⑥私は、部活動での学びを学校生活につなげようとする考え方と態度を定着させる。

おもに無形的な内容

重点目標の設定（文章化例）

> 私は、陰ながら練習できる自主性を高め、100mハードル走で14秒4のタイムで優勝し（5月26日）、チームの県大会出場者数が前年度の24名を上回るようにする（5月27日）とともに、校内の他の部活動の生徒が、陸上競技部の取り組みを理想にしたいと思うようにする。

※①～⑫から重点内容を選択し、それらをつないで文章化する。選択する番号は、生徒の判断による。この場合は、①④⑨⑫をつないで文章化した。

図2　4観点の整理図

おもに有形的な内容

おもに他者、社会等を対象

(ウ)おもに自分以外
　　おもに有形的な内容を対象

(エ)おもに自分以外
　　おもに無形的な内容を対象

おもに自分を対象

(ア)おもに自分
　　おもに有形的な内容を対象

(イ)おもに自分
　　おもに無形的な内容を対象

おもに無形的な内容

自分」と「おもに無形的な内容」、⑦⑧⑨は「おもに他者、集団、社会等」と「おもに有形的な内容」、⑩⑪⑫は「おもに他者、集団、社会等」と「おもに無形的な内容」を対象に立てた目標である。

なお、「有形的な内容」は、形として「みえる・みえやすい、とらえられる・とらえやすい目標」を対象にする。たとえば、成績、順位、記録、表彰、金、物、人材、情報、時間、地位、役割等が想定される。「無形的な内容」は、形として「みえない・みえにくい、とらえられない・とらえにくい目標」を対象にする。たとえば、誇り、気持ち、考え方、感情、意欲、性格、性質、雰囲気、理想像、資質等が想定される。

目標設定に4つの観点を活用する教育的な意義は、次の通りである。まずは横軸の観点である。教育基本法で規定する「教育目的」には、「個人的側面（人格の完成）の目標」と「社会的側面（国家・社会の形成者の育成）の目標」があり、「自分」は「個人的側面」に、また「他者、集団、社会等」は「社会的側面」に対応する。この2つの観点に応じて目標を立てることで、「教育目的」に向けた目標を設定することになる。

次に縦軸の観点である。部活動は教育活動であり、生徒からみて学習活動の側面がある。学習活動で獲得をめざす学力は、「みえる学力」（「知識」「技能」等の観点が含まれる）と「みえにくい学力」（「思考・判断」「関心・意欲・態度」等の観点が含まれる）に整理できる。「みえる学力」と「みえにくい学力」の観点は、学校教育において学習活動の観点別評価規準に活用されている。「有形的な内容」は「みえやすい学力の観点」に、「無形的な内容」は「みえにくい学力の観点」に対応する。生徒の学びや成長を促す学習活動の観点別評価に通じる有形・無形の観点に応じて目標を立てることで、部活動の学習活動に関する目標を設定することになる。

このように横軸と縦軸を組み合わせた4観点による目標設定は、部活動における生徒の学習活動を通じて教育目的の実現をめざす目標設定の方法となる。

なお、この方法により期待できる生徒と指導者への効果例を挙げておきたい。まずは生徒への効果例である。4観点に目を向けた目標設定は、生徒に多様な価値をみいだす努力を促すことになる。たとえば、競技面に限定される目標設定や1つだけの目標設定と比べて、4観点を利用し複数の目標を設定することで、大会への取り組みを通じて複数の達成感や多様な価値への気づきを得る可能性が高まると考えられる。

次に、指導者への効果例である。4観点に目を向けることは教育的視点に立つ

た指導を引き出すことにつながる。また、4観点別に立てた生徒の目標を把握することで、観察ではとらえていない生徒の願いや思いを具体的に理解でき、支援の視点が明確になるだろう。さらに、4観点を活用して立てた目標に対して、定期的に生徒自身による到達度評価を行えば、生徒個々の実感が反映した評価資料を得ることができる。それによって、生徒目線による実態に即した具体的な指導課題の把握や指導状況の振り返りができるとともに、4つの観点別にどの観点に過不足があるかの指導傾向について理解することができるため、教育的視点に立った省察や改善に役立つと考えられる。

（吉田浩之）

引用・参考文献

- 文部科学省『中学校学習指導要領』東山書房、2008.
- 文部科学省『高等学校学習指導要領』文部科学省、2009.
- 吉田浩之『部活動と生徒指導』学事出版、2009.
- 吉田浩之「部活動における教育活動の具体化」、『月刊生徒指導』44巻2号、pp.23-27、2014.
- 吉田浩之・来田宣幸「部活動で生徒指導を進める視点」、『体育科教育』63巻1号、pp.32-35、2015.

第5章 3

教員に求められる運動部活動の知識とスキル

1 ●教員をめざす人たちへ

「私は貴学において体育の教員免許を取得し、体育教員になってサッカー部の顧問になり、インターハイをめざしたいと思っています」

体育大学で入試の面接を行っていると、こういう受験生によく出会う。しかし、ここには大きな勘違いがある。教員になる目的がサッカー部の指導というのはいかがなものか。保健体育教員の仕事でもっとも大事なのは授業である。それも体育実技だけではなく、保健や体育理論の座学の授業もある。他にも、ホームルーム運営、生活指導や進路指導、校務分掌の仕事、最近では頻繁に開かれる諸会議への出席や膨大な書類作成もある。課外活動である部活動の指導は、本来その後にくるものである。彼らにとって部活動の経験は、高校時代のすべてを占めていたのかもしれない。部活動の指導をしたいというのが教員をめざすきっかけになったことにはうなずける。では、なぜ保健体育の教員をめざすのか。国語や英語の教員でも、サッカー部の指導はできるはずである。

こういう人たちがやがて教員になると、なによりも部活動の指導を優先させる「部活センセイ」になっていく。部活動の指導を頑張っていると、「あの先生は頑張っている」などと学校内でも高い評価が得られ、大会でよい結果を残したりするとその評判はさらに高まっていく。保護者からも、「あの先生は指導力がある」などといわれ、「部活センセイ」の勘違いはさらに大きくなっていく。

2 ●運動部活動の位置づけ

中学校学習指導要領第1章総則第4（13）には、「生徒の自主的、自発的参加により行われる部活動については、スポーツや文化及び科学等に親しませ、

学習意欲の向上や責任感、連帯感の涵養等に資するものであり、学校教育の一環として、教育課程との関連が図られるよう留意すること。その際、地域や学校の実態に応じ、地域の人々の協力、社会教育施設や社会教育関係団体等の各種団体との連携など運営上の工夫を行うようにすること」（傍点は筆者、以下同様）とある。高等学校学習指導要領にも同様の記述がある。また、1997（平成9）年に文部省の保健体育審議会が出した答申には、次のように定義されている。

「運動部活動は、学校教育活動の一環として行われており、スポーツに興味と関心を持つ同好の生徒によって自主的に組織され、より高い水準の技能や記録に挑戦する中で、スポーツの楽しさや喜びを味わい、豊かな学校生活を経験する活動である。

この運動部活動は、生涯にわたってスポーツに親しむ能力や態度を育て、体力の向上や健康の増進を図るだけでなく、学級や学年を離れて生徒が自発的・自主的に活動を組織し展開することにより、生徒の自主性、協調性、責任感、連帯感などを育成するとともに、仲間や教師（顧問）との密接な触れ合いの場として大きな意義を有するものである」

ここからいえることは、運動部活動はあくまでも生徒の自主的・自発的参加により行われる活動であるということである。

3●生徒主体の運動部活動へ

しかし実際には、年間スケジュールから日々の練習計画、そして試合のメンバーや戦い方まで、一人の教員によって決められているケースが多く見受けられる。大きな声で生徒に指示を出し、思った通りにいかないと罵声を浴びせかける——、そんな光景をみたことはないだろうか。確かに生徒たちが考えるより経験豊富な教員がすべてを管理したほうが効率的である。しかし、運動部活動における教員の位置づけは、あくまでも「顧問」である。「顧問」とは、広辞苑によると「①意見を問うこと。相談すること。②諮問に応じて意見を述べること。また、その職にいる人」とある。つまり運動部活動内での教員の役割は、あくまでもアドバイザー、相談役ということになる。生徒の作った練習計画やゲームプラン、試合のメンバーなどに意見をいってあげるのが、顧問としての教員の役割なのである。

「そんなことをいっていたら勝てない」「勝たせてやりたいじゃないか」とい

う批判の声が聞こえてくるようである。しかし、生徒はどこまで勝ちたいと思っているのだろう。スポーツだから目の前の相手に勝ちたいと思うのは当然である。だからといって、県大会で優勝したいとか日本一になりたい、そのためには多くのことを犠牲にしてもかまわない、とまでは思っていないかもしれない。その部分を教員が押しつけていないだろうか。

　筆者が高校でラグビー部の顧問をしていたときには、新チームになると全員でそのチームの目標を話し合わせることにしていた。それも、自分の意見をはっきりいえそうもない下級生から話をさせるようにした。その話し合いには数日かかることもあった。その間、もちろん練習はストップしたままである。その結論は、ときに甘いものであり、ときには達成できそうもない壮大なものであった。しかし、そうして自分たちが決めた目標に対しては、彼らもしっかり取り組んでいた。自分たちで決めたことだから、逃げるわけにはいかないのである。キャプテンをはじめとするリーダーは、しばらく活動を続けるなかでタイミングを見計らって生徒たちに決めさせた。先輩たちがいなくなり自分たちだけで活動するなかで、だれが適任かをみきわめさせるためにすぐには決めさせなかった。その間、練習リーダーは日替わりである。みんな必死に練習をリードしようとする。リーダーのたいへんさを実感してもらうことがねらいであった。

　キャプテンを中心としたリーダー陣が決まると、そこから彼らの目標が達成できるように、練習や試合のスケジュール、日々の練習内容を話し合いながら活動を進めていく。試合のメンバーも彼らが中心になって決めていった。

　3年生最後の全国大会予選のメンバーを決めるときのことである。同じポジションに、ラグビーの力はあるがやや自分勝手な行動が見受けられる2年生と、中学時代には運動経験すらなく高校からラグビーを始めてひたすら真面目に取り組んできた3年生がいた。当時のキャプテンが、「僕はあいつと3年間ラグビーに打ち込んできたので、最後はあいつと一緒に試合がしたいです。それで負けてもかまいません」といいきって、その3年生がメンバーに選ばれた。彼は期待に応え、何度も激しいタックルを繰り返し大活躍した。教員一人でメンバーを決めていたら、その3年生を起用していただろうか。生徒の力は、われわれの予想をはるかに上回るものがある。

4 ● クラブの運営も自分たちの手で

　運動部の活動はピッチの中だけではない。日々の練習や試合が円滑に行われ

図1　月間予定表（例）

6月

日	曜日	スケジュール
1	月	off
2	火	ウエイト
3	水	基礎練習（3年　off）
4	木	清瀬G（14：00～17：00）　　　　　　　　　　保護者会
5	金	ウエイトJWC（秩父宮17：00）　関東大会（群馬県）
6	土	基礎練習
7	日	vs 都石神井、都三鷹（都石神井G　AM）
8	月	ウエイト
9	火	off　　　　　　　　　　　　チャリティー映画
10	水	ウエイト
11	木	東京朝鮮
12	金	ウエイト
13	土	本郷
14	日	off（英語検定）
15	月	off
16	火	ウエイト
17	水	JWC準決勝（秩父宮17：00）
18	木	ウエイト
19	金	東京朝鮮
20	土	本郷
21	日	vs 川越東、東京朝鮮（川越東G　10：00　K.O.）
22	月	off
23	火	ウエイト
24	水	基礎練習
25	木	ウエイト
26	金	東京朝鮮
27	土	帝京G
28	日	vs 市船橋（三郷G　12：30　K.O.）
29	月	考査前・休み
30	火	

るように、さまざまな事前の準備が必要になってくる。そして、その一つひとつを部員全員で分担していくことが重要である。ここでは、あるラグビー部を例として具体的に述べてみたい。

　まずは、キャプテンを中心としたリーダー陣で活動計画を作るところから始まる。1週間、1ヶ月、そして次の大会までの大まかな予定を顧問も交えて話

し合いで決めていく（図1）。その際、顧問には科学的知見に基づいてアドバイスを行い、生徒に説明をしていくことが求められる。筆者が顧問をしていた高校のラグビー部では、夏休みの練習は朝7時から行っていた。これは一つには朝の涼しいうちに練習を行う方が、安全対策上望ましいという理由からである。しかし、この時間帯に練習をするようになったのは、受験勉強と両立させながらラグビーを続けていた3年生たちからの提案であった。朝早く起きるのはつらいけれども、早い時間に練習が終われば、その後、学校の補習に参加することもできるし、予備校の講習に行くこともできる。なにより午後からゆっくり落ち着いて受験勉強に取り組めるということが最大の理由であった。また、1学期の期末考査の約1ヶ月前からは、全体での活動は行わなかった。これも、3年生が落ち着いて受験勉強に取り組めるようにという配慮から始まったものだが、部員一人ひとりが、夏の厳しい練習に備えて各自で考えてトレーニングに励む期間となり、生徒が自ら考えて自発的に練習に取り組むきっかけとなった。

　練習等の予定が決まったら、それを部員に周知する役割が必要である。キャプテンが直接話す、マネージャーが情報を流す、部室のホワイトボードを利用するなど、情報を伝達する方法はいろいろ考えられる。最近はメールやLINE等を使った連絡が主流のようである。もちろん、保護者に対しては顧問がプリントを作成して連絡する。

　練習計画が決まったら、日々の練習内容について話し合い、決定する必要がある。前日の練習後か当日の午前中にリーダー陣で簡単に打ち合わせをして、昼休みにそれをキャプテンが顧問のところへ伝えに来て、その場で簡単に打ち合わせして、その日の練習内容は決定される。

　練習開始前には用具の準備がある。ボール、マーカー、コンタクトバッグ、ビブス、飲料水のボトルなどを全員で分担して準備する。それぞれの用具に対して、3年生から1年生までが各自役割を割り振られている。ボールなら3年生の「ボール長」の下で2年生がボールを数え、1年生が空気を入れるという具合に、部員全員が必ず一つの役割を担うことが重要である。上級生は準備などどこ吹く風で、1年生だけがせっせと動き回るということにならないように注意しなければならない。

　試合前にはジャージの準備も必要である。きちんとたたんで番号順になるようにし、だれに何番を渡したかを記録しておく。試合後は決められた日時に番号順に回収する。万が一忘れた者がいた場合にはチェックして、次の指示を出す。これらはすべて「ジャージ長」の3年生とジャージ係の下級生たちの仕事

である。試合後には、撮影した試合のビデオを用いてテクニカルチームがゲーム分析を行い、ミーティングの資料にする。

このように、全部員が必ずクラブの運営に対してなんらかの役割をもつことが重要である。そして、責任の所在を明らかにするためにすべての役割のリーダーは3年生とし、全員がクラブに貢献する仕組みを作り、自分たちのクラブに対して誇りと責任をもたせる。

一方で、季節ごとのイベントなどもある。4月なら新入生の勧誘、夏休みの部活動体験やタグラグビー教室、秋の文化祭での出し物、3月には3年生を送る会など、これらの企画運営もすべて生徒が行う。また、校内でタグラグビー大会などの企画・運営ができれば、さらにいい経験となるだろう。こうしたイベントの企画・立案を通して、役割分担を決め、必要なものを準備し、ときにはお金を集めて管理することも学ぶ。運動部活動は、ヒト・モノ・カネ・情報を集めて上手に配分し、価値あるものを生み出していくマネジメントの手法を学ぶ絶好の場である。

5●クラブ文化が人を育てる

チームとして相手と戦うことから学ぶこともあるが、クラブの一員としてクラブを支え、自分たちがスポーツを楽しめる環境を自分たちで創り出すことに大きな意義がある。スポーツとの関わりは、「する」だけではない。「支える」ことを学ぶチャンスがそこにはある。それが運動部活動の果たしている大きな教育的意義と考えられる。もちろん、練習や試合の後に仲間と「語り合う」のも、クラブライフの大切な部分である。

荒井（2003）は、図2のように「コートの中」と「コートの外」から成り立つスポーツの

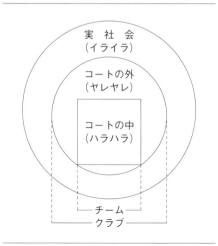

図2　空間論をベースとしたスポーツ集団

（出典：荒井, 2003, p.72）

世界を、ベース集団ともいえる「チーム」と「クラブ」の違いを対比させてモデル化している。そして、「『コートの中』、すなわちサッカーのピッチやテニスのコートの中の活動を主とする集団が『チーム』である。…（略）…このモデルのエッセンスは、クラブの中にチームがあるということである。この認識は当たり前のようでいて、現実的にはまだ市民権を得ていない。…（略）…結果として、部といいクラブという名称はあっても、『コートの外』空間を狭め縮めてしまい、『チーム』と『クラブ』は混同し、結局、われわれの中に、クラブの中にはチームは一つという観念を定着させ、クラブと言いながらチームでしかなかったという現実をつくり上げてきたのである」と述べ、「コートの外」で育まれる「クラブ文化」が重要な意味をもつことを訴えているが、実際にはそうなっていないのが現実である。

　荒井の述べる通り、日本の運動部活動においては、部（クラブ）は勝つための闘う集団（チーム）と考えられている場合が多く、「コートの外」での活動が重要視されてこなかった。そのことにより、本来、運動部活動で身につけるべき内容が失われ、教育的価値が半減しているように思われる。顧問は、今一度「コートの外」での活動をよく見つめ直し、それぞれの部活動がもつ「クラブ文化」を確立し、そこでの活動から身につくスキルを生徒に体験させるような工夫をするべきではないだろうか。

6●同僚教員との協働体制の構築

　運動部活動の円滑な運営を行うためには、職場の同僚教員との良好な関係を築いておくことが必要となる。同僚の理解が得られず、自分一人の力だけで部活動の運営を行うことは難しい。

　そのためには、まず部員の成績や授業態度を把握しておく。各学期末には、部員一人ひとりの成績表をチェックし、成績を把握する。成績不振の生徒に対しては個人面談を行い、その原因について理解させる。場合によっては、定期試験前、放課後の教室に成績不振の生徒を集めて勉強会を開催し、生徒の学習をサポートする。サポート役には、しっかりした学力をもった上級生を当ててもよい。また、職員室での会話の中で、各教科担当の教員に部員の授業態度について尋ねておくことも必要である。仮に授業態度がよくない者がいた場合には、呼び出して注意をしておかなければならない。部員の学習のサポートを行うことによって、担任や教科担当の教員から信頼を得られれば、担任や教科担

当の教員からは、なにかあったら部活動の顧問に話しておこうと思ってもらえる。顧問としても、生徒の実態を把握することで、より生徒理解が深まる。

また、たとえば高校3年生に対しては、春先に個別に進路に対する希望を聞き、将来の希望をかなえるためには、どんな学部、どんな大学に進学したらよいのかなどをアドバイスする。場合によっては、希望をかなえるための道筋を一緒に考え、その準備に対してサポートを行うこともある。具体的には、AO入試で大学へ進学を希望する生徒に対し、エントリーシートや個人調書、課題論文の作成等のサポートを行うことも考えられる。これらは、おもに夏休みの練習後などに行うことになる。

ここまでしておくと、学校内での他の教員からの信頼も厚くなり、1年生の担任などが「○○部に入るように」と勧めてくれるようにもなる。部活動も部員が増え、活気づくという思わぬ効果も生まれる。

7 ● 中体連・高体連での仕事

学校内だけでなく、学校外においても、同じ競技種目の顧問教員とネットワークを構築しておくことが重要である。そのためには、中体連や高体連の役員を買って出ることも必要になる。放課後の時間や休日に学校外に出て活動することは大きな負担には違いない。自分の学校の運動部活動の面倒をみるだけでも手一杯なのに、それ以上の仕事はご免こうむりたいと思う方がむしろ自然だろう。

もちろん、できる範囲でかまわないと思うが、そういう場に顔を出し、話を聞くだけでもそのメリットは大きい。いろいろな学校の運動部活動の取り組みには、参考になるものがたくさんある。同じように忙しい中で顧問をされている先生方は、みな工夫を凝らして効率的に仕事をこなすワザをもっている。それを真似するだけで楽になった経験も少なくはない。また、他校の運動部活動の顧問との関係を築くことができれば、自分が生徒指導や部活動の運営のうえで困ったときに相談にのってもらうこともできる。また、合同練習や練習試合などを行う際にも、このネットワークは有効である。こうして築いたネットワークは、生徒たちにも還元されていくのである。学校の仕事が忙しいからと言い訳をせずに、少しでもいいから学校外に出てみよう。自分の学校が公式戦に出場するときに、大会会場でお手伝いをするだけでもかまわない。無理のない範囲で関わってみよう。

8 ● 保護者との関係

　運動部活動の円滑な運営のために、保護者の理解と協力は欠かすことができない。まずは保護者会を開いて、部の活動方針をしっかり説明することが必要である。その際には、当然、スポーツを通じた人格形成をめざしていることを示さなければならない。具体的には、練習への真摯な取り組みを促すこと、それとともに学業にもしっかり取り組ませること、進路に対して明確な目標がもてるように指導すること、日常の生活のなかであいさつをきちんとするなど常識的な行動ができるよう指導することなどである。

　筆者の場合には、具体的にラグビー部の活動を通じて身につけてほしいことを明示した（図3）。また、部員と交わしている約束事を「部員憲章」（図4）という形にして生徒に渡し、本人と保護者の署名をして提出してもらった。このようにして、ラグビー部の活動方針を理解してもらうように努めた。

　次に、1週間の活動スケジュールと1年間の大まかな活動予定を示しておくことが大切である。とくに合宿の予定などはしっかり示しておかないと、家族の予定とぶつかってしまい、合宿に参加するかどうかでもめる原因となる。また、大会の予定なども、全国大会の予選が始まる時期などは知らせておいた方がよい。最近の生徒たちは家族で過ごす予定が入ることも多く、その調整のためにもこちらの予定をできるだけ早めに知らせておく必要がある。

　また、公式戦の予定が決まったら、その日時や場所を手紙で知らせ、可能な限り保護者に応援に来てもらうようにする。子供たちが真剣にプレイする姿をみてもらうことが、なによりも活動の理解につながるのである。家ではあまりしゃべらない、学校での出来事などをいちいち報告しないわが子でも、必死に頑張っている姿をみれば親は安心するものである。

　会計報告も重要である。前年度の決算をしっかり行い、なににどのくらい費用がかかったかを明確に示す必要がある。当然、保護者からの質問や意見などにも耳を傾ける必要があるだろう。そのうえで今年度の予算を示し、承認して

図3　ラグビー部のめざすもの

- ラグビーを通して、
　自ら考え、課題を解決し、成長
　し続けることを学ぶ
- ラグビーを通して、
　多様なヒューマンスキルを学ぶ

自立して社会に貢献できる人材

図4　部員憲章（例）

ラグビー部　部員憲章

　ラグビーは「紳士のスポーツ」と呼ばれています。それは、近代英国のパブリックスクール（ラグビー校など中上流階級の師弟が通う名門校）で、フットボールを将来のジェントルマン育成の手段に利用したことに由来します。そしてラグビーには、今でも「フェアプレイの精神」や「ノーサイドの精神」などが受け継がれています。

　そこで、本校のラグビー部員である私たちは、ラガーマンとしての誇りをもち続けるために、以下の「部員憲章」を掲げます。

1. 本校の生徒であることを強く意識し、自覚し、行動します。

   ・常に礼儀正しく、すべての人に接します。
   ・だれに対しても元気よく挨拶することを心がけます。
   ・時間には余裕をもって行動します。
   ・服装や髪型など身だしなみを正して生活します。
   ・教室や部室、グラウンドなど、感謝の気持ちをもって大事に使用します。
   ・場面場面での切り替えを意識し、緊張感をもった生活を心がけます。

2. 中学・高校生の本分である学業をおろそかにせず生活します。

   ・授業にはきちんとした態度で集中力をもって臨みます。
   ・宿題・課題等の提出物には真剣に取り組み、期日までに提出します。
   ・家庭での学習時間を確保し、予習・復習を怠らないよう心がけます。

3. ラグビーに対して真摯な態度で取り組みます。

   ・一回一回の練習に対して常に真剣に取り組みます。
   ・常にベストの状態でプレイできるよう、コンディショニングに対する意識を徹底します。
   ・安全にラグビーに取り組めるような体づくりに努めます。
   ・フィットネスの向上には自主的に取り組みます。
   ・ラグビーに対する研究心を忘れず、貪欲に吸収しようとする態度を心がけます。

　ラグビー部員である私は、上記のことを遵守し生活することを誓います。

　20××年　　月　　日

　　　　　　　　　　　本　人　＿＿＿＿＿＿＿＿＿＿＿＿＿

　　　　　　　　　　　保護者　＿＿＿＿＿＿＿＿＿＿＿＿＿　㊞

もらわなければならない。筆者の場合、学校からの予算だけでは活動は成り立たず、保護者に負担してもらう部費が予算の多くを占めることになったので、会計報告には細心の注意を払い、理解してもらうように努めた。昨今の経済事情を考えると、保護者の家計は必ずしも余裕があるわけではなく、少なからぬ負担をかけるわけであるから、予算はできるだけ切り詰めて、しかも安全面などには配慮して、生徒たちがのびのび活動できるだけの予算は確保したい。そのためにも、保護者への説明責任を果たさなければならない。

最近では、保護者が「父母会」を組織する場合もある。こうした場合、保護者の組織との関係には気をつかうところである。もちろん、応援してもらえることはありがたい。しかし、保護者も組織化されると、クラブのあり方や顧問の指導方法に口を出すようなケースもあると聞く。運動部活動は、あくまでも学校の教育活動の一環として行われているものであるから、学校の経営方針や顧問の指導方針には理解をいただきたいものである。

そのためには、きちんと説明責任を果たすとともに、過度の経済的援助などは遠慮すべきである。筆者の場合、父母会からの差し入れ等も役員の方と相談して、必要最低限のものだけをご厚意としていただくようにした。ましてや個人的に利益供与を受けるようなことは避けなければならない。

9 ● 広報活動について

試合の予定や結果、活動状況などを定期的に知らせる「運動部活動通信」を発行することも有効だろう。筆者の知己で都立高校のラグビー部の顧問をしていた方は、「クラブ通信」を週に2～3回発行し、生徒の声なども積極的に取り上げてきた。それによって部活動運営の方針は十分に理解され、OB・OGとなっても地域スポーツクラブの担い手となって活躍している人も多い。

そこまでの頻度でなくても、定期的に広報紙を発行し、生徒や保護者と情報を共有することが求められる。広報紙の発行そのものを生徒の役割としていくことも考えられる。顧問は、そこに寄稿する形で自らの考えを伝えていくことになる。あるいはインターネット上にホームページを開設することも考えられる。しかし、その場合は、生徒の個人情報の保護や肖像権の問題に対して慎重でなければならない。また、今では多くの学校がホームページをもっていると思うので、その一部に部活動の情報を載せてもらうことも考えられる。

10 ● 運動部活動のこれから

　これまでの運動部活動は、負けたら終わりのノックアウト方式の競技会に出場し、1試合でも多く勝ち残ることをいちばんの目標にし、日々の練習に取り組んできた（陸上や水泳などのように記録を争う競技も予選、本大会、決勝などと勝ち進むシステムになっている）。当然、1試合でも多く勝ち進んだ方が、その部や選手、顧問の評価を高めることになる。その結果によって、高校や大学への進学が決まることもある。

　そのためには、生徒も多くの時間を使い、いろいろなことを犠牲にしながらも運動部活動に取り組むことになる。そのなかで結果を残すためには、経験豊富な教員が主導的な立場で部活動を管理していく方が効率がよい。そこで、年間の活動スケジュールから日々の練習計画、そして試合のメンバーや戦い方まで教員がコントロールして活動を行っていたというケースが多いものと思われる。どうしても目先の勝利を優先し、レギュラー中心の練習や試合を行うことになりがちである。そして、教員も目の前の勝利のために多くの時間をつぎ込むことによって疲弊していく。このシステムは、もはや限界にきている。

　これからの運動部活動は、生涯にわたってスポーツを楽しみ、健康で豊かな

図5　望ましい運動部活動の姿は？

〈生涯スポーツにつながる活動〉
・競技志向でない活動
・小学校では総合型運動部で多種目を経験
・中学校ではシーズン制で複数種目を経験
・試合はチャンピオンシップでなく地域のリーグ戦で
・競技志向の活動は、週末などに広域的なクラブで

暮らしを送る基盤を作るものとなるべきである。競技会も、全員が企画・運営に関わり、スポーツを行う場づくりを経験できる小規模な地域のリーグ戦が中心となる。そのなかで、全員が試合を経験して、勝ったり負けたりしながらスポーツを楽しむことができる活動を行いたい。

　一年中、毎日のように同じ競技に取り組む必要もない。シーズン制にして複数の競技を楽しむことができるようになればよい。それぞれの活動の評価も、試合の結果などコートの中の活動だけでなく、企画や運営にどれだけ協力したかなど、コートの外の活動も評価されるべきである。今まで運動部活動が担ってきたエリート選手の養成は、各競技団体を中心に検討し、学校外の広域的なクラブに委ねればよい。こうすれば、顧問が運動部活動にかける時間も、少しは軽減されるはずである。

　運動部活動では、スポーツ活動を通して自治能力を身につけることができる民主的な活動をめざす必要がある。そこで身につけた能力を活かし、生涯にわたって「豊かなスポーツライフ」が送れるようになってほしいものである。

（嶋崎雅規）

引用・参考文献

- 荒井貞光『クラブ文化が人を育てる』大修館書店、2003.
- 神谷拓「運動部活動の制度史と今後の展望」、『体育科教育学研究』30巻1号、pp.75-80、2014.
- 神谷拓・菊幸一「体罰・暴力の根絶に向けた運動部活動教育の内容と条件整備―教師の専門性と運動部活動指導の関係に注目して」、『体育学研究』60巻（Report）、pp.1-12、2015.
- 文部省「生涯にわたる心身の健康の保持増進のための今後の健康に関する教育及びスポーツの振興の在り方について」保健体育審議会答申、1997.
- 中塚義実「DUOリーグの実践―スポーツの生活化のために」、菊幸一ほか編『現代スポーツのパースペクティブ』pp.173-189、大修館書店、2006.
- 嶋崎雅規「運動部活動を教師のものから生徒のものへ変えよう」、森川貞夫編『日本のスポーツ界は暴力を克服できるか』pp.132-147、かもがわ出版、2013.

第5章 ─ 4

威嚇的な言葉の指導から生徒の尊厳を高める言葉の指導へ

1 ● 運動部活動と「言葉」

　「運動部活動での指導のガイドライン」（文部科学省，2013年）は、運動部活動の指導者に対して、学校教育法第11条が禁ずる体罰行為、すなわち、身体に対する侵害や肉体的苦痛を加える行為[1]を行わないこと、生徒の「人間性や人格の尊厳を損ねたり否定」する発言や行為、言葉や態度による「脅し」、「威圧・威嚇的」な発言や行為、「身体や容姿」に関わる発言、生徒の「人格を侮辱したり否定したりする」ような発言を絶対に行わないこと、生徒に対する「言葉の効果と影響を十分に理解し、厳しい言葉等を発した後には生徒へのフォローアップ」を心がけるよう、とくに注意を促している。

　「言葉の効果」「人間性や人格の尊厳」に留意した指導が大切であることが、指摘されている。倫理観の欠如した指導者の言葉が運動部活動で常態化すると、しだいに人間性や人格の尊厳を損なう言葉に対する感覚を麻痺させ、人間関係において不寛容と侮蔑の言葉と態度が蔓延し、ひいては体罰に該当する違法行為を誘発することが、少なくないからである。

　このことを、体罰と言葉の関係を一つの事例から確認しておきたい。1992（平成4年）の岐阜地裁判決[2]は、全国レベルの能力をもって高校運動部に入部した生徒が、顧問に侮辱的発言、暴力、違法な身体的拘束等を受け続けて、2年生の学年末に自殺した事件である。表1は、裁判所が明白な体罰および過失と認定した9項目の事実を、①教諭側の正当化事由、②体罰、③言葉、④裁判所の判断に区分したものである。

　被害生徒は、権限と能力で優位に立つ指導者（教員）から、自身の問題点を指摘され、侮蔑的発言を受け、暴力行為を受けていた。体罰と、体罰を支える侮蔑的発言とが混然一体となって、生徒を呪縛し追い詰め、自死に向かわせたのである。判決は、「教諭の侮辱的発言や体罰等は、教諭の故意又は過失に基

表1　岐阜地裁平成4年9月6日判決が認定した過失の内容

	①正当化事由	②体罰等の事実	③言葉	④裁判所の判断
1	練習中によい記録が出ない。		「ブス」「おまえは使いものにならない」「陸上部に必要ない」「陸上部をやめよ」	執拗な侮辱的発言は名誉感情ないし自尊心を著しく害するものであって違法行為に該当する。
2	腰が痛いのを顔に出した。(1983年7～9月)	部員の前で「（練習を）やらせてください」といって土下座した。	「もうやらなくていい」「おまえはばかだから。何度いったらわかるんや。やめろ」	土下座がいかに屈辱的な行為であるかは多言を要しない。侮辱的発言は（中略）違法行為に該当する。
3	昼ご飯を1杯しか食べなかった。(1984年7月)	床に正座させ、竹の棒で頭部を数回ずつ叩いた。		明らかに体罰であり、違法性も相当強い。
4	他の部員が練習に出てこなくなった責任。(8月)	体育教官室で約2時間にわたって責め立てた。生徒は「土下座」をして謝った。		正当な懲戒の範囲を超えた違法な身体的拘束である。
5	無断で練習を休んだ。部員の退部。記録が伸びない。(8月)	頭部を、ジェラルミン製の試合用のやりで数回叩いた。		明らかに体罰であり、違法性も相当強い。
6	記録が伸びない。反省の日誌をつけなかった。(10月)	顔面を少なくとも2回殴打した。		明らかに体罰であり、違法性も相当強い。
7	フォームが定まらず記録が伸びない。(10月)		「のらくらでぐず」「心の中が腐っている」「猿の物まねしかできない」	侮辱的発言は（中略）違法行為に該当する。
8	朝の練習を怠った。(11月)	正座させ、右太腿を数回強く蹴った。		明らかに体罰であり、違法性も相当強い。
9	勉強の成績が悪い等。(1985年3月、自殺前日)	直立させたまま大声で怒鳴りつけ長時間（合計2時間30分）説諭した。	「練習をさせない」「おれがいじめているとか、親に告げ口しているだろう」「おまえの顔など見たくない」	正当な懲戒権の行使を逸脱した違法な懲戒行為である。

づく、高校教師ないし陸上部顧問としての違法行為である[3]」と結論づけた。

　運動部活動の指導者は、自身の要請が理不尽であっても、往々にして、生徒、および保護者が従いやすい関係にあること、さらには、自身の正当化事由によって違法性が阻却されることはないという事実を、常に自覚しておく必要がある。

2●人権感覚を育むコミュニケーションスキル

　「運動部活動での指導のガイドライン」は、「上級生による暴力行為やいじめ

等」を抑止する「質の高い人間関係を築く」ためには、まずもって指導者が、普段から、生徒の「協調性、責任感の涵養等の望ましい人間関係や人権感覚の育成、生徒への目配り等」に心がけること、指導者自身が「コミュニケーション等に関する幅広い知識や技能を継続的に習得」しておくことの重要性を、指摘している。

人権感覚[4]、人間関係、コミュニケーションの語が挙げられたのは、運動部活動が、本来、「自己の尊厳を相手の尊重に委ね」、「自己を他者に向けて偽りなく開き、他者を率直に受容」する相互尊敬の機会[5]、「他者を尊重しこれと協同する精神[6]」を培う機会を提供する、質の高い人間関係形成の場でなければならないからである。

このような理由から、運動部活動の指導者に求められるコミュニケーションスキルとは、生徒間の暴力行為や、教員による体罰を抑止し、スポーツ本来の良質な人間関係を育み、どのような場面にあっても自身に人権侵害を誘発させず、自他の人格や尊厳を損なわない、人権感覚豊かなコミュニケーションスキルであり、そのようなスキルを生徒に指導することのできる能力である、といえよう[7]。

人権感覚の育成を重視したトレーニングは、国連による人権教育関係諸決議・宣言[8]を踏まえ、日本において、「人権教育の指導方法等の在り方について［第3次とりまとめ］」（文部科学省，2008年[9]）が示された際、「協力的」「体験的」「参加的」学習として、具体的な事例が紹介された。また、都道府県等の教育委員会による人権教育指導資料においても、［第3次とりまとめ］と前後して、「協力的」「体験的」「参加的」学習が数多く掲載されてきている[10]。

人権教育指導資料には、長年にわたる日本の人権教育の蓄積、国連、ヨーロッパ評議会（Council of Europe）等の成果を踏まえたすぐれた資料が掲載されているだけでなく、公的機関の責任で編集された指導資料として、多様な立場や考え方にある保護者、生徒、教員を対象とする公教育での利用と活用に適した資料といえる。

以下、教育委員会の人権教育指導資料から、人権感覚を育み、互いの人格と尊厳を大切にし、質の高い関係を築くための、体罰や暴力行為を抑止するスキル・トレーニングを紹介する。なお、人権教育では、「協力的」「体験的」「参加的」な学習のまとまりを、「活動」を意味する「アクティビティ」と呼ぶことが通例であるため、以下この語を用いる。

体罰を許さず、スポーツが、本来、豊かな人権感覚を育てる場であることを

繰り返し語り説諭するともに、継続的・意識的に時間をとり、人権感覚を醸成するためのアクティビティに取り組むことは、言葉以上の説得力をもって、教員への信頼と尊敬を支えるものとなる。巧拙を気にせず、まずは教員間で、次には生徒とともに、機会を得て保護者、地域の人々とともに、積極期に取り組むことを勧めたい[11]。

3 ●「名前」の呼び方は人格を尊重する姿勢の基本

　名前の呼び方は多種多様である。「○○さん」「○○くん」「○○」と、生徒に対して統一した呼称をとることが一般的である。しかし、たとえ信頼関係に基づくものとの認識や共通理解があるとしても、他の人の名前を呼び捨てにすることは避けたい。さらに生徒には、多様な個性や感性をもつ者も少なくない。男女ともに「○○さん」と呼ぶことを勧めたい。またその際には、名前の呼び方が、相手の人格や尊厳を損なう危険性があることを、教員と生徒、生徒同士で共有しておくことが大切である。

　「挨拶ゲーム」（香川県教育委員会[12]）は、「軽くおじぎをしながら」「両手を合わせて軽く頭を下げて」「両手を広げて」「両手を軽くあげて」「おおげさに相手と握手し満面の笑みで」「右手でピースしながら」などと書かれたカード（あいさつカード）を配り、演じるアクティビティである。演じた後に感想を述べ合うとことで、挨拶を受ける側が感じる違和感や不安を理解することができる。

　「どう呼ぶ？　友達の名前」（栃木県教育委員会[13]）は、自分をどう呼んでほしいかを、相手に伝えるアクティビティである。このような気持ちを共有する場の設定は難しいが、アクティビティを用いることで、抵抗なく生徒たちと気持ちを共有することができるし、生徒たちも、指導者である教員が一人ひとりの個性を受け止める姿勢をもっていることを、実感として確認することができる。ここでは教員が、「○○さん」「○○君」「○○ちゃん」「○○」などの呼称と、「褒める気持ち」「叱る気持ち」「頼む気持ち」などの感情を組み合わせた形の指示を行い、生徒が指示にしたがって互いに呼び合ってみる。その後、「どのような感情が伝わったか」「受け止めたときの気持ちはどうであったか」を話し合う。声だけでも感情が伝わることを感じ取るアクティビティである。生徒間、教員と生徒の間で、人によって受ける印象やイメージは多様であること、異質であることを、普段から自覚させるとともに、教員にとっても、生徒の様子や一人ひとりの反応を受け止める機会となる。このようなアクティビティを

経験させ、生徒たちの反応を観察したうえで[14]、「それでは、あなた方のことを○○さんと呼ぶことにしたいと思います」と伝えるとよいだろう。

4 ● 人の尊厳を損なう「言葉」、人の尊厳を高める「言葉」

　善意の指示や助言に応答しない生徒たちに、少なからぬ不満を感じることはないだろうか。教員からみれば些細な理由であるかもしれない。しかし生徒の側は、その些細な理由で、教員の指導を受け入れないことがある。多様な生徒の感情に直面した際に、指導者は、まず教育者として、拒絶的・説諭的・攻撃的な言辞を性急に発するのではなく、慎重かつ寛容に対応することが求められる。このことは、教員対生徒という関係にとどまらない。生徒間の対立を抑制し、暴力的行為やいじめ行為に発展させないために、さらには保護者と協力して生徒を指導する際にも、大切である。

　生徒には、教員のどのような言葉が記憶に残っているのだろうか。「自他の大切さが実感できる学校環境づくり」（静岡県教育委員会[15]）には、大学生に対する調査から、授業中の教員の言葉で「いやだったこと」として、「何でこんな問題もできないの？」「なぜ、皆と同じようにできないの？」「よくない作品として皆に紹介された」等が挙げられている。大学生になるまで記憶に残っているのである。反対に、「嬉しかったこと」も記憶されている。「先生が『頑張ったね』といってくれた」「提出物に必ずコメントをしてくれた」「『作文読んだよ。○○がどんなことを思っているかわかったよ』といってくれた」等である。

　生徒に、「いわれて嫌だったこと」「嬉しかったこと」について時間をとって発表させ、これを一つずつ教員側が肯定的に受け止める言葉をかけることで、教員と生徒がともに相手を思いやることの大切さを共有・理解し合う。同じ形で、保護者との会合などで、指導に当たる教員と保護者の間で行うことも効果的である。子どもの指導を託す教員が、人権感覚や多様性に関わる十分な資質・能力をもつ者であることを感じ、安心感とともに協力的な姿勢をもってもらえるからである。

5 ● 対立を激化させる「言葉」を知る

　「苦手だから気になる『対立』の扱い方」（和歌山県教育委員会[16]）、「対立・

問題の解決のために」(大阪府教育センター[17])、「対立から学ぶ」(京都府教育委員会[18])は、自身と相手の、「対立」と「怒り」を想像し体感するアクティビティである。いずれも、ウィリアム・クライドラー(William J. Kreidler)の研究を応用した指導例示である旨が付記されている。クライドラーは、言い争いや喧嘩を経験した際、どのような「言葉」が対立を激化させたのかを調査し、感情を激化させる要素を「圧倒する」「昔の対立を蒸し返す」「一般化する」「やり返す」「こんなことかまっていられないんだ」と整理して、これらの要素を組み入れた、簡単な会話を用いたアクティビティを開発した[19]。二人一組となって会話を分担してロールプレイを行わせ、その後、どのような言葉に感情を激化させたのかを一人ひとり確認し、全体で共有するものである。筆者も大学生の講義や教員研修で繰り返し利用しているが、与えられたシナリオ通り読み上げるにもかかわらず、自身の発言や受け取る言葉に感情が高ぶり、嫌悪感や憎悪感情が起こる自分に気づき、感情を激化させ人を憎悪する契機となる「言葉」は、人によって個々に違うことを確認し、実感することができる。言葉がもつ身体への作用を自覚すること、自身の言葉や対応の抑制、精神的なマネジメントを準備する練習にもなる。

　日本の教育委員会による人権教育指導資料には、クライドラーの成果を応用した独自のシナリオが掲載されている。

　「対立から学ぶ」(京都府教育委員会)では、激化の要素を「決めつけ」「過剰な一般化」「矮小化」「無視」「突き放し」「過去の蒸し返し」に整理したうえで、「貸した本返して」と「CDが壊れた」という2つのすぐれたシナリオを掲載し、生徒用に加えて教員用のていねいな解説を加えている。

　「苦手だから気になる『対立』の扱い方」(和歌山県教育委員会)は、シナリオは掲載していないが、対立の要素を「圧倒する」「過去の対立を蒸し返す」「過剰な一般化」「やり返す」「こんなことかまっていられないんだ」に整理している。また、「怒りの温度計」(クライドラー[20])を援用して、自身の感情が激化するプロセスを体験し、自覚的に感情の激化をコントロールする方法を、ていねいに説明している。「気にさわる」「イライラする」「怒る」「憤慨する」「激怒する」といった感情の激化を自覚するプロセス、感情が身体の動きとしてあらわれる兆候を察知する「怒りのサイン」、「はぐらかし」「無関心」「知ったかぶり」などの激化のきっかけを確認する「引き金」、「その場を離れる」「体を動かす」「深呼吸する」など自身で即応的な対応を準備する「しずめ方」、等々である。怒りが自身に起きたときに、余裕をもって対応をとるためのアクティ

ビティである。

　言葉を契機とする自身の感情の変化や激化を普段から体験しておくこと、自身の言葉が相手をどのように傷つけているかを実感する体験を重ねることで、しだいに、他者が抱える心身の痛みに心を向け、良識をもって自身を自制できるようになる。

　言葉や対応を改善するすぐれた取り組みは少なくない。しかし、対話や会話、態度の改善には、教員や生徒自身が、その必要性をしっかりと実感できていることが肝要である。他の人の痛みを受け止め、より切実に言葉を改善する必要性を自覚したうえで、改善のアクティビティに取り組むことを勧めたい。

6 ● 人格と尊厳を大切にしあう「言葉」を意識する

　言葉は、話し手、聞き手の姿勢とあわせて、メッセージを伝えている。
　「あなたは聴き上手？」（宮崎県教育委員会[21]）は、二人一組となって自己紹介や抱負などの会話を行うものである。「相手の話に興味を示さない」「相手をみない」「退屈そうな顔や眠そうな顔で」というような、関わりの少ない聞き方、「腕を組んで」「相手の話をさえぎって」などの威圧的な聞き方、「相手に体を向けて笑顔で」「うなずく」「体全体で共感をあらわす」などの、積極的な聞き方を記した役割カードを渡し、会話の後で受け取った感情やメッセージを発表し合う。そのうえで、心を傾けて話を聞くこと、体全体で共感をあらわして受容すること、相手の話をさえぎったり、相手の大切にしていることを否定するような質問はしないことなど、多様な聞く姿勢を体験して、良質な関係性を支える要件を自覚させるアクティビティである。

　「言葉」がどのように人を傷つけ、関係を破壊し、非人間的な関係を支配的ならしめるのか。このことを十分に確認したうえで、その言葉を用いて、よりよい関係を構築するトレーニングを行うことが大切である。

　「魔法のことば」（宮崎県教育委員会[22]）は、言葉のかけ方について、「～なんだね」「なるほど、○○ということだね」という相手の言葉を繰り返す対応、「だれだってそうだよ」「いいところあるよ」「失敗はだれだってある」という相手に自信をもたせるような対応、また、性急に介入したり助言をしたりせず、相手の発言を待つことを心がけるなど、多様な対応のあり方を学ぶアクティビティである。また、「励まし名人」（宮崎県教育委員会[23]）は、部活の試合で自分のミスで負けてしまい部活をやめようか悩んでいる、進学・就職に向けて勉

強しないといけないが趣味やテレビに時間をかけ過ぎる自分に嫌気がさしている、電子メールで相手を怒らせてしまった等、複数の場面を例示し、これをもとに「励ましの言葉」を参加者で出し合うものである。また、「だいじょうぶ」「なんとかなるよ！」等のさりげない声かけ、「相談にのるよ」「どんなことがあったの？」等の相談の声かけ、「○○してみれば」「私はそんなとき○○したよ」等の解決への提案など、自身がとってもらいたい対応を互いに表明し、理解を深めていく時間も大切である。ここでは、人によって期待する対応が違うことを理解し合うことができる。

「わたしメッセージを伝えよう」（青森県人権教育・学習推進協議会[24]）と「Iメッセージで伝えよう」（宮崎県教育委員会[25]）は、人が相手を詰問するときには、自然と「あなたは」という強い語調になっていることを知り、「私は」と始めることで、自分の思いを適切に伝えることができることを発見する。約束に来なくて迷惑をかけた人に対し、「あなたはどうして連絡しないの」というと詰問口調になって激した言葉が続きやすくなるが、「……だったんだね」（事実の確認）、「私はとても心配したんだよ」（気持ちの伝達）、「なんとかして電話してくださいね」（行動変容への提案）という、「私」から始める形で気持ちを伝えることで、自身の感情を適正に抑制し、相手の理解や受容的姿勢も引き出しやすくなることを確認する。親和的対話の基本を体得するアクティビティである。

7●人権感覚に支えられた言葉がコミュニケーションの質を高める

人権は、近代市民社会が国家に対して人の生存と自由の保証を求める契約の、第一等の条件であった[26]。しかしこの言葉は、いまや国連を中心とする国際的な取り組みのなかで、人類の普遍的な価値、教育の原点をさし示す言葉として、広く用いられるようになってきている。人権とは、どのような生を受けたとしても、人はだれもが自身の生命と尊厳を無条件に保障され、一度限りの生を全うできる権利である。

人権のとらえ方を豊かにした契機は、第二次世界大戦後の国際社会の合意にあるといってよいだろう。それはこの戦争が、「人間の尊厳・平等・相互の尊重という民主主義の原理を否認し、これらの原理の代わりに、無知と偏見を通じて人間と人種の不平等という教義をひろめることによって可能にされた戦争であった」ものであったからであるし、何より、「戦争は人の心の中で生まれ

るものであるから、人の心の中に平和のとりでを築かなければならない」(ユネスコ憲章、1945)からである。

　学校教育をめぐる不幸な死においても、それは寸分と違わない。どのような理由であれ、人の生命と尊厳が踏みにじられることは許されない。教育の場では、なおのことである。人権感覚の欠如は、人の生命や尊厳を損なう言葉、他者を傷つける言葉となってその姿をあらわし、流布し、暴力行為を誘発させる。学級、学校の良識と規範を切り崩していくのである。

　人権感覚を育むアクティビティは、自身と他者の心身の痛みに向き合い、その痛みを受容的・共感的に理解し、正義感をもって行為する能力の醸成を目的とする。積極的にアクティビティに取り組み、教員と生徒が良質の時間を多く共有することが、学校から体罰を遠ざけることになる。教員が誇るべき専門職としてあり続けるために、多くの教員による取り組みを期待したい。

(梅野正信)

引用・参考文献・注

1)　「身体に対する侵害」としては殴る、蹴る等の行為、「肉体的苦痛」としては正座・直立等特定の姿勢を長時間保持させる等の行為が例示されている。「体罰の禁止及び児童生徒理解に基づく指導の徹底について(通知)」文部科学省初等中等教育局長、スポーツ・青少年局長、2013年3月。

2)　岐阜地裁平成4年9月6日(一部認容・一部棄却[確定]、『判例時報』1487号、p.90)。詳しくは、梅野正信『教育管理職のための法常識講座』pp.265-277、上越教育大学出版会、2015年。

3)　運動部活動の監督(職員)が、部員の問題行動を理由に、暴行等と威圧的言辞により部員が畏怖する状況下で「全裸でのランニング」を指示し、生徒がこれにしたがって実行した事件が、体罰に該当する違法な懲戒と強要罪か認定(執行猶予)された事例として、岡山地方裁判所倉敷支部平成19年3月23日判決がある。

4)　「人権教護推進審議会答申」(1999年)は、人権感覚の育成が日本における人権教育の課題である旨指摘し、「人権教育の指導方法等の在り方について[第3次とりまとめ]」(文部科学省、2008年)において人権教育の指導方法の中で具体化された。

5)　「スポーツ宣言日本〜二十一世紀におけるスポーツの使命〜」日本オリンピック委員会、2011年7月。

6)　スポーツ基本法前文。

7)　人権教育は「人権尊重の精神の涵養を目的とする教育活動」であり、国および地方公共団体を通して「学校、地域、家庭、職域その他の様々な場」で学ばれることが法に定められている(人権教育及び人権啓発の推進に関する法律、2000年)。

8) 「人権教育のための国連10年」(1995〜2004年)、人権教育のための世界計画(2004年)、人権教育のための世界計画第1フェーズ(2005〜2009年)、同第2フェーズ(2010〜2014年)、同第3フェーズ(2015〜2019年)、人権教育及び研修に関する国連宣言(2012年)。
9) 「人権教育の指導方法等の在り方について[第3次とりまとめ]」文部科学省・人権教育の指導方法等に関する調査研究会議、2008年3月。
10) 梅野正信「人権教育資料の分析的研究1—『協力的』『参加的』『体験的』な学習を中心とする指導例示の特色と傾向」、『上越教育大学研究紀要』31巻、pp.29-40、2012年2月。同「人権教育資料の分析的研究2—人権課題に関わる指導例示の特色と傾向」、『上越教育大学研究紀要』32巻、pp.59-73、2013年2月。
11) 紙面の関係で概要・要約的な説明にとどめる。
12) 香川県教育委員会『人権・同和教育資料　参加体験型学習資料中学校編』p.22、2008。
13) 栃木県教育委員会『人権教育指導資料　人権教育の改善・充実のためのQ&A(第二集)』p.16、2009。
14) 文部科学省は、「性同一性障害に係る児童生徒に対するきめ細かな対応の実施等について」(文部科学省児童生徒課、2015年4月)において、「運動部の活動」では「自認する性別に係る活動への参加を認める」「呼称の工夫」「校内文書(通知表を含む。)を児童生徒が希望する呼称で記す。自認する性別として名簿上扱う」など人権に配慮した対応を求めている。
15) 静岡県教育委員会『静岡県人権教育の手引き人権教育の学校づくり』p.5、2010。
16) 和歌山県教育委員会『対話ですすめる人権学習』pp.109-116、2004。
17) 大阪府教育センター『OSAKA人権教育ABC Part2』p.83、2008。「対立・問題の解決のために」では、「きめつけ」「一般化する」「圧倒する」「やり返す」「むし返す」「無視・突き放す」「問題をそらす」「忠告する」となっている。
18) 京都府教育委員会『人権学習資料集〈高等学校編〉』p.35、2010。
19) 「対立は激化する」「対立を激化させるもの」「対立のエスカレーターを上がる怒り」、ウィリアム・クライドラー『対立から学ぼう　中等教育におけるカリキュラムと考え方』ERIC国際理解教育センター、pp.20-46、1997(書籍によりクレイドラーと表記されるが、ここでは引用書籍の表記にしたがっている)。
20) 前掲、ウィリアム・クライドラー『対立から学ぼう』pp.44-48。
21) 宮崎県教育委員会『人権教育ハンドブック—中学校・高等学校編』p.64、1999年。
22) 前掲、宮崎県教育委員会、p.35。
23) 前掲、宮崎県教育委員会、p.73。
24) 青森県人権教育・学習推進協議会『気づきから学びへ』p.61、2005年。
25) 前掲、宮崎県教育委員会、p.70。
26) 日本国憲法第97条「この憲法が日本国民に保障する基本的人権は、人類の多年にわたる自由獲得の努力の成果であつて、これらの権利は、過去幾多の試練に堪へ、現在及び将来の国民に対し、侵すことのできない永久の権利として信託されたものである。」

第6章

運動部活動の実際

1. 補欠ゼロ、引退なし、自主運営のサッカーリーグ
2. 心身の発達状況を考慮した中学生期の陸上競技部の実践
3. 運動部活動の新しいカタチ——学校と行政、民間企業による連携
4. 生徒の多様なニーズに応える"総合スポーツ同好会"
5. 専門外の種目をどう指導するか
6. アメリカの運動部活動
7. イギリスの運動部活動

1 補欠ゼロ、引退なし、自主運営のサッカーリーグ

1 ●原体験としての運動部活動体験

　筆者が本格的にサッカーに関わるようになったのは中学の部活動からである。やんちゃな中学生が、体育大出の若くて熱心な先生にぐいぐい引っ張られる典型的な"ブカツ"であった。休日もなくひたすら練習。練習中に水を飲むことはできない。よくみんなが無事でいられたものである。よく練習した（グラウンドにいる時間が長かった）からか、自分たちの代では試合に勝つ喜びも知り、筆者は完全にサッカーの虜になっていた。

　高校のサッカー部は、中学とはまったく異なる、生徒主導の部活動。練習はすべて主将がリードし、試合のメンバーも決める。これもまた当時からあった典型的な"民主的部活動"の姿である。今でも覚えている場面がある。入学後の最初の練習終了後、1年生が全員集合をかけられた。「しごきがはじまる」と構えたが、3年生の主将からの訓話であった。「おまえらな、サッカーには"勝つサッカー"と"楽しむサッカー"があるんや。どっちを選ぶかはお前ら自身やぞ」というものであった。当時の筆者にはその意味はまったくわからなかった。そして、そのような話をされたこともすっかり忘れてサッカーに没頭していた。

　それを実感したのが2年生の夏前のことであった。すでに筆者は主将としてチームを率い、勝つための厳しい練習を自分にもチームメートにも課していた。ある日、下級生が10人ほどやってきて、「主将の"勝つサッカー"にはついていけません。僕らは"楽しむサッカー"がやりたいんです」といって退部を申し出たのである。ミーティングを開いてなんとか引き留めようとしたが、彼らの意志は固かった。「勝つことがすべて」とはいわないが、「勝つためには多くのことを犠牲にしなくてはならない」ことが中学時代からしみついていた筆者にとって、「もっと他に楽しみたいことがある」「サッカーも"楽しみ"の一つ

という彼らの主張は理解できなかった。

　このような原体験をもって、日本一をめざす大学サッカー部に入部した。2016年で創部120年となる筑波大学蹴球部は、当時から全国各地のつわものが集まってくる場。100人の部員はABチームとCDチームに分かれて活動する。公式戦に出られるABチームの意識は高いが、CDチームの中には目標や意欲を失っていく者がいた。「なぜAチームの試合に応援に行かなければいけないのか」「応援よりも自分たちのゲームがしたい」という主張はもっともである。学年が上がるにつれ、「多様な価値観をもつ部員をどうまとめていくか」「部の意思はどこにあるのか」が、自分自身のプレイとともに大きな課題となった。卒業論文にはこのような問題意識で取り組んだ。

　これらの原体験は、スポーツ社会学との出会いによってその意味が整理された。「プレイ―スポーツ―競技―戦争」と広がる"スポーツ"の多様なあり方、関わり方を知ることで、退部していった下級生と当時の筆者の違いが理解できた。「コートの中でチームが育ち、コートの外でクラブが育つ」、すなわちプレイ後のコミュニケーションがクラブを育てるうえで重要であることを、実体験と重ねながら理解することができた。外来文化としておもに学校でスポーツを受け入れた日本では、スポーツが"遊び"としてでなく"学び"としてとらえられることが多く、独特のスポーツ観が形成されてきたということを、歴史か

表1　「これまで」と「これから」のスポーツ観

〈これまでのスポーツ観〉		〈これからのスポーツ観〉
チーム	⇨	クラブ
選手	⇨	プレイヤー
多くの「補欠」を生むシステム	⇨	「補欠ゼロ」のスポーツシステム
「競技」志向	⇨	「プレイ―スポーツ―競技」多様なあり方
「大会」中心	⇨	「日常生活」中心
トーナメント	⇨	リーグ
「引退」のあるスポーツライフ	⇨	「引退なし」の生涯スポーツライフ
単一種目を年中行う	⇨	複数種目をシーズンごとに行う
「する」のみのスポーツライフ	⇨	「する、みる、支える」多様なスポーツ
単一の価値観に集約するシステム	⇨	多様な価値観を認め受容するシステム
学校・企業	⇨	地域

※このような方向性で、"スポーツ"を、スポーツの"場"を、そしてスポーツ好きな"人"を育てていくことが大切なのではないか。

ら学ぶこともできた（表1）。そして、大学院を修了後に現任校へと赴任したのは1987年度のことであった。

2●ユースサッカーにリーグ戦を──DUOリーグ創設（1996年）

　教員になって最初の頃は、目の前のことに力を注いで一日が終わっていたように思う。まずは授業をしっかり行い、学校組織の一員としての校務を全うする。担任をもつと一気に仕事が増えることもわかった。

　教員の仕事における部活動指導の位置づけは、当時も今もあいまいな部分が残るが、筆者にとっては大切な活動であり、多くの時間とエネルギーを注いできた。20代～30代前半は東京教員チームの一員としてプレイも続けていたので、部活動は自分自身のトレーニングの場でもあった。

　部活動に付随して高体連の仕事もある。大学院時代から参加していたサッカーの研究会にも顔を出す。当時からかなりアグレッシブに過ごしており、学校外の人と接する機会も多かった。原体験としての部活動経験とスポーツ社会学の学び、そして多くの人との触れ合いのなかで、高校の指導現場にどっぷりつかりながら、自分の現場を客観視することも忘れていなかった。

　教員チームでの活動を一区切りさせた頃にJリーグが始まった。それまでの閉塞状態から一気に飛躍しようとする日本サッカーの大改革であり、それはスポーツ界全体へも波及した。学校で育まれたことをリスペクトし、そのメリットを活かしつつ、生涯にわたってスポーツが楽しめるような環境を地域から築き上げていこうとするのがJリーグの理念である。それはスポーツ本来のあり方に根差した改革であり、サッカー界だけでなく、社会全体で「地域」や「クラブ」「サポーター」といった語が市民権を得ていった。スポーツ観とスポーツ習慣を変えていき、スポーツの側から部活動を見直す必要があると考えた。

　1996（平成8）年2月11日の第16回サッカー医・科学研究会において「関係委員会が希望する競技会と医・科学」と題するシンポジウムが開かれ、日本サッカー協会（JFA）科学研究委員会（当時）を代表して約10分間のプレゼンテーションをする機会を得た。そこで、これまで考えていたことを整理して、「ライフスタイルにサッカーを明確に位置づけるためにリーグ戦を中心にした組織づくりを」と提案した。自分のまわりの学校やクラブに声をかけ、その年の4月から始めたのがDUOリーグである。

　はじめは東京都文京区・豊島区の高校5校とクラブユース連盟（CY連）加

盟の1クラブから10チームが参加する1リーグ制であったが、徐々に規模は拡大し、今にいたる。人数の多いクラブからは複数チームが参加し、複数クラブの合同チームでもかまわない。試合の際に「責任能力のある大人」（各クラブの責任において定める）が付き添うことと、指定された試合を行い、審判を派遣できること（高校生が資格を取得して笛を吹くことを奨励している）、グラウンドを1節分確保できること（公共施設等の借用も含む）、そして参加費を1チームあたり各期2万円支払うことが参加チームに課せられた義務である。参加費は審判手当等の運営経費に充てられる。優秀審判賞をはじめ、支える活動に対する評価は惜しまない。

　DUOクラブ（加盟クラブ）は高体連やCY連にも加盟し、それぞれの公式戦にも参加する。公式戦や学校行事の合間をぬって、前期は4～7月、後期は9～12月に行い、これがシーズンを形成する。1～3月はオフシーズンからプレシーズンとなる。もちろん週末のゲームは、1週間の活動サイクルの柱となる。試合結果は「DUOリーグ通信」やホームページ[1]で伝えられ、DUOリーガー（高校生）の励みになっている。

3 ● DUOリーグ創設の理念
──学校運動部は"スポーツ"を育んでいるか

　ここで、なぜ「ユースサッカーにリーグ戦を」との考えに行き着いたのかを、いくつかの観点から述べてみたい（表2）。

1) スポーツの"生活化"の側面から
　4月は部活動に新入部員が入ってくる季節である。迷わず入部する者もいる

表2　カップ戦とリーグ戦の比較

〈カップ戦〉	〈リーグ戦〉
ノックアウト方式（負ければ終わり）	総当り方式（負けても次がある）
短期間	長期間
シーズン中の単発イベント	シーズンそのものを形成
非日常的な行事	日常生活の一部
移動をともなう	生活圏で行われる
主催者が運営	当事者による自主運営

が、どの部に入るか迷っている者もいる。学校によっては「仮入部」と称するお試し期間を設けるところもあるが、正部員は「一つの種目に全てを捧げる」ことになるため慎重にならざるを得ない。こうして入った部活動も、ゲームに出場できるのは「自分たちの代」になった1年間のみ。3年の夏休み前に「最後の大会」があって「引退」し、「代替わり」して受験に専念する。実質2年間しかないのが部活動の実態である。その2年間も隙間だらけである。定期試験の前に部活動禁止になって勉強に専念し、大会前に部活動延長が認められスポーツに専念する。「専念」する期間は他方にとっては「空白」期間。かえって「両立」の妨げになっていると感じるのは筆者だけだろうか。

　1週間を単位として、勉強もスポーツもバランスよく配置された日常生活を確立することが大切である。そうすれば3年間、無理なく学校生活を全うできるはずである。平日のトレーニングと週末のゲームのサイクルを確立するのにリーグ戦は好都合である。

2）"する"スポーツの側面から

　スポーツはまずプレイに参加する、すなわちゲームに出ることが中核である。しかし現状は、常時ゲームに出場できるのは「自分たちの代」になった1年間のみ。しかも大会は、負ければ終わりのノックアウトシステム（カップ戦方式）のため、全て1回戦で負けると、高校サッカー部の公式戦は年間3試合のみである。さらに、部員が100人いる場合でも、中・高体連の大会に出場できるのは1チームのみ。その他大勢は補欠である。一方で、部員が少なくて大会に出られないチームや廃部に追い込まれるチームも多い。複数校で合同チームを作るか、一人の生徒が複数種目に取り組めるようにするか、なんらかの対策が必要なのは明白である。人数に応じてチームを編成し、レベルに応じたリーグに属して定期的にゲームを行うことができれば補欠はなくなり、だれもがプレイできるのである。

3）"支える"スポーツの側面から

　スポーツは"する"ことが柱であるが、"みる""語る""支える"と、その楽しみ方は多様である。とくに、"支える"人や組織があるから"する"ことができるというように、両者は一体としてとらえられるべきである。しかしながら学校運動部の活動は「選手育成」「チーム強化」が中心で（その割にはゲームに出られない）、スポーツを支える人材の育成には目が向けられていない。

支える部分は「だれか（たいていは顧問の先生）がやってくれる」し、"選手"はプレイだけしていればよい」という感覚もある。

　低コストで多くの青少年にスポーツを提供してきた学校運動部のシステムは世界的にみてもすぐれている。しかし、支えてくれる人や組織があまりにも多くを負担し過ぎていないだろうか。「スポーツはタダ」という誤った感覚は、スポーツの自立を妨げている。学校卒業後の長い年月にわたるスポーツの"場"は「支えることもスポーツ」という認識があって成立するのである。

4) スポーツの"場"の側面から

　グラウンドはあるが指導者のいない学校がある一方、グラウンドはないが指導者のいる学校がある。部員がいなくてチームが組めない学校がある一方、部員が多くて補欠だらけの学校もある。それぞれの学校内で問題を解決しようとしても無理である。両者が連携することによって、学校がもつ潜在的な可能性を引き出すことができる。放課後すぐにスポーツができる、世界的にみても恵まれた環境を有効に活かしながら、学校や種目の枠を取り払って、多様な人材が集う場としての「クラブ」を育てることをめざすべきではないか。もともと学校は、地域に根ざして存在している。学校を基盤とした「クラブ」育成には十分可能性がある。

　未成年のチームには責任能力のある大人の引率が不可欠である。複数チームを編成するには、複数の大人が関わることが前提となる。これをすべて学校が請け負うことは現実的ではない。卒業生や保護者、地域の人材などを活かしながら、クラブを育てていく必要がある。

＊

　このような問題意識を「理念」の形にまとめ（表3）、この理念に賛同するクラブがリーグの構成員となる。クラブは、レベルや人数、運営能力に応じてチームを編成する。一つのクラブ（学校）から複数チームが出場することによって「補欠ゼロ」が実現できる。勝っても負けても、リーグ戦には次がある。負ければ終わり、勝つことがすべて、ではない。前向きなスポーツ観が育まれる。

　リーグ期間がシーズンを、毎週末に行われるリーグ戦がシーズン中の活動サイクルを形成する。学校運動部において「代替わり」はあるだろうが、アマチュアに「引退」はありえない。引退をなくして各クラブがOBチームをもつようになれば、卒業後もプレイを続けることができるし、ユース年代を支える存在ともなるだろう。自分たちのリーグを自分たちで運営するのも当たり前。高校

表3　DUOリーグの理念

1. 「歯磨き感覚」「引退なし」のスポーツライフ──サッカーの生活化
   - 日常生活にサッカーが無理なく位置づけられる
   - シーズンが明確になる
   - 3年間の高校生活にサッカーが無理なく位置づけられる
2. 「補欠ゼロ」の豊かなクラブ育成──チームからクラブへ
   - だれもがゲームに参加できる
   - 練習への動機づけとなる
   - 「リーグ戦」が経験できる
3. 強いチームとたくましい個の育成──レベルアップ
   - 同程度の相手と切磋琢磨できる
   - レベルやニーズごとの受け皿がある
4. サッカーを支える人材の育成──自主運営と受益者負担
   - 「スポーツの主人公」を育てる
   - ピッチを取り巻く多様な人材を育てる

生が審判資格を取ってレフェリーをする。自分たちで運営することによって、自分たちのクラブが育つのである。

　DUOリーグの創設期は、指導者間のコミュニケーションも密にとっており、次の時代を作っていくという気概に満ちていた。サッカーという世界最高の"遊び"を楽しむために、さまざまな工夫を凝らし、それを実現させていた。自由な交替（一度交替しても再びピッチに戻ってこられる制度）を認めたり、U-18リーグではあるがオーバーエイジを3名まで認め、浪人生や指導者までもが出場する機会を設けたり、近隣の大学生や社会人チームを受け入れたり、リーグ単位でさまざまな研修会を行うなど、DUOリーグならではの試みが活発になされた。加盟する各クラブは、リーグ戦を普段の活動に位置づけながら、高体連主催のカップ戦や定期戦に臨む、多様なサッカーライフを満喫できるようになった。

4● 公認リーグ創設をめぐって──学校教育とスポーツの狭間（2004年）

　DUOリーグの理念と活動をより広げ、全国各地にレベルやニーズに応じたリーグ環境ができればよい。

　1997年度は日本サッカー協会の機関誌『JFA news』に「ユース年代のサッカーはいま！」という連載をもち、全国にこの試みを紹介することができた。また、ちょうどこの頃から指導者養成講習会の共通科目「スポーツ社会学」を担当す

るようになり、講習会を通してスポーツのあり方とリーグシステムの導入の重要性を語ることができた。そして、あくまでも私的リーグであるDUOリーグを「公認化」することによって、より多くの人や組織が当たり前の環境を享受できるようにしたいと考えた。公認化には、サッカー協会における公認化と、学校における公認化の両面がある。

　はじめは東京都高体連サッカー専門部の有志の研究会が話し合いの場であった。ある程度意見がまとまったところで東京都サッカー協会内にユースリーグ準備委員会が設置され、クラブユース連盟とも協力しながら東京都にあったユースリーグのあり方を検討していくこととした。シーズンを明確化して前後期制で行うこと、レベル別リーグを組織し、底辺は近場で、レベルが高くなるにつれて広範囲を移動すること、リーグ加盟はあくまでも自由意志であることなどが原則である。各リーグ8チーム構成で、レベル別のリーグをピラミッド的に作り上げていくイメージで加盟クラブと参加チームを募集したところ、都内202クラブ（うち高体連188、CY連13、その他1）が加盟、289チームが参加するリーグ構成が定まった。2004（平成14）年2月末の設立総会で㈶東京都サッカー協会主催の「U-18東京都サッカーリーグ」の創設が宣言され、4月の開幕を待つばかりとなった。

　しかし3月初旬、公認リーグは突然中止となる。「サッカーのリーグ戦の参加承諾書をサッカー部がもってきたが、判を押してよいものかどうか」という問い合わせが、複数の都立高校校長から教育委員会に寄せられたのがきっかけである。顧問の引率の問題（どのような立場で引率が可能か）、学校のグラウンドを他校のサッカー部同士で使用することの妥当性（他の運動部の活動に制限が加えられるのではないか）、参加生徒の過重負担（試合数が増えると、本来なすべき学業がおろそかになるのではないか）の危惧が指摘され、学校教育活動として認めてもらうにはハードルが高いと判断せざるを得なかったのである。

　もとより、学校運動部のために始めたのではない。しかし、参加単位は「学校」である場合がほとんどであり、学校の教員や施設を動員し、生徒の安全を保証するには「学校教育活動」であると、各校長に判断してもらう必要があった。地域の「スポーツ活動」としての加盟を考えていたクラブユース連盟に加盟する地域のサッカークラブからすれば、「学校教育活動」が理由となるこの判断は大きな驚きであっただろうし、生涯スポーツの観点から始めたはずの試みがこのような形で挫折するとは、当事者として心外であった。学校の論理と

スポーツの論理の間には、依然として大きな隔たりが存在することをあらためて感じさせられる出来事であった。

　この事件をきっかけに、筆者は東京都全域のリーグ再興の作業には関わらなくなったが、後を継いでくれた同志が、底辺からの地域リーグ再建とトップリーグとの連結に取り組んでくれた。時間はかかったが、今では底辺から頂点まで、リーグ構造がつながっている。JFAの強力な後押しもあり、いまでは全国各地でユース年代のリーグが整備されている。しかしながら、今もって底辺においては学校教育との軋轢がみられる。学校運動部はどこまで担うことができ、どこから他に移管すべきなのだろう。その際の担い手はだれなのだろう。

5●遊び心を取り戻せ──スキンプロジェクト（2007年）

　公認化を進めるうちに、困ったことが起きてきた。「上のリーグにつながるのだから、上に合わせないといけない」と考える指導者が増え、DUOリーグ独自のルール（自由な交替、オーバーエイジ3名までありとする特別枠選手制度など）が受け入れられない雰囲気になってきたのである。「きちんと遊ぶ」ためのDUOリーグだったのに、指導者の関心は試合の勝敗と昇降格にばかり向けられる。

　「上のリーグでやりたい」と考える生徒は多いだろうし、尋ねれば生徒はそう答えるだろう。しかし本音では「身の丈に合ったリーグで競い合いたい」者もいるはずである。「上のリーグで」と考えているのは部活に熱心な"部活先生"の意識であり、それが生徒に伝染しているだけである。指導者のいうことに忠実な生徒、指導者のいうこと以外に目が向かない高校生の姿である。どうすれば"遊び心"を取り戻すことができるだろう。DUOリーグ創設期のように。

　今ではNPO法人化した「サロン2002」というネットワークがある。そこのメンバーでもあるアーティストたちに相談した。いろいろ話をしているうちに、DUOリーグのトロフィーを高校生全員で作り上げるプロジェクトが浮上した。毎年2〜3足は履きつぶし、燃えないごみとして捨てられるサッカーシューズは、部室に山ほどある。それは、実は革の宝庫である。履けなくなったサッカーシューズから革の部分を切り取って靴型の履けるトロフィーをつくるプロジェクトが始まった。試合会場に「靴創家」（アーティスト）が赴き、試合後に両チームで仲良く、トロフィーの素材となる革を切り出す作業を進める。履けなくなったサッカーシューズを磨き、切り取る作業である。出てきた素材をアーティス

トロフィー（提供：佐藤いちろう氏）

リサイクルプロジェクト

トは大きな靴の形に整える。こうしてできたトロフィーが写真であり、2008年度から12年間はこれを持ち回りにすることにしている。

　これは「スキンプロジェクト[2]」もしくは「リサイクルプロジェクト」の名で、バリエーションを増やしながら、今でも各地で行われている。最近は「使えなくなったサッカーボールからコインケースを作る」ことや「フットサルで使ったラインテープの芯でペン立てを作る」ワークショップも開いている。参加した高校生からは「こんなこともできるのか」「面白い」と好評である。しかし"部活先生"たちは、「サッカーに関係ない」「忙しい」と、あまり関わろうとしないのが残念である。こういうことに関わる"ゆとり"や"遊び心"がほしい。

6 そして今……

　2013年度よりDUOリーグでは、昇降格をともなうリーグ戦は年1回、4～7月の前期のみとした。9～12月は会場ごとにワンデートーナメントを行い、年末に各大会の王者が集まってチャンピオンシップを行う形である。「引退なし」とはいうものの、9月以降、多くのクラブは1、2年生が中心の活動で、秋はチーム作りというよりも「個とクラブを育てる」期間と位置づけた方がよい。「フリーサイズフットボール」と名づけられたワンデートーナメントのアイデアは、"遊び心"を掻き立て、"自主運営"を通してクラブ力を高めるのに好都合である。

　2015（平成27）年11月3日の筑波大学附属高校グラウンドでは、半面での8人制サッカー大会が開かれていた。5クラブから8チームが参加した大会は、

8人制のサッカー大会

4チームずつの総当たり戦ののち各リーグの1位同士が決勝戦を争う。審判は参加チームに割り当てられ、高校生が一人制で行う。審判も運営も、高校生の"自主運営"。貴重な経験である。

今大会の優勝は「桐一族」。高校生ではなく、筑波大学附属高校のOBチームである。東京都社会人リーグや葛飾区リーグに属する成人のチームとシニアリーグに属するカテゴリーを有する「JFA公認クラブ」である。この日はたまたま大人のリーグ戦がなく、メンバーも揃いそうだということで、久しぶりにDUOリーグのイベントに参加し、よれよれではあったが優勝することができた。「引退なし」の環境がここにある。筆者もこのチームに入れてもらってプレイを楽しんだ。終わってからの祝勝会が盛り上がったのはいうまでもない。

生涯にわたってスポーツと付き合うことができればよい。そのためのクラブ育成が不可欠である。欧米のような地域クラブはもちろん一つのモデルとなろう。それに加えて日本の場合、学校を母体としたクラブに大きな可能性があると考える。筑波大学附属高校蹴球部は、11人制のサッカーに取り組む「サッカー部」が始まりであるが、フットサルに取り組む男子の「フットサル部」と女子の「女子蹴球部」が同じクラブの一員としてさまざまな活動に取り組む態勢にある。そして卒業生も、「桐一族」はじめ年代別のチームで活動している。

本校のルーツは東京高等師範学校附属中学校である。明治期の校長は嘉納治五郎。彼は各運動部を束ねる自治会組織を「桐陰会」と名づけ、自ら会長として運動部活動を奨励した。各運動部は桐陰会の中で種目ごとの「部」を編成する。卒業生も会員なので、多世代・多種目型のクラブなのである。先人の知恵に学びながら、今できることをこれからも続けていきたい。

(中塚義実)

注

1) 詳細については以下のHP参照のこと。
   http://www.duoleague.com
2) 美術家ユニット「KOSUGE 1-16」の土谷享氏と靴創家「靴郎堂本店」の佐藤いちろう氏が手掛ける「スキンプロジェクト」の始まりについては、NPO法人サロン2002のホームページで紹介されている。その後も各方面で展開中である。
   「タッグパートナーとしてのスポーツとアート」(2009年1月18日、於金沢21世紀美術館)
       http://www.salon2002.net/src/pdf/monthly_report/2009/2009-1.pdf
   「タッグパートナーとしてのスポーツとアート」(2009年6月12日、於KOSUGE 1-16スタジオ)
       http://www.salon2002.net/src/pdf/monthly_report/2009/2009-6.pdf

引用・参考文献

- 中塚義実「プロリーグの発足と高校サッカーの将来(第5報)」、『高校サッカー年鑑 '96』講談社、1996.
- 中塚義実「連載 ユース年代のサッカーはいま!」、日本サッカー協会『JFA news』No.156-158、160-162、1997、No.163、165、1998.
- 中塚義実「"スポーツ"の側から学校運動部を見直そう!」、『体育科教育』49巻6号、大修館書店、2001.
- 中塚義実「補欠ゼロ・引退なしのサッカー部」、『体育科教育』50巻4号、大修館書店、2002.
- 中塚義実「する・みる・語る・ささえるスポーツの楽しさにつなぐ授業づくり」、『体育科教育』52巻9号、大修館書店、2004.
- 中塚義実「生徒が企画・運営するスポーツイベント」、『体育科教育』53巻5号、大修館書店、2005.
- 中塚義実「DUOリーグの実践──スポーツの生活化のために」、菊幸一他編著『現代スポーツのパースペクティブ』大修館書店、2006.
- 中塚義実「DUOリーグの実践からみえるもの──学校スポーツの光と陰」、『たのしい体育・スポーツ』28巻3号、学校体育研究同志会、2009.
- 中塚義実「高校部活動における取り組み──"仕組み"を変えてスポーツ観を見直そう!」、『日本のスポーツ界は暴力を克服できるか』かもがわ出版、2013.
- 東海林祐子『コーチングのジレンマ』ブックハウス・エイチディ、2013.

2 心身の発達状況を考慮した中学生期の陸上競技部の実践

1 ● 趣味の世界としての運動部活動

　部活動顧問をするに当たり、まず心得ておかなければならないことは、部活動指導は教員の本務ではないということである。部活動が学校の教育課程に位置づけられていても、その指導の多くは勤務時間外であり、ボランティアということになる。

　教員の本務は授業であり、そのうえ学級経営や生徒指導、生徒会活動の指導なども任されている。それらを部活動指導よりも優先して行う義務がある。体育教員は日々の授業研究や授業準備を優先し、生徒に提出させる学習カードやノートに赤ペンを入れることに熱心になるべきで、部活指導を優先すべきではない。

　これは生徒も同じであり、学校生活における活動の優先順位は、まず授業を真剣に受け、宿題を提出すること。それができなければ居残りをしたり、補習を受けることもある。次に学級の係活動や生徒会活動が優先され、それらがきちんとできた人たちにだけ許されているのが希望者による部活動である。

　中学校生活は生徒も教員も忙しい。朝も放課後も、優先すべきことをしていると部活動に関わっている時間がない。会議や生徒との関わりで、教員の本務としての授業準備や教材研究さえ勤務時間内にはなかなかできない。結論からいうと、教員も生徒も部活動は趣味の世界だということを自覚すべきだろう。そのことが、今の中学生期の心身の発達状況や子供たちのスポーツ環境に合った適切な教育活動にもなるということを実践例として述べたい。毎日の宿題や生活記録を書くことがなかなかできない中学生は多い。それができていないのに部員に練習日誌の提出を義務づけたり、体育教員が日々の授業の学習カードに赤ペンを入れる作業の手を抜いて、部活動指導に熱心になったりすることは慎みたい。

2●陸上部に入部する中学1年生と種目選択

　小学生の頃から日々運動に親しんできた子とそうでない子との二極化現象が進んでいる。一方で、中学校の部活動へのあこがれはどの子ももっている。運動能力の高い生徒は球技系の部に入部する傾向もあり、彼らと集団競技を始めることに不安を感じている生徒たちが決意して集まる部の一つに陸上部がある。個人競技であり、運動経験が少なくても、走ることだったら続けられそうだという期待感をもって入部してくる。

　したがって、中学校の陸上部は足の速い人たちばかりの集団ではなく、また走ることが好きな人たちばかりの集団でもないのである。中学校に入学したばかりの頃は、100m走で20秒近くかかったり、女子よりも遅い男子生徒がいることを想定しておきたい。もちろん小学校の頃から陸上競技の大会に出場して活躍してきた生徒も入部してくる。こうした生徒たちに対して陸上部の顧問はなにをすべきかを考えなければならない。

　また、陸上競技にはいくつもの種目がある。発達段階を考慮すれば、中学生期にはさまざまな種目に挑戦させるべきだろう。ハンマー投げの室伏選手は高校時代までに全ての競技を経験してきたという。

　中学校の陸上部に入部してくる1年生に希望種目を聞くと、多くは短距離走、長距離走、そして走り幅跳びと答える。それは、その程度の種目しか経験してこなかったからである。しかしこれらの種目は競技人口が多く、人より少し速

く走ったり、跳んだりすることができる程度では、地区大会に出場しても全く通用しないという生徒がほとんどである。他人との比較よりも自己記録の向上を目標にすべきと考えたいが、そのレベルで3年間目標をもって部活動を続けることができるだろうか。こうした部員たちにも陸上競技の楽しさを味わえるようにさせていきたい。

　そこで、100mの短距離走タイムを向上させるための練習をベースにしながらも、1年生の段階ではさまざまな種目を経験させていく。筆者が多くの生徒に経験させたいと考えているのは棒高跳である。専門的な施設や用具がないとできないと考えている指導者が多いが、そうではない。竹の棒と砂場さえあればどの中学校でもできる。

　戦前、棒高跳は三段跳とともに日本のお家芸といわれ、オリンピックでも竹と砂場で4mを超える記録を出していた。筆者自身も中学のときは竹と砂場で3mを超えることができた。当時の方が現在よりも競技人口は多かったように思う。砂場での棒高跳遊びでよいのだ。全体としては競技人口の少ない競技で、男子なら3m近く、女子なら2m程度跳べるようになれば地区大会でも活躍することができる。助走から踏切までは陸上競技、踏み切ってからは体操競技といわれ、バランスのとれた身体と運動能力の発達が期待できる。その他、ハードル走、投擲の砲丸投げやジャベリックスローなども経験させ、さまざまな可能性に気づかせていく。

3 ● 練習計画に一工夫

　足も遅いし球技も苦手、足は速いが球技は苦手（だから陸上部）、という生徒たちを想定すると、練習内容は走ることを中心にしつつも、さまざまな運動に親しませるということをまずは考えたい。そこで練習メニューとして週に1回は球技を行う。鉄棒などの器械運動にも取り組ませたい。球技といっても放課後は他の部が体育館や校庭を使っているので、陸上部が球技のために使える施設はほとんどない。

　そこで、体育教員なら校庭の隅にバレーコートを1面作る。そして空き地をみつけてミニサッカーやフラッグフットボールができるように施設を整備する。これは部活動の顧問の仕事というより、体育教員として、部活動に所属していない生徒たちも気軽にスポーツ遊びができる施設が校内に必要だから作るのである。

体育の授業レベルの基本的なことを教えてミニゲームを中心に進めさせると、部員たちは目を輝かせて取り組む。そのことで球技の苦手な部員もある程度体育の授業で活躍できるようになる。筆者は校庭の隅にバレーコートだけでなく、手作りのバスケットゴールまで設置し、季節に応じて部員たちが球技に親しめるようにした。こうした活動は学年の枠を超えた部員たちの心をつなぎ、部内のいじめ防止にもなる。

　1週間の練習計画のなかでは、「自主トレ（参加不参加の自由を含む）」の日を設定することも重要である。自主トレの様子をみることで部員一人ひとりの意欲レベルや目標が確認できる。中学1、2年生の頃はまだ自我が確立されておらず、その心は揺れ動いている。その点が高校生の部活動とは大きく異なる。口では大きな目標をいっても行動がともなっていなかったり、教員の指導にしたがって一生懸命練習に励んでいたと思ったら突然練習に出てこなくなることもある。そして部活動よりも人間関係に悩み、友達と一緒でないと行動できない生徒は少なくない。そうした心の様子や意欲を観察できるのが「自主トレ」の日なのである。個々に活動する時間のなかで、顧問と部員がゆっくり語り合うこともできる。

　日々の練習計画は部員と相談しながら季節に応じて決めていく。専門的な知識や経験がないと陸上部の指導は難しいという声があるが、前述のように部活動顧問の仕事はボランティア的要素が強いという点、および顧問が指導に当たれない時間帯が多いという点から考えて、計画する練習内容は必要最低限のものとし、よりレベルの高い練習をしたいと考える場合はその回数や量を各自の判断で増やせばよいと考える。高い目標をもっている部員は部活動の時間以外にも自主的に走る。

　みんなで一緒に行う必要最低限の練習内容例としては、①短距離走のドリル、②ミニハードル、③テンポ走、④ハードル・ドリルとハードル走、⑤スタート・ダッシュ、⑥長距離ロング・ジョッグ、⑦筋トレ、⑧鉄棒、⑨球技などがあり、それに各自の種目練習が加わる。各練習内容のポイントについては、インターネットで調べれば多くの情報が得られる。これらを自主トレの日を除く平日4日間に割り振ると、各内容は1〜2回しか入らない（シーズン中は各自の種目練習を3〜4回は入れる）。各練習内容を週に1回程度行っただけでは上達することは難しいだろう。それを増やすかどうか、それは意欲や目標レベルに応じて考えさせていけばよいと考える。

4●大会、記録会への参加

　球技種目は日常的にゲームを楽しむことができるが、陸上競技では部員全員で競技を楽しめる機会は限られている。記録に挑戦したり、仲間と競い合うという陸上競技の楽しさが一部のすぐれた代表選手の独占物になりがちである。
　そこで1ヶ月に1回程度、休日（半日）に校庭で部内の記録会を行う。通常の中学校の校庭なら、1周200mの3レーン、セパレート・トラック程度のものは作っておきたい。これも陸上部のためというよりも、体育の授業で必要だからである。部内記録会では、公式大会と同じように顧問が大会要項と申込用紙を事前に作成して配布し、申し込みをさせる。100mには全員が出場するものとし、トラックとフィールドの両種目にそれぞれ1種目以上は希望種目を申し込ませる。それをもとに顧問は公式大会と同じようなプログラムと記録用紙を作成し、当日配布できるようにしておく。記録会が近づいてくれば、申し込みをした自分の専門外の種目練習も行うようになる。
　記録会当日の審判は部員が交代で行い、ルールや審判の仕方を学ぶ。記録会の最後には、その日の100m走の記録をもとにリレーチームを組み、全員でリレーを楽しむ。可能であれば陸上部以外の生徒を誘ったり、他校の部員や地域の小学生にも来てもらうとよい。
　記録会の結果を参考にして地区大会の代表選手を決定することもできる。現在の部活動では大会参加の有無、練習内容、大会への代表選手の決定などを顧問や保護者などの大人が行っているようであるが、これではスポーツの民主化は進まず、スポーツの主人公は育たない。部内記録会へは全員が参加するものとするが、それ以上の大会については希望者参加とする。人数制限によって代表選手を選ばなければならない場合は、出場希望種目、これまでの記録、練習への取り組み状況や選手選考基準に対する意見などを一人ひとりに書かせて提出させる。それをもとにして主将や学年責任者が顧問と一緒に原案を作成し、ミーティングによって部員全員の意思として決定していく。
　部の目標をどの程度のレベルにおくかは重要である。中学校体育連盟主催の大会は全国大会までつながってしまっている。しかし、全国大会出場や入賞を部の目標とすることは避けるべきだろう。それを達成するためには部員全員が休日も返上して練習に打ち込まざるを得なくなり、それは義務教育としての中学校の部活動としてはふさわしくない。かといって地区大会に出場しても入賞者がほとんどいないようでは競技会の楽しさは味わえないし、部の雰囲気も盛

り上がらない。

　筆者はこれまでの経験から、全国大会までつながる中学校体育連盟主催の大会では、「県大会につながる地区大会での入賞者を増やす」、つまり「みんなで県大会に行こう！」という程度のレベルに止めることがよいと考えている。これは、かつて1970年代前半まで中体連主催の大会が県大会までしかなかった時代の「運動部をめぐる競技と教育の論理」と一致する。部としての日々の練習量は、そのレベルに近づくのに必要な最低限度に止める。

　土日に活動を行うとしても、どちらか1日の半日だけとする。日曜日に大会がある場合、多くの部では前日の土曜日にも部活動を行っているが、たとえ大会を控えていても、休日のどちらか1日は家庭に返し、家族とゆっくり過ごしたり、宿題や読書、あるいは他の趣味に費やす時間を保証すべきだろう。陸上競技の場合はそれが可能で、大会前は休養や調整程度の練習でよい。大会の前日に練習が必要だと考える部員は一人で自主的に練習する。

5 ● 保護者会は必要か？

　保護者会は、もともと学校の部活動の枠だけでは活動が足りず、保護者の協力によってその不足部分を補うために発足したものである。したがってこれまで述べてきた陸上部の活動程度では保護者会は必要ない。保護者会活動の盛んな部では保護者の負担が大きく、わが子をその部へ入れることを敬遠する保護者もいる。そうした事情から、筆者はあえて保護者会を組織してきていない。もちろん保護者にはわが子の活動の様子をみたり、大会では応援に来てほしいが、それを組織として行うことは保護者だけでなく、顧問の負担も大きくなる。また、一部の活動熱心な保護者によって部活動の方向が競技成績優先になりかねない。部活動を保護者会が必要なレベルの活動にしたければ、地域の陸上クラブを立ち上げ、そこで活動していくべきと考える。

　1964（昭和39）年の東京オリンピックの際には、オリンピック運動の一環として小学生のスポーツ少年団が発足した。2020年の東京大会に向けては、中学生がトップレベルをめざすような大会やクラブ組織を学校教育から切り離し、社会教育として実施できるよう、その条件整備を国が責任をもって進めるべきだろう。義務教育における中学校の部活動は、希望する全ての生徒たちにスポーツの機会が保証されるよう底辺拡大に努めるべきと考える。

（小山吉明）

3 運動部活動の新しいカタチ
——学校と行政、民間企業による連携

1●運動部活動の新しいカタチ

　公立中学校の部活動顧問教員と企業派遣のプロコーチ。かつては連携など考えられなかった両者が手を携える動きが出てきている。教員の負担軽減などが目的だが、運動部活動の新しいカタチがみえてきた。

　2015（平成27）年11月30日の月曜日。夕闇迫る晩秋の夕暮れ。イチョウの黄葉に囲まれた東京都杉並区立和田中学校のグラウンドの一角では、女子テニス部の部員15人が楽しそうにサーブ練習をしていた。指導するのは、民間企業から派遣されたプロコーチ。やおら一人の部員の背に大声をかける。

　「オー！　ナイス・サーブ！」

　指導は自由かつ、生徒へのリスペクトにあふれ、技術云々より、テニスの楽しさを伝えようとしている。ラリーはいわば、コミュニケーションそのものである。同コーチとテニス部の顧問教員は、この新たな部活動の取り組みに対し情報を共有し合い、常に教育活動の一環であることを念頭におこうとしている。技術指導をコーチが担当し、顧問教員は教科指導の準備などにも当たっている。

　コーチがいう。「民間企業からのプロコーチ派遣のメリットは教員の負担軽減と、技術指導の波がなくなること、その2点じゃないでしょうか。子どもの立場を考えると、学校や顧問教員が考えていることと、プロコーチが考えていることがずれるのはよくないですね。いわば"協働"です」と。

　派遣企業のスポーツデータバンクの担当者が説明する。

　「学校と顧問教員、部員の生徒、保護者、ボランティアコーチ、弊社のインストラクターの関係が非常にうまくいっています。教育委員会からもご理解をいただいた。派遣コーチの認知度が少しずつ高まり、ご利用いただく学校も増えてきています」

　運動部活動の風景は変わった。この新たなカタチのきっかけは2010（平成

22）年、サッカー部の顧問教員が家庭の事情で休日に部活動の指導ができなくなり、民間企業から有料でコーチを派遣してもらったことだった。顧問教員はもちろん、生徒、保護者にも好評だったため、2012（平成24）年6月から、『部活イノベーション（革新）』として本格導入された。

　民間人校長だったことも無縁ではなかろう。当初は和田中の9つある運動部のうち、テニスやサッカー、野球など6つの部の保護者会が民間企業2社（スポーツデータバンクとリーフラス）と委託契約を結び、プロコーチの指導を受けていた。

　保護者は1回の活動につき、指導料と保険料として1人500円を支払っていた。家庭の負担を考え、委託は月2回までに限定。生徒の参加については、保護者の判断となる。

　「実は」と、東京都杉並区教育委員会の学校支援課の担当係長は説明する。「他の学校でも、校長、顧問、保護者の話し合いのなかで、"ちゃんと指導ができるコーチになら、おカネを出してもいいのではないか"と。ただし、一方で、"保護者負担の部活動ってどうなのだろう"という話もありました」。このような取り組みに挑戦する学校では、打ち合わせなどを重ねていたようだ。

　結果、2013（平成25）年4月から、杉並区がプロコーチ費用を公費で負担する『部活動活性化モデル事業』が始まった。予算は年間約2,000万円。公立中学校全23校を対象に、実施の部活数などを調整しながら、2013（平成25）年度は9校、2014（平成26）年度が10校、2015（平成27）年度は13校にこの取り組みを実施してきた。活用校は年々増え、契約民間企業も9社となった。学校支援課の担当係長がコトバを足す。

　「教員の負担軽減については充実させていきたい。この事業を活用するかどうかは、学校（校長や顧問教員、さらに、生徒や保護者）の選択となります。各校の部活動に足りないものがあるとすれば、そこを補うことが教育委員会の仕事です。各校に本事業を説明し、活用したい学校の希望に対して、できうる限り応えていきたいと考えています」

　さらに、このモデル事業の大きな特徴は、と同係長は続けた。

　「顧問不在でも実施可能な部活動であることから、保護者などの立ち会いが必要となることです。保護者の立ち会いが難しい場合、学校支援本部（以下「本部」）のスタッフが対応します。本部とは、区内の全小中学校に設置された学校の応援団です。地域のボランティアのみなさんで構成された任意団体で、授業支援や教育活動など、学校の要望に沿った支援を行っている組織（本部もこ

の和田中学校から全国に拡大）です」

　生徒がケガをした場合、どうなるのか？　監督責任の所在は？　と問えば、先の担当係長は「何の問題もありません」と即答した。

　「通常の部活動でケガをするケースと同じと考えます。この事業は、顧問教員の実施してほしい部活動の技術指導を民間企業に委託するので、ケガに関しては、授業中や教育活動中にかけている保険が適用となります。また、技術指導以外は、顧問教員からの指示をコーチが順守し、さらに、立ち会いの方に見守っていただくことで解消しています」

　担当係長は「3年間のモデル事業の評価は次の3点」という。①生徒は、専門のコーチに教えてもらうことで、技術が向上し、より上達したいという気持ちになる、②顧問教員は土日の休みが、負担軽減になる、③保護者からは、技術指導の満足感だけでなく、立ち会い時に練習の様子が見学できることの安心感を確認することができた――という。

　最初にこの事業方式を導入した和田中では、2015（平成27）年度は野球、剣道、サッカーなど7つの部で週末の土日に部活動活性化事業を活用している。うち2つの部（硬式テニス部とバドミントン部）では、生徒や保護者会からの要望を受け、平日も月2回、試験的にプロコーチを招くようになった。いわゆる『平日部活イノベーション』である。これは従来の部活イノベーションと同様、保護者会が経費を負担している。週末土日の部活動活性化事業と違い、顧問教員も立ち会うため、その競技の専門の外部コーチと教員の情報を共有することも可能となった。これでプロコーチの指導日が1ヶ月に原則4回となり、さらなる活動の質の向上が期待されるようになった。

　実際、平日のプロコーチ指導を加えた硬式テニス部の活躍は目覚ましいものがある。2015（平成27）年度の3年生部員12人全員が中学で初めてラケットを握ったのにもかかわらず、同年7月の3年生部員の最後の杉並区大会団体戦で女子の部で決勝に進出した。公立中学としては最高の成績だった。

2●企業派遣のプロコーチ導入は必然

　もちろん、中学の部活動には部員の生活指導や人間づくりの側面もある。

　和田中学校の校長は次のように強調する。「部活動はたいへん生徒たちにとって有意義で大切なものなのです。部活動で身につくものは、文化的、体育的な専門技能だけじゃなく、人と人のつながりなんです。教員と生徒は部活動を通

して人間関係が育まれ、指導が円滑に効果的に行われるんです」と。やはり中学校における部活動は、教育課程外の活動であるものの、学校教育活動の一環として中学校教育において大きな意義や役割を果たしているのだ。そこで2009（平成21）年の中学校学習指導要領の中にも次のように盛り込まれた。

「生徒の自主的、自発的な参加により行われる部活動については、スポーツや文化及び科学等に親しませ、学習意欲の向上や責任感、連帯感の涵養等に資するものであり、学校教育の一環として、教育課程との関連が図られるよう留意すること」〈総則第4の2の（13）〉

つまり、部活動は生徒たちにとって大切だからやらせなさい、ということである。もっとも部活動の主たる教員の活動時間は勤務時間外だから、教員の職務としては位置づけることはできない。いわば教員のボランティア活動で、その情熱と献身に支えられてきたのである。ラグビー部が舞台の『青春とはなんだ』やサッカー部の『これが青春だ』の学園ドラマ同様、中学でも熱血教員が多々いたものである。だが少子化で生徒数が少なくなってくると、学校のクラス数が減っていった。そうなると、必然的に教員の数も減っていく。部活動の指導ができる教員が減ることにもつながった。

たとえば、野球部は指導できても、テニス部は指導できないようなケースも出てきた。以前、部活動の役割を総合型地域スポーツクラブに担わせようとの動きもあったようだが、欧米とは文化が違うから、日本ではなかなか受け入れらなかった。しかも、いまや学校は"エビデンス主義"がまかり通っている。授業そのものより、他の業務、対応についても書類を書き、国や都道府県、市町村区のそれぞれの教育委員会に対して記録を提出しなければならない。教員は雑務に追われ、忙しい。顧問として、部活動を指導する余裕もなくなってきた。

さらには教員の高齢化も重なり、部の存続も難しくなってきた。顧問の異動により、活動に支障が出る恐れもある。なのに、生徒や保護者の多くが、土日の練習実施を希望する。なかには保護者の要求がエスカレートしている場合もある。自分たちの子どもをスポーツの強豪校に進学させたいからか、部を強くさせてほしいというのだ。

放課後の指導時間は業務外の扱いで、地域によって違うが、土日祝日の部活動顧問にはせいぜい1日、2〜3千円の手当てがつく程度である。そこで地域のボランティアの外部指導員が登場し、競技や指導経験のない顧問や、多忙で練習をみられない顧問らをサポートするようになった。資格はあまり問われず、

学校OBや保護者が兼ねる場合もある。ここ10年ほど、外部指導員の制度は少しずつ広がり、こちらも、その地区の教育委員会から1回、2〜3千円の手当をもらうケースが出てきた（杉並区の場合は2,200円）。

とくに土日だけでもなんとかしてほしい、との教員の声はよく聞く。そこで和田中の場合は、2010年のサッカー部の例を契機とし、企業からの派遣コーチを招く『部活イノベーション』が導入されたのである。あらためて整理をすると、長所は次の3つである。

①教員の負担軽減――週休2日制が日本の生活パターンになっているなかで、教員だけが土日も出ているのは、あまりにも負担が大きい。これでは親の介護もできない。

②生徒の技術向上――つまり専門的で高度な指導を受ける機会の増加である。部活動の顧問でその競技の指導経験がなかった人は4割程度といわれている。そういった状況は、生徒にとって不幸といわざるをえないだろう。

③地域と一緒に学校をつくる――学校の支援に保護者や地域が活動に参加することによって、みんなで学校をつくっているんだという意識が強まることである。つまりは交流の場、コミュニケーションの場作りである。

3●顧問もプロコーチの指導に関心

一方、企業派遣のプロコーチの活用について、和田中の校長は「教員と生徒との関係が空疎になってしまう可能性がある」と不安も口にする。「部活動を通して、人間関係を育んで、教育的効果をあげていたことを知らない世代は、部活は"外注"のアウトソーシングでいいんじゃないかという。でも、これでほんとうにいいんだろうかと考える古い教員も多いのです。現実には」と。また、杉並区教育委員会の担当係長は、「教員の部活動に対する考え方や対応には、大きく3つのパターンがあるようです」と語る。

1つ目は、"たいへん得意な競技指導力を有する情熱ある教員"。生活指導もたいへん得意としているタイプである。2つ目が"自分が指導できる競技以外も勉強し、指導できるように努力する教員"。状況に応じ可能な限り教科・部活動を両立したいタイプ。3つ目は"できれば、教科に専念したい教員"。部活動には消極的だが、自身の得意な専門科目に集中し、生徒の学力向上を優先するタイプという。

「今までの部活イノベーションや部活活性化モデル事業は3つ目の教員に焦

点を当ててきた。実施してみると、2つ目の教員がクローズアップされてきたのです。つまり、もし専門のコーチに教えてもらえる機会があり、技術指導料の向上を望めるのであれば、自分もコーチから習いたいという教員ですよね。このことは、本事業の本格実施に向け、検討すべき点と考えています」

いずれにしろ、部活動を教育の一環としてとらえるならば、現状、プロコーチの指導時間が増えていっても、部活動の主体は、学校そして、顧問教員の管理下でなければいけないだろう。そしてなによりも大事なのは、主役は生徒であることである。

4●将来の運動部活動の姿は

部活動のプロコーチ採用は、しずかに全国各地に広がっている。2015（平成27）年10月、大阪市で『部活動活性化事業』が始まった。ほかにも、埼玉県、京都府、大阪府で似たような事業が行われている。

まだまだビジネスラインに乗ってはいない、とスポーツデータバンクの担当者はいう。いわば「先行投資」、同社は小中学生向けのスポーツスクールの企画を提案してコーチを送り、野球、サッカー、ゴルフなどのスクール指導を全国展開している。また、「雇用の創出という意味でも期待しています」という。

その通りである。この事業の拡大は、元スポーツ選手たちのセカンドキャリアにも活用できるかもしれない。平日の夕方にも派遣できるようになって、同じ人がいくつもの部活動をまわっていくようになれば、コーチもそれなりの収入を得られるようになっていくだろう。課題はやはり財源。地域差は大きい。公立の学校であれば、格差がない方がいい。これからどうなっていくのか。

2016（平成28）年度から部活動活性化事業を本格実施する杉並区教育委員会の担当係長は、「まずは学校長が自校経営のなかの部活動をどう考えるのか。そして顧問教員が部活動をどう経営するのか。東京都内のそれぞれの学校で、部活動に関し、さまざまな試行錯誤が行われています。我々の向かう方向は、生徒にとってもっとも望ましい部活動をみいだすということではないでしょうか」と話した。

各校の顧問教員と企業のプロコーチとのコラボは時代の必然といっていい。ただ、ここで忘れてはならない点は、学校にはさまざまな生徒がいるということだ。また、各部の部員たちの個性が、どの時代においても組織の「まとまり」をつくる重要な役割を果たしてきた。

とくに部活動においては、大半の中学生が放課後や土日に長時間を過ごし、さまざまな人間関係を築いており、いわば中学生の「居場所」となってきた。つまりは"友達づくり"。部活動の目的は決して、強くすることや技術指導だけではなかろう。

 2015（平成27）年10月にはスポーツ庁がスタートし、学校体育も運動部活動も管轄は文科省からスポーツ庁に移った。2020年には東京オリンピック・パラリンピックがやってくる。子供たちや中学生の体力の底上げも論議されるだろう。

 企業派遣のプロコーチが部活動を指導する。学校の顧問の教員も、プロコーチの指導法を学ぶ。学校と企業のコラボ、いわゆる"官民一体型"の運動部活動が全国に広がっていくかどうかは、学校や教育委員会、生徒・保護者だけでなく、地域との関わりもカギを握っている。

（松瀬　学）

第6章 — 4

生徒の多様なニーズに応える
"総合スポーツ同好会"

1 ● 生徒の多様なニーズと現状の部活動のズレ

　「高校では、一つの種目ではなく、いろいろなスポーツに挑戦したい」「中学校で燃え尽きたから、高校ではもう部活動はやりたくない」「なにかスポーツをしたいけど、とくに大会出場や勝利は別にめざしていない」「経済的な理由でアルバイトをしなくてはならないから部活動には入れない」「とくにやりたい部活動がない」

　これらは、筆者が2011（平成23）年に赴任した都内の公立高校（以下、A高校）において、個人面談や休み時間などでの立ち話のなかで、「なぜ部活動に入らないの」という問いに対しての生徒の答えである。当時A高校は、運動部系・文化部系を合わせた全部活動への加入率が50％台という現状にあった。筆者は高校時代、当然のように部活動に加入し、教員になってからも部活動加入率が90％以上の学校を経験してきたことで、「部活動は、なにか特別な理由がない限り入るもの」という価値観が根底にはあった。しかし、A高校では、「なぜ高校生にもなって部活動に入らなければならないのか」という雰囲気が生徒のなかにあった。

　A高校は、2011（平成23）年当時、教育委員会に重点支援校として指定され、学校全体として部活動に力を入れていこうとしていた。実績のある硬式野球部、バスケットボール部、サッカー部や、全国大会入賞の経験もある吹奏楽部などの文化部が、関東大会や全国大会への出場をめざして高いレベルで活動している。平日は、7:00〜8:15までの早朝練習、15:30〜19:30までの放課後練習、休日は朝から夕方まで活動を行っている。

　運動施設も都内有数の広さを誇っていて、とくに屋外の施設は、野球用に両翼93mのスペースを確保しても、その奥のスペースでサッカー部が普通に練習できるほどの広さのグラウンドに加え、ハンドボールコート1面、多目的コー

ト（バスケットボールコート2面）、テニスコート4面、校庭の周囲のランニングコース（1周550m）を有する環境である。

　こんな恵まれた環境にありながら、生徒の約半数が運動部どころか部活動自体に加入していない。A高校では、この現状を打破し、生徒の多様なニーズに応えるため、今までの部活動の形態にしばられない新しい形の「総合スポーツ同好会」を立ち上げた。本節では、同好会の立ち上げの趣旨や経緯、活動形態、現在の活動の様子と今後の展望について触れていきたい。

2●総合スポーツ同好会の設立に向けて

　筆者がA高校に赴任した当時、部活動に加入していない生徒が、学校にやりがいや居場所がみつけられず、アルバイトや遊び、オンラインゲームなどに熱中するあまり、遅刻や欠席の増加、学力不振を招き、やがて学校を去ってしまう姿を目の当たりにした。なかには、中学校時代の運動部で地区予選大会を勝ち抜いて都大会に出場したが、高校では部活動に加入していない生徒もいた。

　「もっと気軽にスポーツを楽しみたい」「部活動には入りたいけど、入りたい部活動がない」「毎日は無理だけど、週2～3日の活動なら参加したい」「フットサルや3 on 3など、今までの部活動にはない新しいスポーツをやりたい」——そんな生徒たちのニーズと、「放課後のスポーツ活動を通して、学校にやりがいや居場所をみつけ、高校生活を充実させてほしい」という教員の願いから、従来の部活動の姿からは大きく外れた「総合スポーツ同好会」の構想が浮かんだ。

　校内規定によると、新規の同好会を立ち上げるためには、会員が5名以上いることと、活動場所と顧問を確保したうえで書類を整え、職員会議や生徒総会で承認してもらう必要があった。顧問は筆者が務めることとして、5名以上の会員の確保のために、まずは担任をするクラスで、部活動に所属していない生徒に声をかけたところ、同好会設立規定の最低人数である5名の生徒が、同好会の趣旨や活動内容に興味を示してくれた。その5名が発足時の会員となり、2011（平成23）年12月に総合スポーツ同好会の設立が正式に承認された。

　同好会設立の承認に当たっては、校長の理解が得られたことが大きかった。校長が「こんな学校にしたい」という構想を示した「学校経営方針」の柱の一つに、「部活動から学ぶA高生」という目標を掲げていた。部活動を通して、体力向上だけではなく、社会に出てから通用する人間力の形成や、学校にやり

がいや居場所を作るための仲間づくりをしてほしいという校長の願いがあった。一部の教員だけではなく、校長も部活動の加入率が低いことや中途退部する生徒の多さに問題意識をもっていたのである。

「部活動から学ぶ」という経営方針の柱は、まさしく総合スポーツ同好会の活動理念と重なることがあり、同好会の活動を活発にしていくことが、生徒のやりがいや学校での居場所づくり、そして、学校の活性化につながるのだと確信を得た。

設立の翌年、2012（平成24）年度の4月を迎えて、1年生対象の「新入生歓迎会」などで部活動紹介を実施したところ、2、3年生も含めて30名を超える入会希望があった。この人数は、大所帯であるダンス部や吹奏楽部につぐ多さであり、総合スポーツ同好会に関する生徒のニーズの高さを実感した。しかし、これほどの人数は想定していなかったため、生徒個々のニーズを活かしきれなかったり、連絡が上手くまわらなかったりしたこともあり、実際に週1日以上活動している生徒は、15名ほどとなってしまった。それでも月1回は全員が集まり、ドッジボール交流会を開催するなど、なんとか継続して参加してもらえるような機会を作った。

3●活動の概要

同好会設立に当たっては、高校現場を見渡してもモデルとなる前例がなかったため、小学校で行われている総合運動部、大学の同好会やサークル、総合型地域スポーツクラブの実践を参考にした。種目の設定に当たっては、生徒のニー

表1　活動例

曜日	種目	活動場所
月	フットサル	多目的コート
火	バスケットボール	多目的コート
水	ソフトボール	グラウンド
木	フットサル	ハンドボールコート
金	バスケットボール	多目的コート
不定期	フィットネス	ウエイトルーム他

ズや運動施設・用具の状況を踏まえて、既存の運動部の活動に支障が出ない範囲での活動を模索した。

活動日は月～金曜日までの週5日（土日は活動なし）とし、種目は表1のように複数を設定し、会員は最低週1回以上参加するのが望ましいこととした。その他、服装は運動のできるものなら自由、ルールや試合時間等は集まったメンバー同士で決めること、道具の準備や片づけ、グラウンド整備は必ず参加者全員ですることを同好会の規程とした。

筆者は野球部の顧問で、かつ学年主任も兼ねていたので、同好会の活動を常に指導することはできなかったが、それが功を奏してか生徒がより自主的・主体的に活動できるようになっていった。

①フットサル&バスケットボール部門

フットサル部門は週1～2回、多目的コートやハンドボールコートを使用して活動している。多目的コートを使用するときはサッカーゴールがないため、バスケットボールのゴールの支柱に当たったら得点という変則ルールを生徒が考え出して楽しんでいる。サッカー経験者もいるが、大多数は未経験者である。バスケットボール部門は、創立当初は活動人数が少なく、女子生徒4名対筆者で対戦するときもあった。さらに少ないときには生徒2名とフリースロー対決をしたこともあった。

両部門ともに活動時間は15:30～17:00と短いが、生徒は準備運動を終えると、練習はせずにすぐ試合を行うため、質はさておき運動量は運動部活動に匹敵していると思えるほどである。

ある日、活動メンバーが5名のときがあり、「先生が入ると、3 on 3ができるから、会議が終わったらすぐ来てよ」と会議室をノックして生徒が大きな声

で、筆者に向かって叫んだことがあり、会議終了後、約束通り多目的コートに向かい、高校生と一緒にスポーツを楽しむ機会もあった。部活動のように大会参加や勝利が目的ではないこと、体育のように評価を出す必要がないことから、筆者にとっても純粋にスポーツを楽しむことができ、新しい形で運動・スポーツに向き合うことができている。

② フィットネス部門

　週1〜2回不定期的にウエイトトレーニングやランニングを行っている会員がいる。メニューは生徒自身が考え、筋力アップや健康増進のために活動している。まだ人数は少ないが、球技は苦手であるけどなにか運動をしたい生徒、ただ健康増進や減量のために走りたいといった生徒の受け皿になるのではないか、と考えている。

4 ● 同好会の現在

　設立から4年が経ち、生徒の新たなニーズが生まれてきた。「フットサルの大会に出場したい」「自転車（ロードバイク）をやりたい」という声が顧問に届き、それに応えるような形で活動を模索していった。フットサル大会にはまだ出場することができていないが、サッカー経験者でフットサルだけをやりたいという生徒が集まり、競技フットサル部門として、既存の楽しむことを目的としたフットサル部門とは活動場所や日程を分けてプレイしている。また、自転車部門が試験的に立ち上がり、校舎脇の空きスペース等で4名ほどの会員が練習を積んでいる。

　2015（平成27）年度の同好会会員は、20名ほどであり、メールやSNSを活用して、「やりたいとき」に、「やりたい種目」を、「集まったメンバーで」楽しんでいる。そこには、既存の部活動にみられるような、先輩後輩の上下関係、厳しい部の規則が存在せず、また補欠部員も存在せず、引退制度もない。設立当初1年生だった会員たちは、卒業式が行われる3月まで活動を続け、「卒業しても同好会に来たいです」と言い残して卒業していった。

　運動部活動は、高校総体や甲子園出場をめざし、3年の最後の公式戦で敗退したら即引退を余儀なくされるが、そもそも同好会に引退は存在しないため、運動部活動を引退した3年生が、2学期から総合スポーツ同好会に入会し、それまでとは全く違った形でスポーツライフを送るケースもある。

5 ● 総合スポーツ同好会が「架け橋」に

1) 体育の授業や球技大会との架け橋に

　学校の教育活動全体を通じて、生涯にわたって豊かなスポーツライフを継続する資質や能力を養うため、体育や球技大会の活動と総合スポーツ同好会の活動を関連させた取り組みを行ってきた。

　具体的には、高校1年男子の球技の選択種目として、同好会でも取り入れているフットサル、バスケットボールを導入した。部活動にも同好会にも入らない生徒に、「スポーツはルールや用具などを工夫すればだれでも楽しむことができる」「上手な人だけがスポーツを楽しむのではなく、上手ではなくてもその人なりの楽しみ方がある」という体験をしてほしいというねらいがあった。

　生涯スポーツを意識した体育の授業では、同好会と同様に集まったメンバー内で練習内容や試合のルールを工夫し、チーム分け、試合時間、道具の準備・片づけなどを教員主導ではなくて、生徒の自主的な活動に委ねた。3学期には、体育の授業や同好会の活動形式および種目と関連させた学年独自の球技大会を行った。このような生徒主体の体育の授業や球技大会での取り組みを機に同好会に興味を示し、入会する生徒も出てきた。

2) 部活動との架け橋に

　中学でバスケ部に所属していたが、高校では部活動に入りたくないといっていた1年生女子が、総合スポーツ同好会に入会し、バスケ部門のまとめ役となって活動していた。

　他の会員はバスケットボール初心者が多く、彼女なりに初心者に教えたり、ルールを工夫したりしてみんなが楽しめるように腐心していたが、「やはり本格的にバスケをやりたい」という思いが強くなり、正式にバスケ部への入部を決めた。その生徒は後に、「同好会がなければ部活動に入らなかった」といってくれたり、同好会の顧問としては喜ぶべき出来事であった。彼女は部の主将として、また中心選手として活躍した。

　また「ソフトボールがやりたい」という女子生徒が声をかけて、最初は5名くらいで週1回の活動をスタートしたが、現在では9名揃えて「ソフトボール同好会」として独立し、高体連（高等学校体育連盟）主催の大会に参加している。活動が認められ、「ソフトボール部」への昇格が承認され、現在は他校と合同チームを結成し、都大会出場をめざしている。

表2　総合スポーツ同好会の活動にあたって（抜粋）

〈活動目的〉
①他部と連携を重視し、各部活動の活動範囲の拡大や各行事に対する活動の強化など全部活動の促進・強化を図る
②全部活動の活動を地域や他校などに発信し、小中高校や一般の人などとの交流を深め、地域との交流を目的とし活動する。

〈活動内容〉
①活動は放課後に限らず、昼休みや土曜日にも設定し、一般生徒も交え学校全体のスポーツ活動を促進する。
②土曜日や長期休業など学校が開放できるときは極力、他の部活動と連携し、地域の小中学校との合同練習や他高校との練習試合など地域への交流や情報公開を活動の一部とする。

　総合スポーツ同好会は、部員不足で練習内容に困っていた部で、大会に向けた練習相手になったり、諸事情で部活動を辞めてしまった生徒の受け皿になったりしている。「同好会から部活動へ」という流れが定着すると、「高校の部活動は厳しい」というイメージで入部を拒んでいた生徒にとっては、ワンクッションおくことができるというメリットがある。また、文化部に所属している生徒が、週1日だけ総合スポーツ同好会の活動に参加するケースもある。同好会がクッション役として果たす役割は大きい。

3）地域との架け橋に

　総合スポーツ同好会は、今のところ校内の活動のみであるが、最終的には、地域の小中学校や保護者を含む地域住民との連携の可能性もあるのではないかと考えている。設立当初からのメンバーのなかで、スポーツマネジメントに興味がある生徒がおり、表2のような活動の骨子を作成してくれた。
　驚かされたのは、計画の段階で他の小中学校や地域との連携も見すえていたことである。まずは校内の活動を活発にすることが先決であると考えるが、A高校はB市で唯一の都立高校であり、B市の公立中学校3校と連携型中高一貫教育を推進しているので、さまざまな形で地域を巻き込むことができると考えている。

6 ● 生徒の多様なニーズに応えるために

　本同好会の実践は、「なにもない」ところからの出発であり、生徒とともに作り上げてきた。いまも道の途上である。生徒のニーズは多種多様なので、ゴールはない。運営上の課題は山積みではあるが、少なくとも参加している生徒のスポーツライフを豊かにし、学校の居場所づくりに貢献しているであろう。

　部活動に入って週7日運動している生徒と、体育以外で運動に親しむ機会の全くない生徒との「運動習慣の二極化」や、生徒の運動部活動離れ、休部状態の部活動の増加が進む高等学校の現状に対して、本同好会の実践が一石を投じることができれば幸いである。

（阿部隆行）

※本節は、阿部隆行「生徒の多様なニーズに応える"総合スポーツ同好会"」（『体育科教育』61巻3号、2013年）をもとに再構成したものである。

第6章 5
専門外の種目をどう指導するか

1 ● 筆者とソフトテニス

　筆者とソフトテニスとの出会いは、24歳の春のことである。それまで一度もラケットすら握ったことのない筆者が、初任校に赴任した早々、まず待っていたのはソフトテニス部顧問という大役であった。筆者の困惑は、ソフトテニスの競技経験がないことではなく、ソフトテニスという競技をスポーツとして認めていなかったことにあった。というのは、筆者の幼少時代といえば男の子は野球と決まっていた。ご多分に漏れず、筆者も小学校1年生から地域のクラブチームに所属し、週末は野球にのめり込んでいた。しかし、入学した中学校に野球部がなく、サッカーをやっていた友人の影響でサッカーに興味をもち、高校まで競技を続け、大学ではボクシングに夢中になった。

　筆者のスポーツ歴は、野球、サッカー、ボクシングというどちらかといえば男臭い競技ばかりであったため、どうしてもソフトテニスをスポーツとして受け入れることができなかった。そんな筆者がこの競技にのめり込んでしまったのには、他でもない負けず嫌いの筆者の性格が大きく関係している。

　全く競技経験のない、テニスの「いろは」すら知らない自分のチームに勝利が転がり込むことなどほどんどなかった。しかし、当時独身で、生徒たちのために自分の全ての時間をつぎ込むことができ、練習時間だけは確保してあげられた。

　どんなに間違った指導をしていたにせよ、またどんなに非合理的な練習をしていたにせよ、量をこなすことがそうした間違った指導をも凌駕してくれるものである。量をこなすことだけで、地区大会レベルではすぐに結果を出せた。しかし、それ以上の大会では量だけでごまかしがきくほど甘くはない。試行錯誤はしてみるものの連戦連敗で、「どうしてあの学校は、毎年、関東・全国大会に出場できるのだろう？」と真剣に考えた。「きっと能力の高い選手が入部

してくるのだろう」「小学校時代からやっているからだろう」と勝てない理由をそんなところに求めていた。「勝てないのは自分の学校の選手の能力がないからだ」と責任を子供たちに押しつけていた。

でも自分のチームをなんとかしたい。その気持ちには一点の曇りもなかった。競技経験がないからこそ、いろいろな書物を片っ端から読み漁り、またいろいろな先生に尋ねたりもした。どの書物も、どの先生も一応に同じようなことをいってくるので、今考えるときっと正しいことをいってくれていたのであろう。しかし当時、自身がその大切さや必要性を本当に理解できていなかったため、結果を出すことはできなかった。

そんなとき、今まで自分のやってきた競技を、ソフトテニスに活かすことはできないか、取り入れられないかと考えてみた。自分自身の行ってきた頃のスポーツといえば、活動中は水も飲めない、校庭を何十周も走らされる、いわゆるスポ根漫画そのものの厳しいものであった。ただそんななかでも培われてきた力があった。多少のことでは屈しない強い精神力、忍耐力であり、顧問を頼らずなんでも自分たちで考えてやっていく自律した力である。この力をチームの柱として掲げ、まず筆者が取り組んだのは質の高い集団作りをすることであった。顧問を始めて10年目のことである。

ソフトテニスという競技は、筆者が考えていた以上にこうした力が大切だということが今となっては容易にわかる。それはソフトテニスが原則2人でやる競技であるからだ。

野球であればグラウンドに立てるのは9人、自分の役割は9分の1となる。サッカーであればピッチに立てるのは11人で、役割分担は野球よりさらに小さくなる。ところがソフトテニスは自分を含め2人である。自分が崩れるということは50%が機能しないことを意味している。しかも、野球やサッカーのように交替することもできない。また、バスケットボールやバレーボールのように交替し、監督やコーチからアドバイスをもらい、場合によってはベンチで頭を冷やすこともできない。調子が悪くとも、うまくいかなくとも、崩れたなかで自分自身を修正し、自身でなんとか乗り越えていかなければならないのがソフトテニスである。そのためにはまず質の高い集団作りをしていかなければならないと考えた。

2●質の高い集団を作る

質の高い集団作りに不可欠な力として、筆者は指導力、つまりリーダーシッ

プと忍耐力の2つを掲げ、意識して指導した。指導力を身につけるということは、ただ単に周囲に指示を出したり、集団をまとめたりすればいいというものではない。全体を見通す力、総合的になにをすべきか、なにが必要かを考えられる力がなければならない。そうした力を身につけるには、学校生活のなかで重要なポストを経験させることが一番である。生徒会役員や学級委員といった役まわりをすることはとても苦労が多い。自分のすることはやって当たり前、協力しない者をどのように巻き込み、一緒にやっていくように促すかなど、その術を考えられる目が養われる。今まで筆者のもつソフトテニス部からは、何人もの生徒会長、生徒会役員、学級委員を輩出している。

よく強豪校の顧問の中に、こうした役まわりをさせない人がいる。確かに物理的な面では部活動の時間が削られ、一見マイナスのように思える。しかし、それで技術面での向上は期待できても、精神面での向上は望めない。学校生活のなかで、中心的な役割を担うことは指導力を増し、周囲への配慮など全体を見る目を養う。また、自身がいったんそうした立場を退いた後も、苦労をしているがゆえに協力する力も身についている。こうした力をより多くの生徒たちが身につけてくれることで、顧問がいる・いないにかかわらず、常に同じ気持ちで同じ練習ができ、練習にも無駄がなくなる。

質の高い集団作りに欠かせないもう一つの力は忍耐力である。練習のなかでは、同じことを何度も何度も繰り返し行っていかなければ確固たる技術は身につかない。とくに筆者の練習はそうである。したがって飽きないこと、耐えることが大切になってくる。地道で単純なことを嫌な顔一つせずやれるようになっていかなければならない。ボール拾いなど、人のために率先して尽くすことができるようになっていかなければならない。

ある意味、徹底的に奉仕の精神を磨いていく訓練をする。一般生徒が嫌がるような仕事や作業を徹底的にソフトテニス部の生徒に請け負わせる。こうしたことを継続していくと、ある意味理不尽と思えるようなことも自然と進んでできるようになっていく。そして当然のごとくまわりからは感謝され、それが彼らの喜びにもつながる。努力したことが認められることは相乗効果を生むものである。自身の所属する部に対して誇りをもち、自分に対しても自信が生まれる。その結果、しっかりした練習態度が生まれ、校内でも模範となる部活動にしていこうという意識が芽生える。まずこうした集団作りを行うことが、普段の練習を無駄のない効率的なものにさせることになる。

3 ● プレッシャーに打ち勝つ勇気をもつ

　次に大切となってくるのが、勇気、思い切りである。当然のことながら、普段の練習の場面より試合のときに生きてくる。この力を身につけさせるためには、指導者側の不断の根気がいる。筆者はこの力をつけさせるために以下のような指導をしている。

　そもそも試合はなぜうまくいかないのか。それは勝ち負けという結果が自分に突きつけられるからである。勝敗というプレッシャーにより、思い通りのプレイができなくなるわけである。ならば、試合以外の場面でプレッシャーのかかる機会を増やしてあげればいい。筆者は練習試合でその場を作ることにしている。プレッシャーの主は勝敗ではなく、筆者自身である。筆者というプレッシャーに勝てなければ大会ではもっと大きなプレッシャーには負けてしまう。したがって、筆者は練習中に、弱気なプレイについてはとことん追い込む。練習試合や練習で指導者からのこうしたプレッシャーに負けているようでは、大会で力を発揮することはできない。最近ほめる指導法が主流だが、筆者自身叱ることでピンチを打開する方向性をみいださせようとしている。

4 ● 人に負けない自分の武器をもつ

　これまで指導力、忍耐力、勇気など精神論に関わる話ばかりをしてきているが、技術をおろそかにするつもりはない。精神論だけで勝負に勝つことはむろんできない。筆者が赴任したどの学校にも地域にジュニアチームという基盤はない。つまり、中学校に入学してからラケットを初めて握る生徒を相手に指導する。東京の西の地域などには全国的にトップレベルのクラブチームが数多く存在する。また、他県をみても関東・全国大会に出場する学校の生徒は、ほとんどジュニア、小学生からの経験者である。中学校入学後、戦術から指導するのとラケットの握り方から指導するのとでは、雲泥の差がある。

　中学校で部活動に関わることができるのは、全国大会出場を果たしたとしても2年4～5ヶ月である。この短い期間にジュニア経験のある生徒を含め勝っていくことは至難の業である。そこで筆者は多くのことを望まず、徹底的に一つの技術を磨き、やり抜くこと、強みを磨くことこそが大切だと考えている。一つのことを磨き、それを自分の武器にする。それこそが勝利をつかむうえでは大切ではないか、いやそれしか勝つ道はないと考えている。

とくにこだわっているのは打球力。本校の選手たちは、ジュニアから始めた選手とはボールを扱っている期間が違うので、ボールのつなぎ合いになったら、勝ち目はない。ならば豪打で攻めきる。2年生の秋、つまり新人大会には間に合わないが、3年生の夏にはその豪打もコートの中に収まってくる。秋の時点で物事を考えるより、その先をみすえて指導をする。目標は目の前の勝利にはない。めざすところを明確にすることで、やるべきこともみえてくる。たとえ夏の時点で力は相手の方が上でも、攻め続けることで道は拓けてくることも多い。

5 ● 絶対的な量と反復練習で自信をもつ

一つのことを磨き、自分の武器にすることと同じように筆者がこだわる技術指導は、反復練習と練習量である。本校には、専用のテニスコートはない。校庭の隅に1面を張って練習をしている。隣では野球、サッカーが所狭しと活動している。そんななか、新入生は当然のごとくコートでの練習はできない。そこで新入生はコート外でのストッキング打ちを課せられる。これは各学校で入部当初行う素振りの練習を、より実践的なものに替えた練習である。不要になったストッキングにテニスボールを入れ、2人1組になって、交替でそのストッキングを打ち合うというものである。単なる素振りではないため、生徒たちのモチベーションも保てる。

このようにして、初期段階では徹底的にフォーム作りをし、コートが使える段階になったときには、きれいなフォームでボールが打てるように準備をさせておく。このように決して施設面で恵まれていない本校では、コート外でできる練習を大切にしている。もちろん雨の日など校庭での練習ができないときも、

コート外でできる練習を室内で繰り返し反復練習している。このように反復させることが、生徒たちの自信の裏付けになっていると考えている。

6 ● 信頼関係を築く

　全国大会へ導く5つのメソッドのうちの4つについて話してきたが、最後に、これなくして達成できないのが信頼関係についてである。

　それはある意味、顧問がカリスマ的存在になることなのかもしれない。宗教でいえば教祖になる必要がある。そのためには、顧問がしっかりとわかりやすいキャラクターをもつことである。そして、人や物に振り回されたり一喜一憂したりしないことである。とくに女子の場合はそれが必要になる。ただ、そうした信頼関係を築くためには、チームを勝たせることが必要である。それなくしてそうした関係を築くことはできない。こんなに苦しくつらい練習をしているのに勝てないではすまされない。叱られ、厳しい練習に耐えていけるのも、先生について行けば最後にいい思いができるという信頼関係があるからこそ頑張る力が湧いてくるのである。そしてそうしたカリスマ的力が最後の大会などには生徒たちの安心感へとつながり、計り知れない力を発揮させるのである。

（大河原昭広）

アメリカの運動部活動

　米国でも中学、高校、大学にそれぞれ運動部がある。1800年代後半から生徒の自主活動として始まったが、生徒間のトラブルを防止するため、1920〜30年ごろまでに学校が管理するようになり、現在の原型ができた。一般的に中学よりも高校の運動部活動が盛んである。中学にも運動部はあるが、高校に比べると競技種目数が少ない。

1 ● シーズン制、トライアウト制

　2013-14年度の米国の高校運動部参加者は約780万人とされている。ただし、米国の学校運動部はシーズン制で、シーズンごとに種目を替え、1人で2種目以上に参加している生徒がいる。参加者数は各部の登録者数をカウントしているため、運動部活動に参加している実際の人数はこれよりも少ない[1]。
　もう一つの特徴は、おもなチームスポーツはトライアウト制となっていることである。シーズン初めにトライアウトと呼ばれる入団テストを行い、入部できる人数を制限している。ベンチ入りできない補欠選手を多く抱えるのではなく、出場登録枠分の選手だけを入部させる。
　一般的な公立高校運動部は一軍を意味するバーシティーと二軍のジュニア・バーシティーに分かれており、指導者もそれぞれにいて、練習も試合も全く別の独立したチームになっている。練習や試合に多くの人数を必要とするアメリカンフットボール部では、希望者を全員入部させ、3軍制にしている学校もある。試合に出場できない部員を増やすのではなく、二軍や三軍でも試合に出場できるほうがよいと考えられている。各学校では陸上部など個人種目の競技ではトライアウトなしで入部を受け付けるなどの工夫もしている。どの運動部にも入部できない生徒が出てくるのを避けるためである。
　運動部活動がシーズン制であることから、1人の生徒が複数の運動部や文化

高校アメリカンフットボールの試合

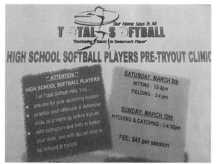
高校のトライアウトに備えて、民間スポーツクラブが有料個別レッスンを行っている

活動、奉仕活動できる機会を得ることができる。しかし、運動能力の高い生徒が複数の運動部の主力選手として活躍する一方で、いずれの集団種目のトライアウトにも落ちてしまい、種目を選択できない生徒が出てくるというデメリットもある。これは、幼児期からのスポーツが過熱化する一因にもなっていると考えられる。米国でも日本と同様に幼児期から習い事としてのスポーツが盛んに行われており、わが子が中学や高校の運動部の一員になることができるようにという保護者の希望が反映されている面がある。

　しかし、最近の高校運動部では少数精鋭でエリート選手を養成しているとは言い切れない。ある種目のシーズンが終了すると、他の運動部には入らず、民間のクラブチームで同じ種目を年間通じてプレイする傾向がここ20年ほどで強まっているからだ。たとえば、秋シーズン種目は新学期が始まる前の8月中旬頃に全体練習を開始するが、夏休みの初めの1ヶ月は学校運動部で全体練習を行わない州が多い。しかし、生徒たちはただぼんやり過ごすのではなく、運動部単位で合同自主トレをしたり、民間のクラブチームでプレイしたり、特別にグループレッスンや個人レッスンを受けたりする生徒もいる。

　学校運動部のシーズン中だけ競技をする生徒と、年間を通じて民間のクラブチームなどで練習や試合をする生徒とを比較すると、競技能力が向上するのは多くの場合は後者の生徒である。そうなると、翌シーズンの学校運動部のトライアウトで有利になるだけでなく、運動能力優秀者に与えられる大学からの奨学金を得ることや、プロ選手や国際大会出場への可能性も広がる。

　民間のクラブチームは学校運動部に比べて参加費用がかなり高い。家庭の経済事情によって、このような民間クラブに参加できない子供もおり、社会階層

がスポーツ選手養成にも影響を及ぼしている。

2 ● 各州の高校体育協会と各校のアスレチックディレクターの存在

1）高校体育協会

　米国には全米州立高校協会（National Federation of State High School Associations）があり、各州には高校体育協会[2]がある。各学校は加盟する州の体育協会の規則に沿って活動している。州の高校体育協会ではトライアウトの大まかな日程、シーズン期間や試合数を定め、戦力均衡や公平さが保たれるように努めている。この他に熱中症を予防するための練習時間のガイドラインや、天候による活動中止基準も州ごとの高校体育連盟で設定している。

　カリフォルニア州の高校体育協会では規則として、運動部の活動時間を週に18時間とすることを発表した。新聞報道によると、保護者から活動時間についての苦情がいくつかあったため、委員会で議論の後、投票をし、規則を定めたという[3]。また、同州では州の法律で高校アメリカンフットボールのフルコンタクト練習を制限することを決め、2015年秋から適用されている。アメフトは激しいコンタクトプレイを含み、脳震盪が発生しやすい種目である。他州でも、州法にはなっていないが、高校体育協会の規則としてフルコンタクト練習を制限しているところがある。

2）アスレチックディレクター

　各学校には全運動部の統括責任者であるアスレチックディレクターが存在する。第1章-1で提案された正規の部活動専任教員「運動部活動コーディネーター」と重なる役割をもっているのではないだろうか。米国のアスレチックディレクターは校長につぐ学校の管理職である。運動部指導経験や競技知識が求められる役職で、各運動部指導者（日本の運動部顧問に相当）の上司役に相当する。筆者が取材したいくつかの高校では副校長を兼任したり、体育科主任を兼任している例があった。

　アスレチックディレクターは各運動部の指導者の人事も担当する。一般的な公立中高校では、学校の内部から運動部の指導者を募集し、競技知識や経験などから適任者であるかどうかをアスレチックディレクターが判断する。空きポジションは広く外部から募集し、ここでもアスレチックディレクターが採用の窓口となる。民間スポーツクラブに委託して外部から指導者に来てもらうので

はなく、ホームページなどに掲載して学校外から指導者を募るのが一般的だ。米国では中学生以下の子供のスポーツの場では保護者や地域の大人がボランティアで指導者を務めることが多く、競技と指導の経験をもつ大人がいるという背景がある。

　実際の外部指導者の採用は、各学校の校長とアスレチックディレクターで行っているが、外部指導者の資格や条件については、各州の高校体育協会でも定めている。また、一般の人にもわかるようにウェブ上で公開している州もいくつかある[4]。筆者が取材した外部指導者によると、外部指導者採用のプロセスは、校長とアスレチックディレクターが適任かどうかを面接し、日本の教育委員会に相当する機関で教員採用と同じように、経歴確認、犯罪歴確認のほか指紋採取を行ったという。

　学校単位の運動部規則や指導ガイドラインは校長とアスレチックディレクターらが中心となり、内容を決めている。仮に運動部の指導者（内部教員、外部指導員）が暴力まがいの指導、体罰を含む不適切な指導をしていた場合には、生徒や保護者はアスレチックディレクターに調査をするように求める。この調査の過程で指導者ガイドラインを守らず、不適切な指導があったことが認められた場合には、アスレチックディレクターの権限で、その指導者を運動部指導から外すことができる[5]。

　参加者である生徒に対しては、運動部活動規則遵守書を提出させる学校が多い。これには一定の学業成績を収めること、喫煙・飲酒をしないことなどが書かれていて、生徒がこの書類に署名する。規則違反には、事前の取り決めにしたがって、運動部活動停止処分などが科される[6]。また、学校側は保護者に対してもハンドブックやガイドブックを手渡している。学校運動部への理解を求め、コミュニケーションを円滑にする目的で作られている。保護者のなかに試合の戦術、わが子の起用法について不満をぶつける人や、プロ入りや強豪大学進学などを強く期待するために、無理な要求をしてくる人が存在する。学校側ができること、できないことを説明するという意味合いもある。

3●活動の財源

　米国の公立学校運動部のおもな活動財源は、スクールディストリクトと呼ばれる、学校を管理運営する学区から支出されている。この活動財源によってアスレチックディレクターの俸給や指導者報酬が支払われている。

高校アイスホッケーの試合——アイスリンクには多くのスポンサーの横断幕がかかっている

入場料は5ドル（高校アメリカンフットボール部の試合）

　しかし、最近では学区の財政が厳しくなっており、運動部活動に参加する生徒から年間参加費を徴収する学区が増えてきている。公立校では参加費を徴収しない州もあるが、ミシガン大学が2012年に発表した調査によると、中学や高校の運動部に参加している子をもつ保護者の61％が運動部参加費を支払っていると回答している。平均金額は年間93ドルだが、21％の人たちが参加費は150ドル以上と回答している。各学区では低所得世帯の生徒への参加費減免措置や、同じ学区に通う中高生が複数いる世帯を考慮して、世帯ごとに支払いの最高金額を設定している。しかし、同調査によると年収6万ドル以下の世帯では、この参加費が運動部参加の妨げになっていると回答した人が19％に達した[7]。

　一般的な高校運動部は観客から入場料も徴収し、それも活動費の一部に充てている。入場料は5ドル程度。保護者も支払わなければいけない。家族用に年間の割引パスを発行している学校もある。公立中学や高校であっても、地域企業や保護者の勤務する会社などをスポンサーとしている。試合会場には地元のスーパーやレストランの横断幕が出ていることがある。ただし、スポンサーは運動部の活動内容に対して発言することは認められず、パトロン的な要素が強い。また、試合会場には売店を設け、観戦に来た人に飲み物や袋菓子、試合のプログラム等を販売して、これを部費の一部にしていることもある。

4 ● 指導者報酬

運動部の指導者はフルタイムとパートタイムによって報酬が異なる。フルタイムの場合は、他の学校教員と同程度の報酬であることが多いようである。多くの公立中学や高校では、運動部の指導は放課後数時間のパートタイムの仕事である。学校内の教員、学校外の指導者ともパートタイムの仕事として指導者報酬を得ている。シーズン制のため年間3ヶ月ほどの仕事だが、シーズン中はほぼ毎日、指導者としての仕事がある。筆者が取材した何人かの公立学校の外部指導者によると、パートタイムの場合、1シーズンの報酬は教員俸給の1割程度、1シーズン3ヶ月でおよそ4,000〜6,000ドルが相場のようである。

シーズン制のため、指導者も複数の運動部を指導することができる。たとえば、秋シーズンに行われる男子サッカー、春に行われる女子サッカーの両方の指導者を務めれば、報酬も2シーズン分得られることになる。

5 ● 活動する権利を求めて

日本の中学校では、生徒全員になんらかの部活動に参加することを求める学校もあると聞く。米国では運動部活動に参加する権利を求めて闘っているケースがいくつかある。

1972年には「タイトルIX」という法律が成立した。これは連邦政府から支援を得ている教育機関で性によってなにかをする機会を差別されないことを保障するもので、この法律施行後に女子の運動部参加者が増えた。最近では性的少数者の生徒が運動部参加を希望した場合にどのように対応するかが議論されている。カリフォルニア州では、高校生以下の生徒や児童に対しては、ホルモン療法などは受けていなくても、学校に申請するなどの手続きを踏めば、自認する性の選手として運動部活動に参加できるとしている。肉体と自認する性が異なる生徒たちが運動部活動参加を制限されないように保障する一方で、体格差による競技中の安全面の懸念やロッカールーム使用時の配慮を求める声も出ている。

スポーツ大国の米国では、高校、大学の運動部活動はとくに盛んに行われており、長年にわたって、過熱化、学業との優先順位の逆転などの問題が指摘されている。しかし、州の高校体育協会や学校単位で詳細な規則を作り、それを指導者、生徒に遵守させることで、学校運動部における問題にアプローチして

いるといえるだろう。

(谷口輝世子)

注

1) 詳細については以下を参照のこと。
   http://www.nfhs.org/ParticipationStatics/PDF/2013-14_Participation_Survey_PDF.pdf
2) 各州の中学・高校運動部が加盟する体育協会は州ごとに名称があり、正式な日本語訳が「体育協会」とならない団体もある。しかし、各州の中学高校の活動規則や公式戦規則の取り決めなどの役割は、どの州でもほぼ同じなので、「各州の高校体育協会」と表記した。
3) 詳細については以下のホームページを参照のこと。
   http://www.recorderonline.com/sports/new-cif-rule-limits-high-school-sports-to-hours-of/article_ff6ea5e2-dbde-11e3-bfae-001a4bcf6878.html
4) 詳細については以下を参照のこと。
   http://www.ihsaa.org/Portals/0/ihsaa/documents/coaches/Non%20Teaching%20Coaches%20Handbook.pdf
5) ミシガン州ウエストブルームフィールド高校の指導者ハンドブック
   https://s3.amazonaws.com/vnn-aws-sites/147/files/2013/02/Coaches_Athletic_Handbook.pdf
6) ミシガン州ウエストブルームフィールド高校の運動部参加生徒向け規範書類
   http://s3.amazonaws.com/vnn-aws-sites/147/files/2015/05/9c16fc3743cebd6e-Athletic-Code-of-Conduct.pdf
7) 詳細については以下のホームページを参照のこと。
   http://mottnpch.org/reports-surveys/pay-play-sports-keeping-lower-income-kids-out-game

引用・参考文献

- Robert Pruter, The Rise of American High School Sports and the Search or Control, 1880-1930. Syracuse University Press. 2013.
- Tom Farrey, Game On. ESPN. 2006.

第6章 イギリスの運動部活動

　筆者は、イギリスにおいて2003年1月から2007年3月までの間、中等学校（11〜16歳）での運動部活動の指導に携わった。ただし、イギリスの運動部活動といってもサッカーやラグビーではなく剣道である。日本の伝統的運動文化である剣道がなぜイギリスの運動部として創設されることになったのか。本節ではイギリスでは初となった、中等学校における剣道部の創設にいたるまでの過程と実際の取り組みについて紹介していく。また、ここから我が国の運動部活動との相違点や参考にすべき点についての考察も加えていくことにする。

1● イギリス中等学校での剣道部

1）ピットビル中等学校剣道部

　イギリス初となる中等学校剣道部は、2003年1月、イングランド南西部に位置するグロースター州（Gloucestershire）チェルトナム（Cheltenham）にあるピットビル中等学校（Pittville School。以下、ピットビル）で誕生した。同校の体育科主任であったジュリー・ピット氏より、同州内にあるグロースターシャー大学（University of Gloucestershire）のスポーツ科学部に勤めていたイアン・パーカー・ドッド氏のもとへ、剣道部を創設し、そこで指導してほしいという依頼があったことによる。ドッド氏は同大学で、これもイギリス初となる大学授業としての剣道"Introduction to Kendo"を開設した人物であり、筆者も非常勤講師として指導に携わってきた（Honda & Dodd, 2004；本多 2005）。この大学での授業の評判を聞いてピット氏が考えたのは、剣道ならばサッカーやラグビーといった球技があまり得意ではない生徒も、「なにか新しいもの」として興味をもち、意欲的に取り組めるであろうということであった。

　剣道部の創設に当たっては、まず昼休みを利用して生徒を講堂に集め、ドッド氏による剣道の紹介および演武の実施、ピット氏による入部への呼びかけが

ピットビル中等学校での稽古の様子

行われた。アピールポイントは「だれにでもできる」「楽しくできる」であり、結果、約20名の入部希望があった。

　剣道部の活動は、毎週月曜の3時半から5時まで、週1回であった（後に毎週火曜の3時から4時に変更）。中澤（2011）はイギリスの運動部活動について、週1〜2回の活動といった場合が多いことを報告しているが、筆者の経験からも中等学校での運動部活動は多くの種目においてそのような場合が多かった。そこでは、教員が1人もしくは2人ずつ各種目の担当となり、生徒への指導や活動の見守りといった役割を果たす、日本でいうところのいわゆる「必修クラブ」のような活動が行われていた。日本の運動部活動や必修クラブと異なるのは、部のかけもちが許されることである。活動日や時間帯に重複がなければ、あるいは顧問教員の許可があれば複数の部の活動に参加したり、週ごとに参加する部を替えたりすることができた。前述の約20名の入部希望者の中にも、すでに他の部に所属しているが活動日が異なるため入部してきた生徒や、剣道に強く興味をもったため、顧問教員に許可をもらい隔週で活動に参加する生徒もいた。

　当初の活動内容は、ドッド氏と筆者のグロースターシャー大学での授業を参考にした。映像や演武による剣道の歴史や特性の紹介、最初の学期終了時までに気剣体一致の打撃ができるようになることや、その後は剣道具を身に着けての技の習得や対人的技能の向上に取り組んでいくことなどを、実際の打撃や攻防の演武を交えながらわかりやすく説明し、理解してもらえるように努めた。11歳から16歳の生徒にとって全てが初めてのことばかりで、基本動作や指導

者を相手にした打撃動作の稽古において生徒の取り組み意欲は高かった。
　しかしながら、剣道具を身に着けての稽古に入ると、打つこと、打たれることに対する怖さや痛さにより活動に消極的になる生徒が出てくるようになった。このあたりは日本の初心者の傾向と変わらない。「だれにでもできる」「楽しくできる」をアピールする剣道部としては、そのような生徒には決して無理強いをするのではなく、アシスタントの筆者が個別に指導したり、本人の希望する内容を稽古したりと柔軟に対応していくようにした。
　学期内のみ、週1回という活動ではあったが、生徒は少しずつ実力も自信も高めていった。2005年9月には、当時の教育・職業技能省（Department for Education and Skills）とスポーツ・イングランド（Sport England）が推進する「スクール・スポーツ・コーディネーター・プログラム（School Sports Co-ordinator Programme）」の活動対象となり、助成金が得られるようになった。これによりピットビル剣道部の活動はさらに充実することとなった（Dodd, 2006; Honda, 2006）。

2）キングスヒル中等学校剣道部

　2005年1月、中等学校においてもう一つの剣道部が創設された。グロースター州サイレンセスター（Cirencester）にあるキングスヒル中等学校（Kingshill School。以下、キングスヒル）剣道部である。ピットビルでの評判を聞きつけた同校体育科主任のマッド・コウ氏からドッド氏のところへ依頼があったことによる。その依頼も剣道部創設だけではなく体育の選択種目の一つとして剣道の授業も開講してほしいということであった。コウ氏の依頼の背景には前述のピット氏と同様に、キングスヒルの生徒たち、とくにイギリスの伝統的集団スポーツをあまり好んでいない生徒にさまざまな活動の機会を提供してあげたいという思い、剣道であれば生徒にとって全く新しい活動であり、興味を刺激するのではないかという考えがあった。ドッド氏もこの依頼を快く承諾し、毎週月曜に75分の剣道の授業と3時半から4時半時までの剣道部の活動がスタートした。
　活動の内容はピットビルでの経験を活かして、生徒が自分たちのペースで活動に取り組んでいけるように配慮した。その一方で、集団が活動する場として規律は大切であり、遅刻したり、ふざけたりすることが何度も続いた生徒に対しては、コウ氏や毎回交代でオブザーバーとして活動を見守る教員と相談しながら適宜指導していった。

キングスヒル中等学校での稽古の様子

　剣道部創設から半年ほど過ぎた頃、コウ氏とドッド氏は、生徒の意欲と自信をさらに高めたいと、剣道を対象にジュニア・スポーツ・リーダー・アワード（Junior Sports Leader Award）コースを実施する計画を立てた。これはスポーツにおけるリーダーシップスキルを高めたいと望む14歳以上の生徒を対象に提供するコースであり、非営利団体であるブリティッシュ・スポーツ・トラスト（British Sports Trust）により管理されている。コースシラバスは、「組織的スキル」「コミュニケーションスキル」「健康・フィットネス」「スポーツにおけるフェアプレイ」「審判の役割」「スポーツやレクリエーションの機会」から構成され、参加者はこれらについて学び、自分が選択したスポーツで学んだ内容を、スポーツリーダー候補者として初等教育機関の第5学年（9〜10歳）および第6学年（10〜11歳）の児童を対象に指導することが求められる。

　ジュニア・スポーツ・リーダー・アワードコースは、46人の希望者を対象に2005年の夏休みに開講された。この中には体育授業において剣道を選択した生徒も含まれている。コースは週1回50分、6週間で構成されており、第1回目から第4回目のコースワークはこれまで剣道部や体育授業で学んだ剣道についての理解を深める時間とされ、第5回目は、第5学年および第6学年の児童への指導計画づくり、第6回目は、実際の指導の実践に充てられた。

　剣道を対象とした初のジュニア・スポーツ・リーダー・アワードコースへの試みは、46人中44人がジュニアリーダーとしての資格書を授与され、生徒の意欲と自信の高まりにつなげることができた。2006年1月、キングスヒル剣道部は「アワード・フォー・オール（Award for All）」と呼ばれる、地域のスポー

ツ・芸術活動や教育・健康推進活動などを対象とした助成金を受けることとなった。これにより竹刀や剣道具の新たな購入が可能となり、剣道部の活動環境はますます充実することとなった（Dodd, 2006; Honda, 2006）。

2 ● 考察および我が国の運動部活動との比較

　イギリスにおいて剣道は「新しいもの」であり、剣道部の創設は球技が苦手あるいはあまり好きではないという生徒や、運動・スポーツに関心が低い生徒への刺激となるものとして期待されてのことであった。創設当初の入部希望者の数からしても刺激としての役割は十分に果たすものであったが、新しい、珍しいだけでは活動は続かない。活動自体が自分にとって楽しく、適したものでなければならない。

　競技志向ではなく、「だれにでもできる」「楽しくできる」剣道部であるために、ドッド氏と筆者が考慮したのが「できる」のとらえ方であり、「できる」を実感させるアプローチであった。前者については、生徒はそれぞれのレベルでの技能を備えており、それぞれの技能レベルで「できる」という考え方である。運動課題や他者との間に技能差はあっても「できない」ととらえるのではなく、どんなにレベルが低くてもそれはその生徒なりの技能レベルで「できる」ととらえるということである。後者については、指導者側が紹介・説明・示範する運動課題に対して、できていないことの指摘から始まるフィードバックではなく、「どこができているのか」「どこまでできているのか」「どこができるようになったのか」を常にフィードバックの中心におくように心がけた。また、運動課題に不安や怖さを感じている生徒には、個別指導や生徒自身が希望する内容に変更するなど、「本人のペースで少しずつ」を大事にするようにした。

　日本の運動部活動は、「○○大会優勝」「○○大会出場」「○回戦突破」といった目標に向かって一致団結して稽古や練習に取り組む、競技志向的な活動のあり方が多くを占めるものと思われる。そうではなく、活動それ自体を目的とする運動部活動であるからこその上記の考え方やアプローチであったが、ドッド氏や筆者においても決して簡単なことではなかった。「うまくなってほしい」と思うあまり、「どうして『できない』んだ」という気持ちが生じたり、「剣道だからこうでなければならない、このやり方でなければならない」といったこだわりに囚われすぎたりするときも多々あった。

　そのようなときに重要な示唆を与えてくれたのが、ピット氏やコウ氏、オブ

ザーバーとして活動を見守った教員の言葉であった。彼らは話しかけられることに消極的であった生徒が、剣道部に入部後は、自分たちがどのようなことにチャレンジしているか、なにができるようになったかよく話しかけてくるようになったことなど、外部指導者ではわからない生徒の様子や変容を自分たちが気づいたり、感じたりするたびに話に来てくれた。彼らが伝えてくれたことは、ドッド氏や筆者に剣道部の向かう方向性やそのための指導のアプローチなどについて再確認させてくれるものであった。

剣道部の活動充実のために助成金の申請・獲得、ジュニア・スポーツ・リーダー・アワードといったコースを提案し協力をしてくれたのもこれらの教員であった。運動部活動、とくに新しい活動を始めるにあたり、用具や外部指導者といった環境や条件の充実を図るための予算の獲得は欠かせない。その点においてイギリスは日本よりもその機会が充実しているものと思われる。ただし、その機会は無条件に転がっているわけではない。スポーツ・イングランドやブリティッシュ・スポーツ・トラストといった学校外の機関から競争的資金としてまさに獲得していくものである。

このような外部資金を獲得していくことは、校内や保護者の間での評判や信頼の獲得といった意味でも部の発展につながっていくものである。とくに、剣道といった「なにか新しいもの」の場合、興味・関心をもつ生徒や教員、保護者がいる一方で、そうではない生徒や教員、保護者にも得体の知れない活動、危険な活動ではないことを理解してもらう必要がある。その場合、助成金を受けることは、「楽しくできる」「だれでもできる」とアピールするよりもいっそうの説得力をもつ。すでに入部している生徒も、自分たちの運動部や活動に誇りをもつことができ、また、その他の生徒や教員も興味・関心をもち、保護者からも信頼を得られるのである。

以上、イギリスでの中等学校での剣道部の創設の経緯および活動状況について述べてきた。競技志向ではなく、運動・スポーツがあまり得意ではない、興味・関心がそれほど高くない生徒を対象としたこのような運動部活動のあり方は、我が国にとっても参考となる点が多いものと思われる。2013（平成25年）度の我が国の「全国体力・運動能力、運動習慣等調査」によれば、「1週間の総運動時間が60分未満の生徒」「運動が嫌いな生徒」「体力総合評価が（D＋E）の生徒」のいずれもが、「もっと運動やスポーツをするようになるには」について、「好き・できそうな種目があれば」「友達と一緒にできたら」「自分のペー

スで運動できたら」といった回答を上位に挙げている。このような生徒が求めていることは明白である。ならば、そのような運動・スポーツの機会を提供すべく、新たな運動部活動の創設をもっと積極的に進めることが期待される。競技志向的な運動部活動を否定するつもりはない。しかし、楽しみ志向的、活動それ自体を目的とする運動部も生徒にとって大きな価値があり、運動・スポーツを身近に感じ、それらに親しむ豊かなスポーツライフの実現に向けた一歩になり得るものではないだろうか。これからの我が国の動向に注目したい。

(本多壮太郎)

引用・参考文献

- Dodd, I. P., Can Do Kendo, British Journal of Physical Education, Spring, pp. 10-12, 2006.
- Honda, S. and Dodd, I. P., Teaching Kendo within the English University Curriculum、『武道学研究』37巻2号、pp.35-45、2004.
- 本多壮太郎「英国における大学教育剣道―something newからsomething meaningfulへの取り組み」、『全国教育系大学剣道連盟研究情報誌』7号、pp.21-28、2005.
- Honda, S., Kendo at Secondary Schools in the U.K.: Development of School Kendo in Gloucestershire、『武道学研究』39巻1号、pp.23-33、2006.
- 文部科学省『平成25年度全国体力・運動能力、運動習慣等調査報告書』2013.
- 中澤篤史「学校運動部活動研究の動向・課題・展望―スポーツと教育の日本特殊的関係の探究に向けて」、『一橋大学スポーツ研究』30号、pp.31-42、2011.

運動部活動での指導のガイドライン（抜粋）

(運動部活動の在り方に関する調査研究協力者会議
『運動部活動の在り方に関する調査研究報告書』平成25年5月27日)

1．本ガイドラインの趣旨について

○運動部活動は、学校教育の一環として、スポーツに興味と関心をもつ同好の生徒の自主的、自発的な参加により、顧問の教員をはじめとした関係者の取組や指導の下に運動やスポーツを行うものであり、各学校で多様な活動が行われています。

○本ガイドラインに記述する内容は、これまでに文部科学省が作成した資料（「みんなでつくる運動部活動」平成11年3月）等で掲げているもの、地方公共団体、学校、指導者によっては既に取り組んできたものもありますが、今後の各中学校、高等学校（中等教育学校を含む。以下同じ。）での運動部活動での指導において必要である又は考慮が望まれる基本的な事項、留意点をあらためて整理し、示したものです。

○本ガイドラインを踏まえて、各地方公共団体、学校、指導者（顧問の教員及び外部指導者をいう。以下同じ。）が、運動部活動での具体的な指導の在り方、内容や方法について必要な検討、見直し、創意工夫、改善、研究を進め、それぞれの特色を生かした適切で効果的な指導を行うことにより、運動部活動が一層充実していくことを期待します。

2．生徒にとってのスポーツの意義

○スポーツは、スポーツ基本法に掲げられているとおり、世界共通の人類の文化であり、人々が生涯にわたり心身ともに健康で文化的な生活を営むうえで不可欠なものとなっています。特に、心身の成長の過程にある中学校、高等学校の生徒にとって、体力を向上させるとともに、他者を尊重し他者と協同する精神、公正さと規律を尊ぶ態度や克己心を培い、実践的な思考力や判断力を育むなど、人格の形成に大きな影響を及ぼすものであり、生涯にわたる健全な心と身体を培い、豊かな人間性を育む基礎となるものです。運動部活動において生徒がスポーツに親しむことは、学校での授業等での取組、地域や家庭での取組とあいまって、スポーツ基本法の基本理念を実現するものとなります。

○スポーツ基本法（平成23年6月24日　法律第78号）（抜粋）

第二条
2　スポーツは、とりわけ心身の成長の過程にある青少年のスポーツが、体力を向上させ、公正さと規律を尊ぶ態度や克己心を培う等人格の形成に大きな影響を及ぼすものであり、国民の生涯にわたる健全な心と身体を培い、豊かな人間性を育む基礎となるものである…（以下略）。

3．運動部活動の学校教育における位置付け、意義、役割等について

①運動部活動は学校教育の一環として行われるものです

○現行の学習指導要領では、部活動について、学校教育の中で果たす意義や役割を踏まえ、「学校教育の一環として、教育課程との関連が図られるよう留意する」ことについて明確に示しています。
具体的には、中学校学習指導要領では、第1章総則で部活動について、第2章第7節保健体育で運動部活動について、高等学校学習指導要領では、第1章総則で部活動について、第2章第6節保健体育で運動部活動について、下記のとおり規定しています。
なお、学習指導要領にこのように規定された

ことをもって、生徒の自主的、自発的な参加により行われるとの部活動の性格等が変わるものではありません。

··

○中学校学習指導要領（平成20年3月）（抜粋）
第1章　総則
第4　指導計画の作成等に当たって配慮すべき事項
2．以上のほか、次の事項に配慮するものとする。
(13)生徒の自主的、自発的な参加により行われる部活動については、スポーツや文化及び科学等に親しませ、学習意欲の向上や責任感、連帯感の涵養等に資するものであり、学校教育の一環として、教育課程との関連が図られるよう留意すること。その際、地域や学校の実態に応じ、地域の人々の協力、社会教育施設や社会教育関係団体等の各種団体との連携などの運営上の工夫を行うようにすること。
第2章　各教科
第7節　保健体育
第3　指導計画の作成と内容の取扱い
(2)第1章総則第1の3に示す学校における体育・健康に関する指導の趣旨を生かし、特別活動、運動部の活動などとの関連を図り、日常生活における体育・健康に関する活動が適切かつ継続的に実践できるよう留意すること。

··

○高等学校学習指導要領（平成21年3月）（抜粋）
第1章　総則
第5款　教育課程の編成・実施に当たって配慮すべき事項
5　教育課程の実施等に当たって配慮すべき事項　以上のほか、次の事項に配慮するものとする。
(13)生徒の自主的、自発的な参加により行われる部活動については、スポーツや文化及び科学等に親しませ、学習意欲の向上や責任感、連帯感の涵養等に資するものであり、学校教育の一環として、教育課程との関連が図られるよう留意すること。その際、地域や学校の実態に応じ、地域の人々の協力、社会教育施設や社会教育関係団体等の各種団体との連携などの運営上の工夫を行うようにすること。
第2章　各学科に共通する各教科
第6節　保健体育
第3款　各科目にわたる指導計画の作成と内容の取扱い
1　指導計画の作成に当たっては、次の事項に配慮するものとする。
(1)第1章総則第1款の3に示す学校における体育・健康に関する指導の趣旨を生かし、特別活動、運動部の活動などとの関連を図り、日常生活における体育・健康に関する活動が適切かつ継続的に実践できるよう留意するものとする。

··

②**運動部活動は、スポーツの技能等の向上のみならず、生徒の生きる力の育成、豊かな学校生活の実現に意義を有するものとなることが望まれます**

○学校教育の一環として行われる運動部活動は、スポーツに興味と関心をもつ同好の生徒が、より高い水準の技能や記録に挑戦する中で、生徒に下記のような様々な意義や効果をもたらすものと考えられます。

- スポーツの楽しさや喜びを味わい、生涯にわたって豊かなスポーツライフを継続する資質や能力を育てる。
- 体力の向上や健康の増進につながる。
- 保健体育科等の教育課程内の指導で身に付けたものを発展、充実させたり、活用させたりするとともに、運動部活動の成果を学校の教育活動全体で生かす機会となる。
- 自主性、協調性、責任感、連帯感などを育成する。
- 自己の力の確認、努力による達成感、充実感をもたらす。
- 互いに競い、励まし、協力する中で友情を深めるとともに、学級や学年を離れて仲間や指導者と密接に触れ合うことにより学級内とは異なる人間関係の形成につながる。

○このように、運動部活動は、各学校の教育課程での取組とあいまって、学校教育が目指す生きる力の育成、豊かな学校生活を実現させる役割を果たしていると考えられます。

○継続的にスポーツを行う上で、勝利を目指すこと、今以上の技能の水準や記録に挑戦する

ことは自然なことであり、それを学校が支援すること自体が問題とされるものではありませんが、大会等で勝つことのみを重視し過重な練習を強いることなどがないようにすること、健全な心と身体を培い、豊かな人間性を育むためのバランスのとれた運営と指導が求められます。

③生徒の自主的、自発的な活動の場の充実に向けて、運動部活動、総合型地域スポーツクラブ等が地域の特色を生かして取り組むこと、また、必要に応じて連携することが望まれます

○生徒が取り組みたいスポーツの種目、身に付けたい技能や記録の向上の程度は様々です。より高い水準の技能や記録に挑むことを重視する生徒、自分なりのペースでスポーツに親しみたい生徒、一つの種目よりも様々な種目に挑戦したい生徒等がいます。

各地方公共団体、学校では、生徒の多様なニーズを把握するとともに、それらに応え、運動部活動への参加の効果を一層高めるために、活動内容や実施形態の工夫、シーズン制等による複数種目実施、複数校による合同実施等の様々な取組が望まれます。さらに学校の取組だけではなく、総合型地域スポーツクラブ等との連携や地域のスポーツ指導者、施設の活用など、地域社会全体が連携、協働した取組も望まれます。その際には、学校、地域関係者が相互に情報提供し、理解しつつ、取り組むことが望まれます。

4．運動部活動での指導の充実のために必要と考えられる７つの事項

［運動部活動での効果的、計画的な指導に向けて］

①顧問の教員だけに運営、指導を任せるのではなく、学校組織全体で運動部活動の目標、指導の在り方を考えましょう

〈学校組織全体での運営や指導の目標、方針の作成と共有〉

○運動部活動は、顧問の教員の積極的な取組に支えられるところが大きいと考えられますが、学校教育の一環としてその管理の下に行われるものであることから、各活動の運営、指導が顧問の教員に任せきりとならないようにすることが必要です。

校長のリーダーシップのもと、教員の負担軽減の観点にも配慮しつつ、学校組織全体で運動部活動の運営や指導の目標、方針を検討、作成するとともに、日常の運営、指導において、必要な場合には校長が適切な指示をしたり、顧問の教員等の間で意見交換、指導の内容や方法の研究、情報共有を図ることが必要です。この取組の中で、体罰等が許されないことの意識の徹底を図ることも必要です。

○目標、方針等の作成及び日常の指導において生徒の健康管理、安全確保、栄養管理等に取り組む場合には、学校内の保健体育科担当の教諭、養護教諭、栄養教諭等の専門的知見を有する関係者の協力を得ることも効果的であると考えられます。

○生徒に対しても、各部内のみならず学校内の各部のキャプテンやリーダー的な生徒が横断的に活動の在り方等について意見や情報を交換することを促すことも望まれます。

〈保護者等への目標、計画等の説明と理解〉

○保護者等に対して、学校全体の目標や方針、各部の活動の目標や方針、計画等について積極的に説明し、理解を得ることが望まれます。

②各学校、運動部活動ごとに適切な指導体制を整えましょう

〈外部指導者等の協力確保、連携〉

○顧問の教員の状況や生徒のニーズ等によっては、当該スポーツ種目の技術的な指導は、地域などでの優れた指導力を有する外部指導者が中心となって行うことが効果的である場合も考えられます。

また、指導、健康管理等において、地域のスポーツドクター、トレーナー等の協力を得ることも有意義であると考えられます。

これらの外部指導者等の協力を得る場合には、学校の取組以外に、地方公共団体、関係団体、

総合型地域スポーツクラブ、医療関係者等とも連携、情報交換しながら、協力を得られる外部指導者等の情報等を把握していくことが重要です。

〈外部指導者等の協力を得る場合の校内体制の整備〉
○運動部活動は学校教育の一環として、学校、顧問の教員により進められる教育活動であることから、外部指導者等の協力を得る場合には、学校全体の目標や方針、各部の活動の目標や方針、計画、具体的な指導の内容や方法、生徒の状況、事故が発生した場合の対応等について、学校、顧問の教員と外部指導者等との間で十分な調整を行い、外部指導者等の理解を得るとともに、相互に情報を共有することが必要です。技術的な指導においても、必要なときには顧問の教員は外部指導者に適切な指示を行うこととして、指導を外部指導者に任せきりとならないようにすることが必要です。
○外部指導者等は学校の取組に対する理解を深め、その目標や方針等を踏まえた適切な指導や取組を行うことが求められます。

③活動における指導の目標や内容を明確にした計画を策定しましょう
〈生徒のニーズや意見の把握とそれらを反映させた目標等の設定、計画の作成〉
○運動部活動は、学校教育の一環として行われるものですが、生徒の自主的、自発的な参加によるものです。生徒の間には、好きなスポーツの技能を高めたい、記録を伸ばしたい、一定のペースでスポーツに親しみたい、放課後を有意義に過ごしたい、信頼できる友達を見付けたいなど、運動部活動を行うに際して様々な目的、目標があります。
各運動部活動の顧問の教員は、運営・指導者としての一方的な方針により活動するのではなく、生徒との意見交換等を通じて生徒の多様な運動部活動へのニーズや意見を把握し、生徒の主体性を尊重しつつ、各活動の目標、指導の方針を検討、設定することが必要です。

この場合、勝つことのみを目指すことのないよう、生徒が生涯にわたってスポーツに親しむ基礎を育むこと、発達の段階に応じた心身の成長を促すことに十分留意した目標や指導の方針の設定が必要です。
○さらに、この目標の達成に向けて、長期的な期間や各学年等での指導（活動）内容とそのねらい、指導（練習）方法、活動の期間や時間等を明確にした計画を作成して、入部の際や保護者会などで生徒や保護者等に説明し、理解を得ることが重要です。
○目標等の設定、計画の作成に際しては、運動部活動が、教育課程において学習したことなども踏まえ、自らの適性や興味、関心等をより深く追求していく機会であることから、各教科等の目標及び内容との関係にも配慮しつつ、生徒自身が教育課程において学習する内容について改めてその大切さを認識するよう促すなどにより、各学校の教育課程と関連させながら学校教育全体として生徒の「生きる力」の育成を図ることへの留意が望まれます。また、活動をとおして生徒の意見等を把握する中で、適宜、目標、計画等を見直していくことが望まれます。

〈年間を通したバランスのとれた活動への配慮〉
○生徒が、運動部活動に活発に取り組む一方で、多様なものに目を向けてバランスのとれた心身の成長、学校生活を送ることができるようにすること、生涯にわたってスポーツに親しむ基盤をつくることができるようにすること、運動部活動の取組で疲れて授業に集中できなくなることがないようにすること等が重要です。
厳しい練習とは、休養日なく練習したり、いたずらに長時間練習することとは異なるものです。年間を通して、一年間を試合期、充実期、休息期に分けてプログラムを計画的に立てること、参加する大会や練習試合を精選すること、より効率的、効果的な練習方法等を検討、導入すること、一週間の中に適切な間隔により活動を休む日や活動を振り返ったり、考えたりする日を設けること、一日の練習時

間を適切に設定すること等を考慮しつつ、計画を作成し、指導を行っていくことが必要です。

これらは、成長期にある生徒のスポーツ障害や事故を防ぐためにも、また、心理面での疲労回復のためにも重要です。

〈年間の活動の振り返りと次年度への反映〉
○組織的な教育活動として、目標を生徒に示して共通理解を図りながら、具体的な活動を行い、成果を検証していくPDCAサイクルによる活動が望まれます。

[実際の活動での効果的な指導に向けて]

④適切な指導方法、コミュニケーションの充実等により、生徒の意欲や自主的、自発的な活動を促しましょう

〈科学的裏付け等及び生徒への説明と理解に基づく指導の実施〉
○運動部活動での指導の内容や方法は、生徒のバランスのとれた心身の成長に寄与するよう、科学的な根拠がある又は社会的に認知されているものであることが必要であるとともに、運動部活動は生徒の自主的、自発的な参加によるものであることを踏まえて、生徒に対する説明及び生徒の理解により行われることが必要です。

このため、指導者は、活動目標、指導の方針、計画、指導内容や方法等を生徒が理解できるように適切に伝えることが重要です。また、日常の指導でも、指導者と生徒の間のコミュニケーションの充実により、練習において、誰が、何を、いつ、どこで、なぜ（どのような目的で）、どのように行えばよいのか等を理解させていくことが重要です。

〈生徒が主体的に自立して取り組む力の育成〉
○個々の生徒が、技能や記録等に関する自分の目標や課題、運動部活動内での自分の役割や仲間との関係づくり等について自ら設定、理解して、その達成、解決に向けて必要な内容や方法を考えたり、調べたりして、実践につなげる、また、生徒同士で、部活動の方向性や各自の取組姿勢、試合での作戦や練習にかかる事柄等について、筋道立てて話し合う活動などにより目標達成や課題解決に向けて必要な取組を考え、実践につなげるというような生徒が主体的に自立して取り組む力を、指導者は、指導を通して発達の段階に応じて育成することが重要です。

教育課程の各教科等での思考力・判断力・表現力等の育成とそのための言語活動の取組と合わせて、運動部活動でも生徒が主体的に自立して取り組む力の育成のための言語活動に取り組むことが考えられます。

〈生徒の心理面を考慮した肯定的な指導〉
○指導者は、生徒自らが意欲をもって取り組む姿勢となるよう、雰囲気づくりや心理面での指導の工夫が望まれます。生徒のよいところを見付けて伸ばしていく肯定的な指導、叱ること等を場面に応じて適切に行っていくことが望まれます。指導者の感情により指導内容や方法が左右されないように注意が必要です。また、それぞれの目標等に向けて様々な努力を行っている生徒に対して、評価や励ましの観点から積極的に声を掛けていくことが望まれます。

〈生徒の状況の細かい把握、適切なフォローを加えた指導〉
○活動の目標によっては大きな肉体的な負荷を課したり、精神的負荷を与えた条件の下での練習も想定されますが、指導者は、個々の生徒の健康、体力等の状況を事前に把握するとともに、練習中に声を掛けて生徒の反応を見たり、疲労状況や精神状況を把握しながら指導することが大切です。また、キャプテンの生徒は心身両面で他の生徒よりも負担がかかる場合もあるため、適切な助言その他の支援に留意することが大切です。
○指導者が試合や練習中に激励等として厳しい言葉や内容を生徒に発することもあり得ますが、競技、練習継続の意欲を失わせるようなものは不適当、不適切です。

生徒の心理についての科学的な知見、言葉の効果と影響を十分に理解し、厳しい言葉等を発した後には生徒へのフォローアップについても留意することが望まれます。

〈指導者と生徒の信頼関係づくり〉
○運動部活動は自主的、自発的な活動であるため、指導者が生徒に対して、指導の目的、技能等の向上や生徒の心身の成長のために適切な指導の内容や方法であること等を明確に伝え、理解させた上で取り組ませるなど、両者の信頼関係づくりが活動の前提となります。
ただし、信頼関係があれば指導に当たって体罰等を行っても許されるはずとの認識は誤りであり、決して許されません。

〈上級生と下級生、生徒の間の人間関係形成、リーダー育成等の集団づくり〉
○運動部活動は、複数の学年の生徒が参加すること、同一学年でも異なる学級の生徒が参加すること、生徒の参加する目的や技能等が様々であること等の特色をもち、学級担任としての学級経営とは異なる指導が求められます。
指導者は、生徒のリーダー的な資質能力の育成とともに、協調性、責任感の涵養(かんよう)等の望ましい人間関係や人権感覚の育成、生徒への目配り等により、上級生による暴力行為やいじめ等の発生の防止を含めた適切な集団づくりに留意することが必要です。

〈事故防止、安全確保に注意した指導〉
○近年も運動部活動で生徒の突然死、頭頸部の事故、熱中症等が発生しており、けがや事故を未然に防止し、安全な活動を実現するための学校全体としての万全の体制づくりが必要です。
指導者は、生徒はまだ自分の限界、心身への影響等について十分な知識や技能をもっていないことを前提として、計画的な活動により、各生徒の発達の段階、体力、習熟状況等を把握し、無理のない練習となるよう留意すると、ともに、生徒の体調等の確認、関係の施設、設備、用具等の定期的な安全確認、事故が起こった場合の対処の仕方の確認、医療関係者等への連絡体制の整備に留意することが必要です。
また、生徒自身が、安全に関する知識や技能について、保健体育等の授業で習得した内容を活用、発展させたり、新たに身に付け、積極的に自分や他人の安全を確保することができるようにすることが大切です。
○運動部活動中、顧問の教員は生徒の活動に立ち会い、直接指導することが原則ですが、やむを得ず直接練習に立ち会えない場合には、他の顧問の教員と連携、協力したり、あらかじめ顧問の教員と生徒との間で約束された安全面に十分に留意した内容や方法で活動すること、部活動日誌等により活動内容を把握すること等が必要です。このためにも、日頃から生徒が練習内容や方法、安全確保のための取組を考えたり、理解しておくことが望まれます。

⑤肉体的、精神的な負荷や厳しい指導と体罰等の許されない指導とをしっかり区別しましょう
○運動部活動での指導では、学校、指導者、生徒、保護者の間での十分な説明と相互の理解の下で、生徒の年齢、健康状態、心身の発達状況、技能の習熟度、活動を行う場所的、時間的環境、安全確保、気象状況等を総合的に考えた科学的、合理的な内容、方法により行われることが必要です。
○学校教育の一環として行われる運動部活動では、指導と称して殴る・蹴ること等はもちろん、懲戒として体罰が禁止されていることは当然です。また、指導に当たっては、生徒の人間性や人格の尊厳を損ねたり否定するような発言や行為は許されません。体罰等は、直接受けた生徒のみならず、その場に居合わせて目撃した生徒の後々の人生まで、肉体的、精神的に悪い影響を及ぼすことになります。校長、指導者その他の学校関係者は、運動部活動での指導で体罰等を厳しい指導として正当化することは誤りであり決して許されない

ものであるとの認識をもち、それらを行わないようにするための取組を行うことが必要です。

学校関係者のみならず、保護者等も同様の認識をもつことが重要であり、学校や顧問の教員から積極的に説明し、理解を図ることが望まれます。

・・・・・・・・・・・・・・・・・・・・・・・・・・・・・・・・・

日本中学校体育連盟、全国高等学校体育連盟は、平成25年3月13日に「体罰根絶宣言」を発表しています。

日本体育協会、日本オリンピック委員会、日本障害者スポーツ協会、日本中学校体育連盟、全国高等学校体育連盟は、平成25年4月25日に「スポーツ界における暴力行為根絶宣言」を採択しています。

両宣言は各団体のホームページに掲載されています。

・・・・・・・・・・・・・・・・・・・・・・・・・・・・・・・・・

○学校教育において教員等が生徒に対して行った懲戒行為が体罰に当たるかどうかは、「当該児童生徒の年齢、健康状態、心身の発達状況、当該行為が行われた場所的及び時間的環境、懲戒の態様等の様々な条件を総合的に考え、個々の事案ごとに判断する必要がある。この際、単に、懲戒行為をした教員等や、懲戒行為を受けた児童生徒、保護者の主観のみにより判断するのではなく、諸条件を客観的に考慮して判断すべきである。これにより、その懲戒の内容が身体的性質のもの、すなわち、身体に対する侵害を内容とするもの（殴る、蹴る等）、児童生徒に肉体的苦痛を与えるようなもの（正座・直立等特定の姿勢を長時間にわたって保持させる等）に当たると判断された場合は、体罰に該当する。」とされています。（「体罰の禁止及び児童生徒理解に基づく指導の徹底について（通知）」（平成25年3月13日付け文部科学省初等中等教育局長、スポーツ・青少年局長通知））

○運動部活動での指導における個別の事案が通常の指導か、体罰等の許されない指導に該当するか等を判断するに当たっては、上記のように、様々な条件を総合的に考え、個々の事案ごとに判断する必要がありますが、参考として下記の整理が考えられます。

各地方公共団体、学校、指導者は、このような整理の基となる考え方を参考に、スポーツの指導での共通的及び各スポーツ種目の特性に応じた指導内容や方法等を考慮しつつ、検討、整理のうえ、一定の認識を共有し、実践していくことが必要です。

〔通常のスポーツ指導による肉体的、精神的負荷として考えられるものの例〕

計画にのっとり、生徒へ説明し、理解させた上で、生徒の技能や体力の程度等を考慮した科学的、合理的な内容、方法により、下記のような肉体的、精神的負荷を伴う指導を行うことは運動部活動での指導において想定されるものと考えられます。

（生徒の健康管理、安全確保に留意し、例えば、生徒が疲労している状況で練習を継続したり、準備ができていない状況で故意にボールをぶつけたりするようなこと、体の関係部位を痛めているのに無理に行わせること等は当然避けるべきです。）

（例）

- バレーボールで、レシーブの技能向上の一方法であることを理解させた上で、様々な角度から反復してボールを投げてレシーブをさせる。
- 柔道で、安全上受け身をとれることが必須であることを理解させ、初心者の生徒に対して、毎日、技に対応できるような様々な受け身を反復して行わせる。
  練習に遅れて参加した生徒に、他の生徒とは別に受け身の練習を十分にさせてから技の稽古に参加させる。
- 野球の試合で決定的な場面でスクイズを失敗したことにより得点が入らなかったため、1点の重要性を理解させるため、翌日、スクイズの練習を中心に行わせる。
- 試合で負けたことを今後の練習の改善に生かすため、試合後、ミーティングで生徒に練習に取り組む姿勢や練習方法の工夫を考えさせ、今後の取組内容等を自分たちで導

き出させる。

〔学校教育の一環である運動部活動で教育上必要があると認められるときに行われると考えられるものの例〕

　運動部活動での規律の維持や活動を円滑に行っていくための必要性、本人への教育、指導上の必要性から、必要かつ合理的な範囲内で下記のような例を行うことは運動部活動での指導において想定されるものと考えられます。
（例）
- 試合中に危険な反則行為を繰り返す生徒を試合途中で退場させて見学させるとともに、試合後に試合会場にしばらく残留させて、反則行為の危険性等を説諭する。
- 練習で、特に理由なく遅刻を繰り返し、また、計画に基づく練習内容を行わない生徒に対し、試合に出さずに他の選手の試合に臨む姿勢や取組を見学させ、日頃の練習態度、チームプレーの重要性を考えさせ、今後の取組姿勢の改善を促す。

〔有形力の行使であるが正当な行為（通常、正当防衛、正当行為と判断されると考えられる行為）として考えられるものの例〕

　上記の「体罰の禁止及び児童生徒理解に基づく指導の徹底について（通知）」では、「児童生徒から教員等に対する暴力行為に対して、教員等が防衛のためにやむを得ずした有形力の行使は、もとより教育上の措置である懲戒行為として行われたものではなく、これにより身体への侵害又は肉体的苦痛を与えた場合は体罰には該当しない。また、他の児童生徒に被害を及ぼすような暴力行為に対して、これを制止したり、目前の危険を回避したりするためにやむを得ずした有形力の行使についても、同様に体罰に当たらない。これらの行為については、正当防衛又は正当行為等として刑事上又は民事上の責めを免れうる。」とされています。下記のような例を行うことは運動部活動での指導において想定されるものと考えられます。

○生徒から顧問の教員等に対する暴力行為に対し、教員等が防衛のためにやむを得ず行った有形力の行使
（例）
- 生徒が顧問の教員の指導に反抗して教員の足を蹴ったため、生徒の背後に回り、体をきつく押さえる。

○他の生徒に被害を及ぼすような暴力行為に対し、これを制止したり、目前の危険を回避するためにやむを得ず行った有形力の行使
（例）
- 練習中に、危険な行為を行い、当該生徒又は関係の生徒に危害が及ぶ可能性があることから、別の場所で指導するため、別の場所に移るように指導したが従わないため、生徒の腕を引っ張って移動させる。
- 試合中に相手チームの選手とトラブルとなり、殴りかかろうとする生徒を押さえ付けて制止させる。

〔体罰等の許されない指導と考えられるものの例〕

　運動部活動での指導において、学校教育法、運動部活動を巡る判例、社会通念等から、指導者による下記の①から⑥のような発言や行為は体罰等として許されないものと考えられます。

　また、これらの発言や行為について、指導者と生徒との間での信頼関係があれば許されるとの認識は誤りです。

　指導者は、具体的な許されない発言や行為についての共通認識をもつことが必要です。
①殴る、蹴る等。
②社会通念、医・科学に基づいた健康管理、安全確保の点から認め難い又は限度を超えたような肉体的、精神的負荷を課す。
（例）
- 長時間にわたっての無意味な正座・直立等特定の姿勢の保持や反復行為をさせる。
- 熱中症の発症が予見され得る状況下で水を飲ませずに長時間ランニングをさせる。
- 相手の生徒が受け身をできないように投げたり、まいったと意思表示しているに

も関わらず攻撃を続ける。
- 防具で守られていない身体の特定の部位を打突することを繰り返す。
③パワーハラスメントと判断される言葉や態度による脅し、威圧・威嚇的発言や行為、嫌がらせ等を行う。
④セクシャルハラスメントと判断される発言や行為を行う。
⑤身体や容姿に係ること、人格否定的（人格等を侮辱したり否定したりするような）な発言を行う。
⑥特定の生徒に対して独善的に執拗かつ過度に肉体的、精神的負荷を与える。

上記には該当しなくとも、社会通念等から、指導に当たって身体接触を行う場合、必要性、適切さに留意することが必要です。
なお、運動部活動内の先輩、後輩等の生徒間でも同様の行為が行われないように注意を払うことが必要です。

[指導力の向上に向けて]
⑥最新の研究成果等を踏まえた科学的な指導内容、方法を積極的に取り入れましょう
〈科学的な指導内容、方法の積極的な取り入れ〉
○指導者は、効果的な指導に向けて、自分自身のこれまでの実践、経験にたよるだけでなく、指導の内容や方法に関して、大学や研究機関等での科学的な研究により理論付けられたもの、研究の結果や数値等で科学的根拠が得られたもの、新たに開発されたものなど、スポーツ医・科学の研究の成果を積極的に習得し、指導において活用することが重要です。
事故防止、安全確保、生徒の発達の段階を考慮せず肩、肘、腰、膝などの酷使によるスポーツ障害を防ぐことのためにも望まれます。

〈学校内外での指導力向上のための研修、研究〉
○指導者は、国、地方公共団体、大学等の研究者、関係団体、医学関係者等による研修、講習や科学的な知見、研究成果等の公表の場を積極的に活用することが望まれます。
地方公共団体、学校は、指導者のこれらの研修等への参加に際しての必要な配慮や支援が望まれます。
○顧問の教員は、学校の教育課程での担当教科等や生徒指導上での指導の内容や方法の研究と同様に、運動部活動での指導方法等についても積極的な実践研究が望まれます。
学校内や地域の研究会などで、顧問の教員同士で共同して研究したり、研究成果を情報共有していくことも望まれます。

⑦多様な面で指導力を発揮できるよう、継続的に資質能力の向上を図りましょう
〈校長等の管理職の理解〉
○運動部活動は学校教育の一環であることを踏まえ、校長等の管理職は、学校組織全体での取組を進めるために、運動部活動の意義、運営や指導の在り方について理解を深めることが重要です。

〈運動部活動のマネジメント力その他多様な指導力の習得〉
○指導者は、運動部活動が総合的な人間形成の場となるよう、当該スポーツ種目の技術的な指導、ルール、審判に係る内容とともに、生徒の発達の段階や成長による変化、心理、生理、栄養、休養、部のマネジメント、コミュニケーション等に関する幅広い知識や技能を継続的に習得し、多様な面での指導力を身に付けていくとともに、それらを向上させることが望まれます。

[編著者紹介]

友添秀則（ともぞえ　ひでのり）

元早稲田大学教授。1956年大阪市生まれ。筑波大学大学院修了。(公財)日本学校体育研究連合会会長、日本スポーツ教育学会会長、日本体育科教育学会会長、スポーツ庁スポーツ審議会委員、(一社)大学スポーツ協会執行理事。専門はスポーツ教育学・スポーツ倫理学。博士（人間科学）。香川大学教授、ニューヨーク州立大学客員教授、早稲田大学スポーツ科学学術院長、早稲田大学理事、日本オリンピック委員会常務理事、日本スポーツ協会理事等を歴任。

主な著書に『体育科教育学の探究』『スポーツ倫理を問う』『21世紀スポーツ大事典』『現代スポーツの論点』『スポーツ・インテグリティの探究』『体育科教育学研究ハンドブック』（以上、大修館書店）、『戦後体育実践論（全4巻）』『スポーツのいまを考える』『体育科教育学の現在』（以上、創文企画）、『よくわかるスポーツ倫理学』（ミネルヴァ書房）などがある。

運動部活動の理論と実践

©Hidenori Tomozoe, 2016　　　　　NDC 375 / xii, 293p / 21cm

初版第1刷発行——2016年9月10日
第3刷発行——2021年9月 1日

編著者————————友添秀則（ともぞえひでのり）
発行者————————鈴木一行
発行所————————株式会社 大修館書店
　　　　　　　　〒113-8541　東京都文京区湯島2-1-1
　　　　　　　　電話 03-3868-2651（販売部）　03-3868-2298（編集部）
　　　　　　　　振替 00190-7-40504
　　　　　　　　[出版情報] https://www.taishukan.co.jp

装丁者————————石山智博（トランプス）
本文レイアウト————加藤　智
印刷所————————横山印刷
製本所————————ブロケード

ISBN 978-4-469-26803-4　　　Printed in Japan

Ⓡ本書のコピー、スキャン、デジタル化等の無断複製は著作権法上での例外を除き禁じられています。本書を代行業者等の第三者に依頼してスキャンやデジタル化することは、たとえ個人や家庭内での利用であっても著作権法上認められておりません。